EL
SECRETO ANCESTRAL
DE LA
FLOR DE LA VIDA
VOLUMEN I

Una transcripción editada del
Taller La Flor de la Vida
Presentada en vivo a la Madre Tierra
de 1985 a 1994

Escrita y editada por
Drunvalo Melchizedek

Para más información sobre descuentos especiales o para comprar a granel, por favor se contacte con *Light Technology Publishing* ofrendas especiales a 1.800.450.0985 o publishing@lighttechnology

ISBN-13: 978-1-62233-252-6
Publicado e impreso en los Estados Unidos de América por:

PO Box 3540
Flagstaff, AZ 86003
800-450-0985
www.LightTechnology.com

Otras ediciones electrónicas de Light Technology Publishing
El Secreto Ancestral de la Flor de la Vida, Vol. I & II por Drunvalo Melchizedek
Viviendo en el Corazón por Drunvalo Melchizedek

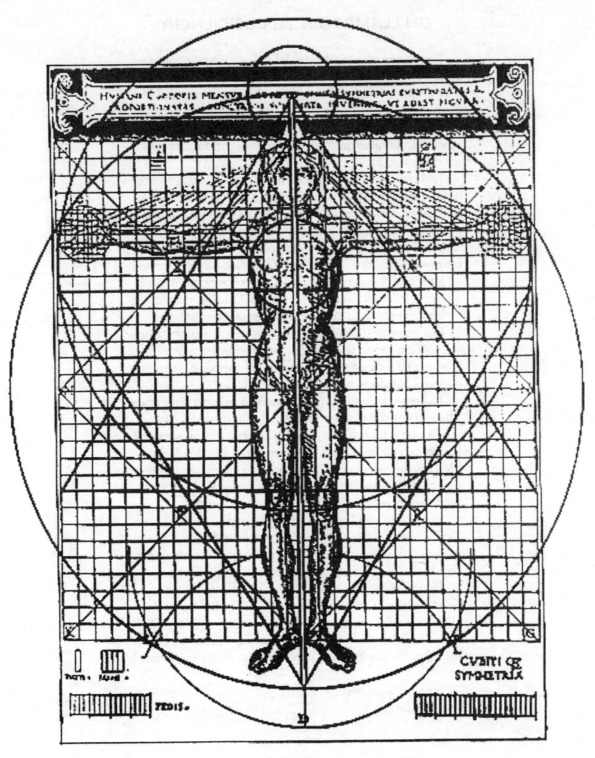

Canon de Vitruvio
con la Geometría Sagrada de la Flor de la Vida.

UN LLAMADO A TU CONCIENCIA

Ésta es una nueva edición del volumen I. Hicimos una detallada y exhaustiva revisión de todo el contenido del texto, y ahora te presentamos una edición corregida, y en un nuevo formato, más pequeño en tamaño que el anterior, para que sea más práctico y fácil su manejo, y debido a muchas solicitudes que tuvimos en este sentido. Esperemos sea de tu agrado.

En la edición anterior, hubo muchas personas aparentemente "muy buenas personas" y "con muy buenas intenciones" de facilitar este material de forma gratuita a muchas personas, pensando que si es un material "de conciencia" no tiene por qué tener un costo económico, y que debe ser información gratuita para todos. Drunvalo ha mencionado en múltiples ocasiones el tema de "derechos de autor"; existen leyes internacionales de derechos de autor, y cualquier forma de copiar este material viola estos derechos.

Los derechos de autor le pertenecen a su autor: Drunvalo Melquizedek, te pedimos que respetes estos derechos, y **no copies este material de ninguna forma**, ni permitas que sea copiado, si tú lo adquiriste.

La Editorial Teohua, quienes amorosamente preparamos y hacemos real este y otro material de Drunvalo en español, somos una editorial pequeña, dedicada exclusivamente a llevarte en español todo el material posible de Drunvalo Melchizedek. Necesitamos el flujo de la energía económica para poder seguir con esta misión, y poderte seguir preparando y proporcionando más material en español.

Es por esto este **llamado a tu conciencia**, desde tu conciencia, te pedimos respetes los derechos de autor que le pertenecen a Drunvalo, y no permitas que este ni ningún otro material con derechos de autor sea copiado.

Hemos tratado de acercar este material a muchos países. En casi todos, a través de los facilitadores de La Flor de la Vida los puedes adquirir.

Gracias hermoso ser de Luz, que eres. ¡Disfruta la lectura de este maravilloso libro que tienes en tus manos!

En amor y servicio,
Los editores

RECONOCIMIENTOS

Existen muchos seres –cientos de ellos– que han ayudado a completar este trabajo. No puedo nombrarlos a todos, pero siento la necesidad de reconocer a algunos.

Primero que nada, a los dos ángeles que entraron a mi vida hace mucho tiempo y que la han guiado amorosamente, sean ustedes sumamente honrados. Thot, el Maestro Ascendido de la Atlántida, Egipto y Grecia, quien me ha brindado gran parte de la información de este libro; mi familia, mi esposa Claudette y mis hijos, que han sido mi más grande amor e inspiración en la vida; los 200 facilitadores que enseñan este trabajo de la Flor de la Vida en 33 países, quienes me han brindado una invaluable retroalimentación, apoyo y amor que me ha mantenido fuerte; los miles de estudiantes que me han escrito amorosas cartas, contándome cómo este trabajo ha cambiado sus vidas; esto me ha dado fuerzas para seguir adelante. Livea Cherish puso este trabajo en forma de libro a partir del formato de video, y Margaret Pinyan, cuya magnífica habilidad para redactar permite que este libro se lea fácilmente; Tim Stouse creó casi la mitad de los gráficos de computadora y Michael Tyree creó la otra mitad; ellos han hecho posible que se entienda lo que se está diciendo; y O'Ryin Swanson, el dueño de Light Technology Publishing tuvo la fe en mí para publicar este trabajo.

Los restantes, son demasiados para nombrarlos a todos, les doy las gracias desde mi corazón y rezo para que este trabajo realmente ayude a la gente a entender quienes son en realidad, para que juntos podamos crear un mundo más amoroso –y quizás incluso un Universo más amoroso–. Gracias a todos, amados míos.

CONTENIDO

CUATRO: **La malograda evolución de conciencia y creación de la Red Crística** 113

PREFACIO

Un único Espíritu.

Mucho antes de que Sumeria existiera, antes de que en Egipto se construyera Sakkara, antes de que floreciera el valle del Indo, el espíritu vivía en cuerpos humanos, danzando en una cultura elevada. La Esfinge sabe la verdad. Somos mucho más de lo que sabemos. Hemos olvidado.

La Flor de la Vida fue y es conocida por toda la vida. Toda la vida, no sólo aquí sino en todas partes, sabía que era el patrón de la creación la vía de entrada y salida. El Espíritu nos creó con esta imagen. Tú sabes que es verdad; está escrito en tu cuerpo, en todos tus cuerpos.

Hace mucho tiempo caímos de un nivel muy alto de conciencia y los recuerdos están comenzando a emerger justo ahora. El nacimiento de nuestra nueva/vieja conciencia, aquí en la Tierra, nos cambiará para siempre y nos devolverá a ser conscientes de que verdaderamente sólo hay un único Espíritu.

Lo que estás a punto de leer es el viaje de mi vida a través de esta realidad, cómo aprendí sobre el Gran Espíritu y sobre las relaciones que cada uno de nosotros tenemos con toda la vida en todas partes. Veo el Gran Espíritu en los ojos de cada uno y sé que Él/Ella está dentro de ti. Ya tienes en lo profundo de tu ser toda la información que voy a compartir contigo. Cuando lo leas por primera vez, puede que te parezca que no lo has oído nunca, pero no es así. Ésta es información antigua. Puedes recordar cosas que están profundamente dentro de ti y mi esperanza es que este libro sea el detonante de estas cosas, y así puedas recordar quién eres, por qué viniste aquí y cuál es tu propósito para estar aquí en la Tierra.

Rezo para que este libro se convierta en una bendición en tu vida y te proporcione un nuevo despertar sobre tu ser y algo acerca de ti que es muy antiguo. Gracias por compartir este viaje conmigo. Te amo profundamente, porque lo cierto es que somos viejos amigos. Somos Uno.

— Drunvalo

INTRODUCCIÓN

Parte de mi propósito al presentar este libro es ayudar a la gente a ser consciente de ciertos eventos que han ocurrido, están ocurriendo o que van a ocurrir en este planeta; eventos que están afectando radicalmente nuestra conciencia y a nuestro actual modo de vivir. Comprendiendo nuestra situación presente, podemos abrirnos a la posibilidad de una nueva conciencia, una nueva humanidad emergiendo sobre la Tierra. Además, quizá, mi anhelado propósito es inspirarte a recordar quién eres realmente y proporcionarte el coraje de traer tu don a este mundo. Porque Dios nos ha dado a cada uno un talento único, que, cuando se vive *verdaderamente*, también podía ser transformado el mundo físico en un mundo de luz pura.

También estaré proporcionando pruebas matemáticas y científicas, para mostrar cómo llegamos aquí, como seres espirituales en un mundo físico, para convencer al cerebro izquierdo –nuestra parte analítica– de que sólo existe una conciencia y un Dios y de que todos somos parte de esa unidad. Esto es importante, porque lleva a ambos lados del cerebro al equilibrio. Este equilibrio abre la glándula pineal y permite al prana, la energía de fuerza-vital, entre en la parte más interna de nuestro ser físico. Entonces, y sólo entonces, el cuerpo de luz llamado el Mer-Ka-Ba, es posible.

Sin embargo, por favor entiende que la evidencia de la que originalmente obtuve esta información no es en sí importante. La información podría, en la mayoría de los casos, ser completamente cambiada sin afectar al resultado. Además cometí muchos errores porque ahora soy humano. Lo más interesante para mí es, que cada vez que cometí un error, éste me condujo hacia una comprensión más profunda de la realidad y a una verdad superior. Por eso te digo que si encuentras un error, mires más detenidamente. Si te quedas colgado en la indagación, sobreestimando su valor, perderás totalmente el objetivo del trabajo. Lo que acabo de decir es primordial para la comprensión de esta obra.

También brindaré mis experiencias personales, muchas de las cuales son, lo admito, escandalosas para los parámetros ordinarios de este mundo, pero eres tú quien debe decidir si son verdad o son sólo historias o incluso si esto importa. Escucha atentamente a tu corazón, porque tu corazón siempre sabe la verdad. Después, tengo la intención de compartir contigo (todo lo que pueda en el volumen II), una técnica específica de respiración que te ayudará a regresar al estado de conciencia inmensamente superior del que todos venimos. Ésta es el recuerdo de la respiración conectada al cuerpo de luz del Mer-Ka-Ba. Éste es uno de los propósitos principales de esta obra.

Aquí es adecuado contar una pequeña historia de cómo se desencadenó este libro. Vas a leer sobre los ángeles, así que no empezaré por ahí, sino más bien con los sucesos posteriores.

En 1985 los ángeles me pidieron que comenzara a enseñar la meditación Mer-Ka-Ba. La aprendí en principio en 1971 y la he estado practicando desde entonces, pero no quería ser un profesor. Mi vida era sencilla y satisfactoria. Básicamente, estaba cómodo y no quería esforzarme tanto. Los ángeles dijeron que cuando se le entrega a alguien conocimiento espiritual, debe compartirlo. Dijeron que era una ley de la creación.

Sabiendo que estaban en lo cierto, abrí mi primer curso al público en la primavera de 1985. En 1991 mis talleres estaban llenos y desbordados, con cientos de personas en lista de espera. No sabía cómo llegar a todos los que querían esta información. De hecho, no podía. Así que en 1992 tomé la decisión de poner en video uno de mis talleres, y hacerlo público.

En menos de un año se habían disparado las ventas, pero había un gran problema. La mayoría de las personas que estaban viendo los videos no podían entender realmente lo que se presentaba en ellos, porque estaba fuera de contexto y contenido para su comprensión espiritual. Di una conferencia a 90 personas en el estado de Washington, todas habían visto el video, pero nunca habían estado en uno de mis talleres en persona. Allí me di cuenta que sólo cerca del 15% de la gente realmente sabía cómo vivir la meditación usando sólo las instrucciones en video. No estaba funcionando. El 85% estaban confusos y no tenían claras las instrucciones.

Quité inmediatamente las cintas de video del mercado. Esto, sin embargo, no impidió que se continuaran vendiendo. La gente quería la información, así que comenzaron a copiar las cintas existentes, regalarlas, venderlas o alquilarlas a personas en todo el mundo. En 1993, se había estimado que había aproximadamente 100,000 juegos de esas cintas en el mundo.

Se tomó una decisión. Se determinó que la única forma en la que podíamos ser responsables de esta información era teniendo una persona cualificada en la sala cuando la gente estuviera viendo los videos. Cualificada significa que nosotros habíamos instruido a esa persona para conocer y vivir el Mer-Ka-Ba. Entonces esa persona podía enseñar a otras verbalmente. Así es como nació el programa de facilitadores de La Flor de la Vida. Ahora existen más de 200 facilitadores entrenados en al menos 33 países. El sistema ha funcionado muy bien.

Nota del editor: Con los años, después de la edición de

los dos volúmenes de *El secreto ancestral de la Flor de la Vida*, Drunvalo decidió hacer una nueva edición de esos antiguos videos, tomó otra grabación de otro taller que no había salido al mundo, y me pidió trabajar en su edición. Después de varios años, y gracias a la colaboración de muchas personas (técnicos de video, traductores, correctores), estos videos están listos en inglés y subtitulados al español. La lectura de los libros se complementa de maravilla con esta serie de 20 videos. Existe uno extra (el número 21) que es una *actualización* con una entrevista a Drunvalo en septiembre de 2008, y hay uno más (el número 22) que es exclusivo para facilitadores autorizados por Drunvalo que contiene la explicación de la meditación Mer-Ka-Ba, más un video sobre la Esfinge en Egipto, y otro video sobre las pirámides en Marte.

Puedes adquirir estos videos en:

www.teohua.org

Puedes contactar facilitadores autorizados en:

www.laflordelavida.org

Ahora las cosas han cambiado nuevamente. La gente empieza a comprender una conciencia superior así como sus valores y conceptos. Ahora es momento de entregar este libro al público en general, sentimos que ya está listo. Un libro tiene la ventaja de que la gente puede tomarse más tiempo para estudiar los dibujos y las fotografías en detalle cuando le venga bien. También tendrá información actualizada como la que sigue:

¡Con seguridad los tiempos están cambiando! De acuerdo con la Compañía Dow Jones Inc., en su revista *American Demographics* (*Demografías americanas*), de febrero de 1997, un estudio científico de 10 años ha revelado que en este momento, está emergiendo una nueva cultura en América y el mundo occidental. Algunos la han llamado la Nueva Era (*New Age*), pero ha tenido otros nombres dependiendo del país. Desde nuestra experiencia, creemos que es una cultura emergente en todo el mundo. Es una cultura que cree profundamente en Dios, la familia, los niños, el espíritu, la Madre Tierra, un medio ambiente sano, la feminidad, la honestidad, la meditación, la vida en otros planetas y la unidad de toda la vida en todas partes. Los miembros de esta nueva cultura creen, de acuerdo con el estudio, que son pocos y están aislados. No obstante, el informe reveló, para sorpresa de todos, que "ellos" son uno de cada cuatro adultos en los Estados Unidos, ¡la asombrosa cantidad de 44 millones de adultos!

Algo muy grande está sucediendo aquí. Ahora que los que mueven el dinero son conscientes de este enorme mercado nuevo, pueden apostar que las cosas van a cambiar. Desde las películas y la televisión, al uso de la energía, la comida y mucho más; todo se verá afectado. Con el tiempo, incluso nuestra (misma) interpretación de la realidad puede que cambie. No están solos, y no tardarán mucho en darse cuenta de ello.

Desde que los ángeles aparecieron por primera vez en 1971, he estado siguiendo su guía. Esto aún es cierto. Fueron los ángeles los que me dieron la meditación Mer-Ka-Ba y esta meditación es lo importante, no la información proporcionada. La información se usa sólo para aclarar las cosas, para que podamos acceder a un determinado estado de conciencia.

Date cuenta que tal como recibí la información científica en los primeros años, desde 1971 hasta 1985, creía que era para mi propio desarrollo personal. Una vez que había leído revistas o periódicos científicos, me deshacía de ellos, sin darme cuenta de que en el futuro tendría que probar lo que estaba diciendo. La mayoría de los artículos se localizaron, pero no todos. Ahora, esta información necesita salir. Tú, lector, la has pedido enérgicamente. Por tanto, documentaré mis afirmaciones cuanto sea posible, pero algunas pruebas se han perdido, al menos, de momento.

Además, parte de la información proviene de fuentes no científicas, como ángeles o comunicaciones interdimensionales. Comprendemos que la "ciencia estricta" necesita estar separada de una fuente que es considerada psíquica. Los científicos se preocupan por su credibilidad. Como nota al margen, quisiera comentar que esto es similar a un hombre diciéndole a una mujer que sus sentimientos no son válidos y que sólo la lógica es verdadera o válida, que se *debe* seguir la lógica. Naturalmente, ella conoce otra manera; es la manera de la vida misma. Esta manera fluye. No tiene "lógica masculina", pero igualmente es verdadera. Creo en ambas, en equilibrio.

Si puedes concebir a una persona, usando a la vez tanto la ciencia como las habilidades psíquicas para explorar la realidad, has llegado al lugar preciso. Siempre que sea posible, haré distinción entre los dos tipos de fuentes para que quede claro. Esto significa que debes ir dentro de ti mismo, para ver si esta información es cierta dentro de tu mundo. Si algo no te parece bien, entonces descártalo y continúa. Si te parece bien, entonces vívelo y comprueba si es verdad realmente. Pero mi opinión es que la mente nunca conocerá la realidad, hasta que se haya unido al corazón. Lo masculino y lo femenino se complementan uno al otro.

Cuando leas este trabajo tienes dos opciones: puedes abordarlo desde tu cerebro izquierdo, tu lado masculino, tomar notas y ver con atención la lógica en cada paso, o puedes llegar desde tu cerebro derecho, tu lado femenino, simplemente no pensando y dejándote llevar –siente, míralo como a una película, expandido, no contraído–. Cualquiera de las dos formas funciona.

Por último, conforme preparaba este libro tuve que tomar otra decisión. ¿Debían revelarse los pasos finales de la meditación, el Mer-Ka-Ba completo? Todavía siento que una enseñanza verbal es lo mejor. ¿Saltarías a las etapas finales del budismo tibetano después de leer un solo libro? Lo que se ha decidido es que se dará todo aquí, hasta el video de 1993, con la precaución de que entres al Mer-Ka-Ba con mucho cuidado y que busques, no obstante, a un facilitador de La Flor de la Vida. Esa información se proporcionará al final del segundo volumen. Mucho se ha aprendido después y más allá de estos escritos y sólo puede transmitirse de modo verbal y experiencial.

La razón por la que estoy dando el conocimiento completo es que hay, al menos, otros siete autores, hasta ahora, que han reimpreso este trabajo en una forma u otra. Algunos lo han hecho al pie de la letra, algunos me han parafraseado y otros han usado mi trabajo de arte y mis dibujos de Geometría Sagrada. Algunos lo han pedido y otros no. Pero el resultado final es que la información ha salido. Mucha ha sido distorsionada y algunas veces no es del todo cierta. Por favor, ten en cuenta que esto no es para protegerme, pero la integridad de la obra es responsabilidad mía. Esta información pertenece al Universo, no a mí. Lo que me preocupa es que la información sea fidedigna y que se comprenda con claridad.

Las instrucciones exactas de la meditación están en el volumen II, pero por supuesto no el conocimiento oculto. Ese es vivencial. Debes vivirlo. Existe otra información en la red que declara que proviene de mí cuando no es así. También hay información sobre La Flor de la Vida que simplemente está equivocada o desactualizada (u obsoleta). Afortunadamente, esta obra aclarará lo que ha sido velado o distorsionado. Comprendo que esas personas estaban movidas por sus corazones buscando la verdad, pero aún así es mi responsabilidad hacia ti.

Por tanto, escribo este libro para aclarar el asunto, para todos los que desean comprender y conocer la verdad.

En amor y servicio,
Drunvalo Melchizedek

UNO

Recordando nuestro pasado antiguo

Cómo la caída de la Atlántida cambió nuestra realidad

Hace casi 13,000 años, sucedió algo dramático en la historia de nuestro planeta que vamos a investigar detenidamente, porque lo sucedido en el pasa- do está afectando ahora cada aspecto de nuestra vida. Todo lo que exper mentamos en nuestra vida diaria, incluyendo las tecnologías que usamos, las guerras que estallan, los alimentos que ingerimos e incluso la forma en que percibimos nuestras vidas, es el resultado directo de una cierta secuencia de sucesos ocurridos durante el período final de la Atlántida. Las consecuencias de esos antiguos sucesos han cambiado por completo la forma en que vivimos e interpretamos la realidad.

¡Todo está conectado! Sólo hay una realidad y un Dios, pero hay muchas formas en que la única realidad puede interpretarse. De hecho, el número de formas para interpretar la realidad es prácticamente infinito. Existen ciertas realidades sobre las que mucha gente está de acuerdo, y esas realidades se llaman niveles de conciencia. Por razones en las que entraremos más adelante, hay realidades específicas en las que están enfocados un número extremadamente grande de seres, dentro de ellas está incluida la que tú y yo estamos experimentando ahora mismo.

Hubo un tiempo en el que existíamos sobre la Tierra en un nivel muy alto de conciencia, que estaba más allá de cualquier cosa que podamos imaginar ahora mismo. Apenas podemos imaginar el lugar donde estuvimos una vez, porque quienes fuimos entonces está demasiado desligado de lo que somos ahora. Debido a los sucesos particulares que ocurrieron entre 13,000 y 16,000 años atrás, la humanidad cayó desde aquel lugar elevado a través de muchas dimensiones y sobretonos, aumentando cada vez más la densidad, hasta que alcanzamos este lugar en concreto, que llamamos la tercera dimensión en el planeta Tierra, el mundo moderno.

Cuando caímos —porque esto fue como una caída— estábamos descendiendo sin control por una espiral a través de las dimensiones de conciencia. Estábamos fuera de control y fue muy parecido a caer a través del espacio. Cuando llegamos aquí, a la tercera dimensión, tuvieron lugar cambios específicos determinados, tanto psicológicos como en la forma en que interactuábamos con la realidad. El cambio más importante fue en la forma que respirábamos *prana*, palabra hindú para la energía de fuerza-vital de este Universo. El prana es de vital importancia para nuestra supervivencia, más que el aire, el agua, la comida o cualquier otra sustancia, y

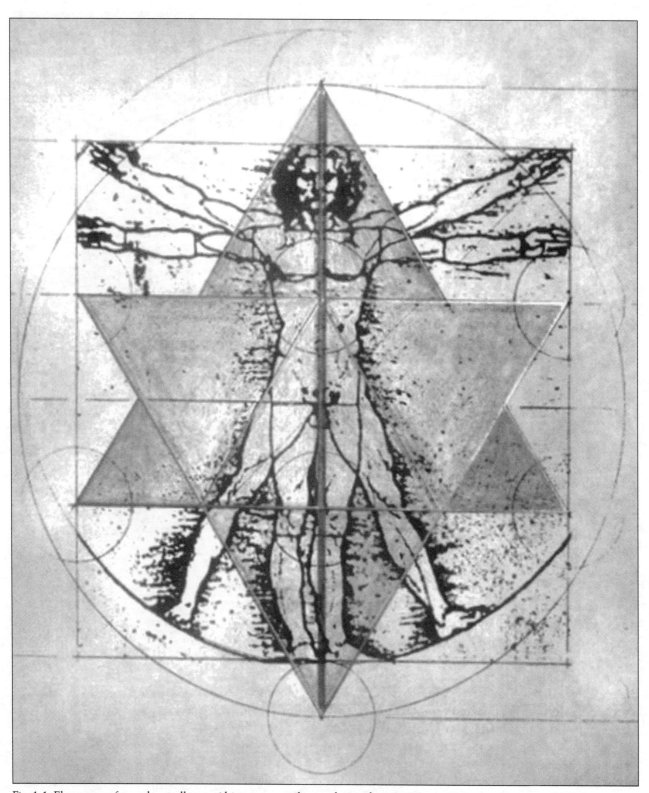

Fig. 1-1. El campo en forma de estrella tetraédrica que nos rodea a cada uno de nosotros.

la forma en la que introducimos esta energía en nuestros cuerpos afecta radicalmente a nuestra manera de percibir la realidad.

En los tiempos atlantes y antes, la forma en que respirábamos prana estaba relacionada directamente con los campos electromagnéticos que rodean nuestros cuerpos. Todas las formas de energía de nuestros campos son geométricas y con la que trabajaremos es con la estrella tetraédrica, que consiste en dos tetraedros entrelazados [fig. 1-1]. Otra forma de verlo, es como una estrella de David tridimensional.

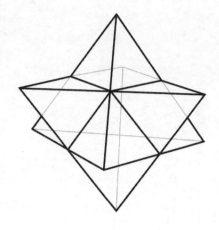

El ápice del tetraedro que apunta hacia arriba, termina a una mano de distancia sobre la cabeza y el ápice del tetraedro que apunta hacia abajo, termina a una mano de distancia por debajo de los pies. Desde el ápice superior hasta el inferior, nos recorre un tubo que conecta los centros principales de energía del cuerpo o chakras. Para cada persona, este tubo tiene el diámetro del círculo que se forma al unir los dedos medio (o corazón) y pulgar. Parece como un tubo de vidrio fluorescente, excepto porque tiene una estructura cristalina en los extremos que encaja en los dos ápices de la estrella tetraédrica.

Antes de la caída de la Atlántida, solíamos absorber prana por arriba y por abajo del tubo simultáneamente, y los dos flujos de prana se unían dentro de uno de nuestros chakras. Cómo y dónde se une el prana, siempre ha sido un aspecto importante de esta antigua ciencia que todavía se estudia por todo el Universo.

Otro punto principal en el cuerpo humano es la glándula pineal, localizada casi en el centro de la cabeza, la cual es un factor importantísimo en la conciencia. Esta glándula ha degenerado desde su tamaño original, comparable a una pelota de ping pong, hasta su tamaño actual, como un guisante seco, porque olvidamos cómo utilizarla hace mucho tiempo, y si no la usas, la pierdes.

La energía pránica solía fluir por el centro de la glándula pineal. Esta glándula, de acuerdo con Jacob Liberman, autor de *Light, the Medicine of the Future* (*Luz, la medicina del futuro*), parece un ojo y en algunos aspectos es literalmente un globo ocular. Es redonda y tiene una abertura en una porción; en esa abertura hay una lente para enfocar la luz. Es hueca y dentro tiene receptores de color. Su campo de visión original –aunque esto no ha sido determinado científicamente– es hacia arriba, hacia los cielos. Tal como nuestros ojos pueden ver en un ángulo de 90° a nuestro alrededor, la glándula pineal puede también "ver" esos 90° desde su posición establecida. Así como no podemos ver hacia la parte posterior de nuestras cabezas, la glándula pineal no puede ver hacia abajo en la dirección a la Tierra.

Dentro de la glándula pineal –incluso en su tamaño reducido–, están todas las Geometrías Sagradas y la comprensión exacta de cómo fue creada la realidad. Está todo allí, en cada persona. Pero esta comprensión no nos es accesible ahora, porque perdimos nuestros recuerdos durante la Caída y sin nuestros recuerdos comenzamos a respirar de modo diferente. En vez de absorber prana a través de la glándula pineal y hacerlo circular arriba y abajo por nuestro tubo central, comenzamos a respirarlo por la nariz y la boca, lo que produjo que el prana evitara la glándula pineal y como resultado veamos las cosas de manera totalmente distinta, a través de una interpretación diferente (llamado bien y mal o conciencia polarizada). El resultado de esta conciencia polarizada hace que sigamos creyendo que estamos dentro de un cuerpo mirando hacia fuera, separados de alguna forma de lo que "está ahí fuera". Esto es pura ilusión. Lo sentimos como real, pero no hay absolutamente nada verdadero en esta percepción. Es simplemente la visión de la realidad que tenemos desde nuestro estado "caído".

Por ejemplo, no hay nada erróneo en lo que sucede, ya que Dios tiene el control de la creación. Pero desde un punto de vista, el de la polaridad, viendo el planeta y cómo evoluciona, no deberíamos haber caído aquí. En una curva normal de evolución, no deberíamos estar aquí. Nos pasó algo que se suponía que no debía ocurrir. Pasamos por una mutación –podríamos decir que tuvimos una rotura de cromosomas–. Así que la Tierra ha estado en alerta roja durante casi 13,000 años y muchos seres y niveles de conciencia han estado trabajando juntos, para descubrir cómo devolvernos al sendero (ADN) donde estábamos antes.

El efecto de esta caída "errónea" de la conciencia y los subsiguientes esfuerzos para devolvernos al camino, ha resultado ser algo *realmente* bueno –algo inesperado y asombroso–. Seres de todo el Universo que han estado intentando ayudarnos con nuestro problema, han iniciado varios experimentos sobre nosotros en un esfuerzo por ayudar, algunos legalmente y otros sin permiso. Un experimento en particular, está resultando ser un escenario que nadie, en ninguna parte, habría soñado que se pudiera convertir en realidad, excepto una persona de una sola cultura, de un pasado remoto.

El Mer-Ka-Ba

Existe otro factor primordial en el que nos vamos a centrar en esta historia. Hace 13,000 años, éramos conscientes de algo sobre nosotros mismos, que hemos olvidado por completo desde entonces: los campos de energía geométricos alrededor de nuestro cuerpo pueden ser activados de un modo determinado, que también está conectado a nuestra respiración. Estos campos solían girar casi a la velocidad de la luz alrededor de nuestros cuerpos, pero disminuyeron su velocidad y dejaron de girar después de la Caída. Cuando este campo se activa y gira, se llama un Mer-Ka-Ba y su utilidad en esta realidad es incomparable. Nos proporciona una conciencia expandida de quiénes somos, nos conecta con niveles superiores de conciencia y restituye los recuerdos de las posibilidades infinitas de nuestro ser.

Fig. 1-2. Fotografía infrarroja de una galaxia, denominada la Galaxia del Sombrero, mostrando su envoltura térmica.

Un Mer-Ka-Ba rotatorio sano mide entre 18 y 20 metros de diámetro, es proporcional a la estatura de cada persona. La rotación de un Mer-Ka-Ba giratorio puede verse en un monitor usando los instrumentos apro-piados y su apariencia es idéntica a la envoltura térmica infrarroja de la galaxia [fig. 1-2], la misma forma básica que el tradicional platillo volador.

La palabra Mer-Ka-Ba se compone de tres palabras: *Mer*, *Ka* y *Ba*, las cuales, tal como las utilizamos, provienen del antiguo Egipto. Se ha visto en otras culturas como *merkabah*, *merkaba* y *merkavah*. Existen varias pronunciaciones, pero generalmente se pronuncia como si las tres sílabas estuvieran separadas, con igual acento en cada una. *Mer* se refiere a un tipo específico de luz, que sólo fue entendido en Egipto durante la decimoctava dinastía. Fue visto como dos campos contrarrotatorios de luz girando en el mismo espacio, generados por ciertos patrones respiratorios. *Ka* se refiere al espíritu individual y *Ba* se refiere a la interpretación del espíritu de su realidad particular. En *nuestra* realidad particular, *Ba* se define habitualmente como el cuerpo o realidad física. En otras realidades donde los espíritus no tienen cuerpos, se refiere a su concepto o interpretación de la realidad que llevan con ellos.

Por tanto, el Mer-Ka-Ba es un campo contrarrotatorio de luz, que afecta al espíritu y al cuerpo simultáneamente. Es un vehículo que puede llevar al espíritu y al cuerpo (o a la interpretación de la realidad de una persona) desde un mundo o dimensión hasta otro. De hecho, el Mer-Ka-Ba es mucho más que esto, porque puede *crear* la realidad, y también moverse a través de realidades. Para nuestro propósito aquí, sin embargo, nos centraremos principalmente en su aspecto como vehículo interdimensional (Mer-Ka-Vah significa *carro* en hebreo) que nos ayudará a regresar a nuestro estado original de conciencia superior.

Volviendo a nuestro estado original

Para ser claro, regresar a nuestro estado original es un proceso natural, que puede ser fácil o difícil dependiendo de nuestros patrones de creencias. No obstante, involucrarnos simplemente con las relaciones técnicas del Mer-Ka-Ba, tales como corregir nuestros patrones respiratorios, o darnos cuenta mentalmente de las infinitas conexiones con todos los patrones de la vida, por ejemplo, no es suficiente. Al menos hay otro factor que es más importante incluso que el propio Mer-Ka-Ba, y es darse cuenta, comprender y vivir en amor divino. Ya que el amor divino, a veces denominado amor incondicional, es el factor primordial que permite al Mer-Ka-Ba convertirse en un campo viviente de luz. Sin amor divino, el Mer-Ka-Ba es sólo una máquina que tendrá limitaciones que no permitirán al espíritu que la creó, regresar a casa y alcanzar los niveles de conciencia superiores, –el lugar donde no hay niveles–.

Debemos estar experimentando y expresando amor incondicional, para trasladarnos más allá de cierta dimensión y el mundo se está dirigiendo muy rápido hacia ese lugar superior. Nos estamos alejando del separatismo, donde nos vemos dentro de un cuerpo mirando hacia fuera. Esa visión terminará pronto, y será reemplazada por una visión diferente de la realidad, donde tendremos la sensación y el conocimiento de la absoluta unidad con toda la vida; y esa sensación crecerá más y más, según continuemos subiendo a través de cada nivel en nuestro viaje a casa.

Después exploraremos formas especiales de abrir el corazón –despertar el amor compasivo e incondicional para que puedas tener una experiencia directa–. Sólo con que permitas que esto suceda, puede que descubras cosas sobre ti mismo que ni siquiera sabías.

Querido lector: Hay procedimientos y experiencias en los talleres que no se pueden reproducir en los videos o en este libro porque hay que vivirlos. Son tan importantes como el conocimiento, ya que sin ellos, el conocimiento no sirve de nada. La única forma de transmitirte ahora estas experiencias, es mediante la tradición oral a través de talleres presenciales. Pero esto puede cambiar en el futuro.

Una realidad superior, global

Otro componente en el que nos vamos a centrar, ha tenido muchos nombres, pero en términos actuales nos referimos a él, generalmente, como Ser Superior. En la realidad del Ser Superior, literalmente existimos en otros mundos además de en éste. Existen tantas dimensiones y mundos, que casi sobrepasan la capacidad humana para concebirlos. Estos niveles son muy específicos, matemáticamente demostrables, y el espaciado y las longitudes de onda dentro y entre esos niveles, son idénticos a las relaciones dentro de las octavas musicales y otros aspectos de la vida. Pero ahora mismo, seguramente tu conciencia tridimensional ha estado separada de tu aspecto superior, así que sólo estás consciente de lo que sucede aquí en la Tierra. Esto no es la norma para los seres que existen en un estado natural "no caído". La norma es que los seres primero se vuelven conscientes de varios niveles al mismo tiempo, como los acordes en música, hasta que finalmente, conforme crecen, se vuelven conscientes de todo en todas partes a la vez. El siguiente ejemplo es inusual, pero demuestra lo que estamos diciendo.

Ahora mismo estoy en comunicación con alguien, que es consciente de muchos niveles a la vez. Los científicos que la están estudiando se han quedado sin habla; no pueden entender cómo lo hace. Puede estar sentada en una habitación, pero sostiene que está viendo (desde) el espacio exterior. La NASA la puso a prueba pidiéndole que "viera" un satélite concreto y les diera una información específica que sólo podría saber alguien que realmente estuviera allí. Ella les dio las lecturas de sus instrumentos, estoy seguro de que a los científicos les parecería imposible. Ella dijo que estaba volando al lado del satélite y que simplemente leía los instrumentos. Su nombre es Mary Ann Schinfield. Es ciega completamente, aunque puede caminar por una habitación y nadie lo notaría. ¿Cómo lo hace?

Recientemente me llamó y mientras estábamos hablando, me preguntó si me gustaría ver a través de sus ojos. Por supuesto le dije que sí. Al cabo de unas pocas respiraciones, mi campo de visión se amplió y yo estaba mirando a, o a través de, lo que parecía una enorme pantalla de televisión que llenó mi campo de visión. Lo que vi era asombroso. Parecía como si me estuviera moviendo muy rápido a través del espacio sin un cuerpo. Podía ver las estrellas y en ese momento Mary Ann y yo, viendo a través de sus ojos, nos estábamos moviendo al lado de una hilera de cometas. Ella estaba muy cerca de uno de ellos.

Fue una de las experiencias "fuera del cuerpo" más reales que haya tenido. Alrededor del perímetro de esta "pantalla de televisión" había unas de 12 ó 14 pantallas más pequeñas de televisión, cada una mostrando imágenes extremadamente rápidas. La que estaba en la parte superior derecha emitía imágenes que se movían muy rápido, como triángulos, focos, círculos, líneas onduladas, árboles, cuadrados, etcétera. Esa pantalla le decía lo que había en su espacio inmediato, donde estaba ubicado su cuerpo. Ella podía "ver" gracias a estas imágenes aparentemente inconexas. Había otra pantalla en la esquina inferior izquierda, mediante la que se comunicaba con otras formas de vida extraterrestres dentro del sistema solar.

Aquí tenemos una persona que está en un cuerpo tridimensional en la Tierra, pero que tiene memoria completa y experiencia de vivir en otras dimensiones. Esta forma de interrumpir la realidad es inusual. La gente, normalmente, no ve pantallas de televisión en su interior, pero existimos en muchos otros mundos, aunque la mayoría no seamos conscientes de ello.

En este momento, tú existes en cinco niveles o más, probablemente. Aunque haya una ruptura entre esta dimensión y otras, cuando te conectas con tu Ser Superior "arreglas" esa rotura, y después comienzas a ser consciente de los niveles superiores y los niveles superiores te prestan más atención, ¡empieza la comunicación! Esta conexión con el Ser Superior es, probablemente, lo más importante que puede suceder en tu vida, –más importante que comprender cualquier tipo de información que pueda darte–. Conectar con el Ser Superior es más importante que aprender a activar el Mer-Ka-Ba, porque si te conectas con tu Ser, vas a tener información clara, sobre cómo proceder paso a paso a través de cualquier realidad y sobre cómo guiarte de vuelta a casa, a la plena conciencia de Dios. Cuando te conectes con tu Ser Superior, todo lo demás sucederá automáticamente. Todavía tendrás que vivir tu vida, pero todo lo que hagas, acciones, pensamientos y emociones, conllevarán gran poder y sabiduría.

Mucha gente, incluyéndome a mí, hemos intentado entender cómo conectar con el Ser Superior de cada uno. Muchas de las personas que han logrado esta conexión, a menudo no saben cómo sucedió. En este curso intentaré explicar exactamente cómo conectar con tu Ser Superior. Lo haré lo mejor que pueda.

Realidades del cerebro izquierdo y derecho

Existe un componente más en esta imagen. Puede que pase la mitad del tiempo dando información del "tipo" cerebro izquierdo, como las geometrías, los hechos y todo tipo de datos, que para muchas personas espirituales pueden parecer triviales. Lo hago porque cuando caímos, nos dividimos en dos –en realidad en tres, pero principalmente en dos– componentes principales: masculino y femenino. El cerebro derecho, que controla el lado izquierdo de nuestro cuerpo, es nuestro componente femenino, aunque no es verdaderamente ni masculino ni femenino, en él radican nuestros aspectos psíquicos y emocionales. Este componente sabe que sólo existe un Dios y que la unidad es Todo lo que existe. Aunque no puede explicarlo, simplemente sabe la verdad. Así que no hay muchos problemas con el componente femenino.

El problema está en el lado izquierdo del cerebro, el componente masculino. Debido a la naturaleza de cómo está orientado el cerebro masculino, –un reflejo invertido, como la imagen de un espejo del femenino–, tiene su componente lógico hacia delante (más dominante), mientras que el femenino tiene su componente lógico hacia atrás (menos dominante). El cerebro izquierdo no experimenta la unidad cuando observa la realidad; todo lo que ve es división y separación. Por esa razón, nuestro aspecto masculino lo está pasando mal aquí en la Tierra. Incluso nuestros principales libros sagrados como el Corán, la Biblia hebrea y la Biblia cristiana, han dividido todo en opuestos. El cerebro izquierdo experimenta que existe Dios, pero entonces también existe el diablo –quizá no tan fuerte como Dios, pero con gran influencia–. Entonces incluso Dios es visto en términos de dualidad, como uno de los polos de las fuerzas opuestas de la luz y la oscuridad (esto no es cierto para todas las sectas de estas religiones. Unas pocas ven que sólo existe Dios).

Hasta que el cerebro izquierdo sea capaz de ver la unidad a base de comprobar todo, para saber que de verdad sólo hay un espíritu, una fuerza, una conciencia saliendo de todo lo que existe –hasta que conozca esa unidad más allá de toda duda–, hasta entonces, la mente seguirá separada de sí misma, de su integridad y de su pleno potencial. Incluso si existiera la más pequeña de las dudas acerca de la unidad, el aspecto del cerebro izquierdo nos frenaría y no caminaríamos más sobre las aguas. Recuerda, incluso Tomás caminó sobre las aguas brevemente cuando Jesús se lo pidió, pero una célula de su dedo gordo del pie dijo: "Espera un momento, yo no puedo hacerlo", y Tomás se hundió en la fría realidad polarizada.

Hacia dónde vamos con esta información

Estoy dedicando mucho tiempo a mostrarte, más allá de cualquier sombra de duda, que sólo existe una imagen en todo. Hay una imagen, sólo una que creó todo lo que existe y esa imagen es la misma que ha formado el campo electromagnético alrededor de tu cuerpo, las mismas geometrías que están en tu campo. Se pueden encontrar alrededor de todo –planetas, galaxias, átomos y cualquier otra cosa–. Vamos a examinar esta imagen detalladamente.

También vamos a entrar en la historia de la Tierra, porque es muy importante en nuestra situación actual. No podemos entender realmente cómo llegamos aquí, si no conocemos el proceso que nos condujo a este momento. Así que pasaremos gran parte del tiempo hablando sobre lo que sucedió hace mucho tiempo; luego, lentamente, avanzaremos hasta que lleguemos a lo que está sucediendo hoy. Todo está ligado. La misma vieja historia se ha estado repitiendo y continúa haciéndolo; de hecho, nunca ha parado.

Aquellos en los que predomine el cerebro derecho, pueden sentirse inclinados a saltarse este material de cerebro izquierdo, pero es muy importante que sigan ahí. La salud espiritual regresa gracias al equilibrio.

Cuando el cerebro izquierdo ve la unidad absoluta, comienza a relajarse y el cuerpo calloso (la banda de fibras que une los dos hemisferios) se abre de un modo nuevo, permitiendo la integración de los dos lados. La conexión entre el cerebro izquierdo y el derecho se amplía, empieza a haber una circulación, la información va adelante y atrás y los lados opuestos del cerebro empiezan a integrarse y sincronizarse uno con el otro. Si conoces la técnica de biorretroalimentación (*biofeeback*), puedes ver que esto ocurre. Esta acción pone en marcha la glándula pineal de una forma diferente y hace posible que tu meditación active el cuerpo de luz del Mer-Ka-Ba. Entonces el proceso completo de regeneración y recuperación de nuestros niveles superiores de conciencia puede continuar. Es un sistema de crecimiento.

Si estás estudiando cualquier otra práctica espiritual, no necesitas dejarla para empezar el trabajo con el Mer-Ka-Ba –a menos, por supuesto, que tu maestro no quiera mezclar tradiciones–. Otras meditaciones basadas en la verdad, pueden ser extremadamente útiles una vez que el Mer-Ka-Ba esté girando, porque entonces puedes evolucionar muy rápido con resultados notables. Lo voy a volver a repetir únicamente para que lo sepas con toda seguridad: el cuerpo de luz del Mer-Ka-Ba no contradice o inhibe ninguna otra meditación o religión que sostenga la creencia de que sólo existe un Dios.

Hasta ahora sólo hemos hablado del *abc* de la espiritualidad. Éstos son sólo los primeros pasos. Pero esos primeros pasos son los más importantes que conozco.

Tu cerebro izquierdo puede amar toda esta información y archivarla en casillas cuidadosamente etiquetadas; eso está bien. O puedes sólo relajarte y leer esto como una historia de aventuras, un extensor mental, una fantasía. No importa cómo lo leas, lo que importa es el hecho de que *estés* leyendo este libro y vas a recibir lo que sea que debas recibir.

Embarquémonos juntos en este viaje de descubrimiento, en el espíritu de la *unidad*.

Desafiando los patrones de creencias de nuestros padres

Muchas de las ideas en las que creemos ahora y los "hechos" que nos enseñaron en la escuela, simplemente no son ciertos, y la gente está empezando, ahora, a darse cuenta en todo el mundo. Por supuesto, se solía creer

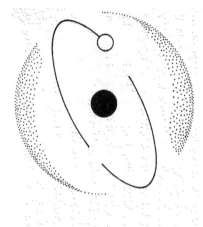

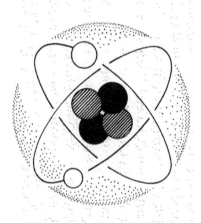

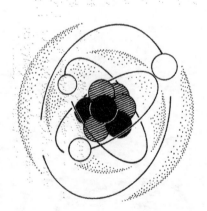

en estos patrones cuando se enseñaron, pero luego los conceptos y las ideas cambiaron, y a la siguiente generación se le enseñaron verdades distintas.

Por ejemplo, el concepto del átomo ha cambiado dramáticamente tantas veces durante los últimos 90 años, que en este momento, los científicos no se mantienen fieles a un concepto. Usan uno, pero sabiendo que puede ser erróneo.

Una vez se pensó que el átomo era como una sandía y que los electrones eran como semillas dentro de la sandía. Realmente sabemos muy poco sobre la realidad que nos rodea. La física cuántica nos ha mostrado que la persona que ejecuta el experimento influencia el resultado. En otras palabras, la conciencia puede cambiar el resultado de un experimento, dependiendo de sus creencias.

Existen otros aspectos de nosotros que sostenemos como ciertos y que pueden no ser verdaderos en absoluto. Una idea que ha sido sostenida durante mucho tiempo, es que nosotros somos el único planeta existente con vida en él. En el corazón de nuestros corazones, sabemos que esto no es verdad, pero este planeta no admitirá esta verdad en los tiempos modernos, aunque exista la poderosa evidencia de avistamientos de ovnis, que han estado llegando desde todo el mundo sin interrupción, durante más de 50 años. Cualquier tema relacionado con los ovnis habría sido creído y aceptado por el mundo, si este tema no fuera tan amenazador. Por lo tanto, vamos a ver la prueba que insinúa que existe una conciencia superior en el Universo, no sólo en las estrellas, sino quizás justo aquí en la Tierra.

Como nota al margen, sugiero que vean dos videos emitidos en la cadena de televisión NBC como un especial, presentados por Charlton Heston: Mysterious Origins of Man (Los orígenes misteriosos del hombre) y The Mystery of the Sphinx (El misterio de la Esfinge). Ambos son distribuidos por BC Video en el 1-800-508-0558.

Reuniendo las anomalías

La tribu dogón, Sirio B y los seres delfines

Este dibujo [fig. 1-3] es verdaderamente extraordinario. La información que lo acompaña proviene de un libro sobre Sirio, *The Sirius Mystery* (*El misterio de Sirio*), de Robert Temple. Según me dijeron, Robert Temple tenía que escoger entre 10 ó 12 temas diferentes, cada uno de ellos le llevaría a la misma conclusión, pero desde puntos de vista totalmente distintos. Me alegra el que escogió porque resulta que se relaciona con otro de los aspectos sobre los que hablaremos.

Robert Temple fue una de las primeras personas que reveló ciertos hechos, –aunque los científicos los conocieran desde hace mucho tiempo– sobre una tribu africana cerca de Timbuktú: los dogones. Esta tribu tiene

Fig. 1-3. Dibujo dogón de Nommo, el gran héroe de la cultura que trajo la civilización a la Tierra. Debido a que en los dibujos se muestran los dos ojos, se presume que son vistas planas, lo que significa que la cola está opuesta (como un delfín) en lugar de lateral, como en un pez. La línea del agua está claramente indicada, eso implica que Nommo respira aire. Este dibujo salió de la revista australiana *Simply Living* (*Viviendo simplemente*).

información, que es simplemente imposible que posean, para cualquier criterio de nuestra visión actual del mundo. Su información destruye todo lo que creemos saber respecto a que estamos solos.

Verás: los dogones tienen una cueva en su tierra, en una montaña y en esta gruta hay dibujos en la pared de más de 700 años de antigüedad. El hombre santo de su tribu, se sienta a la entrada de la cueva para protegerla. Durante toda su vida, ese es su trabajo. Ellos lo alimentan y cuidan de él, pero nadie puede tocarlo o acercársele. Cuando muere, otro hombre santo ocupa su lugar. En esta cueva hay dibujos asombrosos y trozos de información.

Les voy a relatar dos de estos datos y éstos son sólo dos de muchos.

Primero que nada, nos estamos refiriendo a la estrella más brillante en el cielo (con una magnitud aparente de 1.4), Sirio, llamada ahora Sirio A. Si observas el Cinturón de Orión, esas tres estrellas y sigues la línea hacia abajo a la izquierda, verás una estrella muy brillante, que es Sirio A. Si la sigues hacia arriba, como el doble de distancia, verás las Pléyades. La información en la cueva dogón mostraba específicamente otra estrella girando alrededor de Sirio. Los dogones son muy precisos sobre esta estrella. Dicen que es muy vieja y muy pequeña y que está hecha de lo que ellos llaman "la materia más pesada en el Universo" (lo cual se aproxima, pero no es realmente correcto); dicen que esta pequeña estrella tarda "cerca de 50 años" en girar alrededor de Sirio. Esto es material detallado. Los astrónomos fueron capaces de validar la existencia de Sirio B, una enana blanca, en 1862, y hace tan sólo 15 ó 20 años pudieron validar la otra información.

Una "magnetar" (magnetoestrella) ha sido descubierta recientemente; es una estrella de neutrón que gira alrededor de 200 veces por segundo, generando un inmenso campo magnético.

Los científicos detectaron el 27 de agosto de 1998 lo que describieron como un sismo en la estrella. Sus instrumentos recogieron ondas de radio desde SGR 1900+14.

La radiación arrolló los detectores de rayos gama en siete naves espaciales, provocando que dos se desconectaran, incluyendo la nave Near Earth Asteroid Rendezvous (NEAR).

Las estrellas se parecen mucho a las personas, como empezarán a comprobar. Están vivas, tienen personalidad y muchas cualidades como las que tenemos nosotros. A nivel científico, tienen etapas de crecimiento. Empiezan como soles de hidrógeno, igual que el nuestro, donde se unen dos átomos de hidrógeno en una reacción de fusión para formar helio. Este proceso crea toda la vida y la luz que hay en este planeta.

Cuando madura una estrella, comienza otro procedimiento de fusión, el del helio: tres átomos de helio se unen para formar *carbono*. Este proceso de crecimiento pasa por varias etapas hasta que llega a un nivel en particular de la tabla atómica, al momento en que la estrella ha alcanzado su máxima duración de vida. Hasta donde sabemos, al final de su vida, una estrella puede hacer principalmente dos cosas. Los nuevos datos, sobre púlsars y magnetar ofrecen otras opciones. Uno: puede explotar y convertirse en supernova, una inmensa nube de hidrógeno que será el útero de cientos de nuevas estrellas bebés. Dos: puede expandirse muy rápido en una gigante roja, una enorme explosión que envuelve a todos sus planetas –los quema y destruye todo el sistema–, y permanece expandida mucho tiempo. Después lentamente se colapsará en una pequeña estrella: en una enana blanca.

Lo que los científicos encontraron girando alrededor de Sirio era una enana blanca, que corresponde exactamente a lo que dicen los dogones. La ciencia investigó para calcular cuánto pesaba, y comprobar sí, de verdad, era "la materia más pesada del Universo". Los cálculos originales –hechos hace unos 20 años– determinaron que pesaba alrededor de 900 kilogramos por pulgada cúbica. Desde luego se puede calificar como materia pesada pero es una calificación "conservadora". La "nueva" calificación es de ¡1.5 millones de toneladas por pulgada cúbica! Aparte de los agujeros negros, seguramente parecería la materia más pesada del Universo. Esto significa que si tuvieras una pulgada cúbica de esta enana blanca, Sirio B, pesaría 1.5 millones de toneladas y traspasaría cualquier cosa sobre la que estuviera. Iría hacia el centro de la Tierra, oscilaría a un lado y a otro del núcleo durante mucho tiempo hasta que, por fricción, se parara justo en el centro.

Además, cuando revisaron el patrón rotatorio de Sirio B alrededor de la estrella más grande, Sirio A, encontraron que era 50.1 años. ¡Esto por supuesto *no* podía ser una coincidencia! En realidad se acerca bastante, se atiene a los hechos. Pero, ¿cómo una antigua tribu primitiva disponía de una información tan detallada sobre una estrella que sólo se ha podido medir a finales del *pasado siglo*?

Pero ésta es sólo parte de su información. También sabían sobre todos los otros planetas en nuestro sistema solar, incluyendo Neptuno, Plutón y Urano, que han sido descubiertos más recientemente. Sabían exactamente cómo se ven estos planetas cuando nos acercamos a ellos *desde el espacio*, y eso lo acabamos de aprender nosotros. También tenían conocimiento de las células blancas y rojas de la sangre, y todo tipo de información fisiológica sobre el cuerpo humano, nosotros lo hemos aprendido hace poco. ¡Todo esto de una tribu "primi-tiva"!

Desde luego se envió un equipo científico para preguntar a los dogones cómo sabían todo esto. Bueno, esto quizá fue un error por su parte, por-

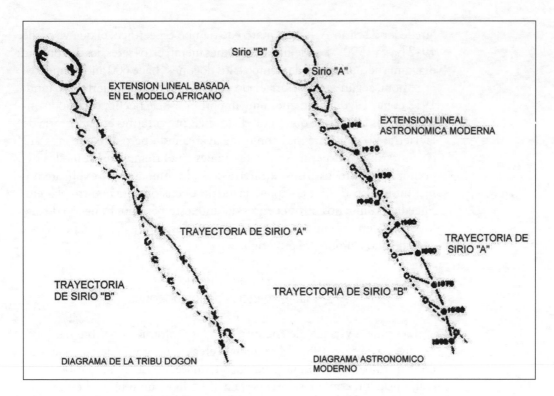

EXTENSION LINEAL BASADA
EN EL MODELO AFRICANO

Sirio "B"

Sirio "A"

EXTENSION LINEAL
ASTRONOMICA MODERNA

TRAYECTORIA DE SIRIO "A"

TRAYECTORIA DE
SIRIO "A"

TRAYECTORIA
DE SIRIO "B"

TRAYECTORIA DE SIRIO "B"

DIAGRAMA DE LA TRIBU DOGON

DIAGRAMA ASTRONOMICO
MODERNO

que si aceptaban que los dogones realmente tenían esta información, por defecto tenían que aceptar cómo la obtuvieron. Cuando les preguntaron: "¿Cómo aprendieron esto?" los dogones respondieron que los dibujos de las cuevas se lo enseñarían. Esos dibujos mostraban un platillo volador –esa forma tan familiar– llegando desde el cielo y aterrizando sobre tres patas; después, a los seres de la nave haciendo un gran agujero en la tierra, llenándolo de agua, saltando de la nave al agua y saliendo a la orilla. Esos seres se parecen mucho a los delfines; de hecho, quizás *eran* delfines, pero no lo sabemos con certeza. Después comenzaron a comunicarse con los dogones. Les describieron de dónde venían y le dieron a la tribu dogón toda esta información.

Eso fue lo que dijeron los dogones. Los científicos se quedaron allí sentados. A veces decían: "Noooo, nosotros no escuchamos eso". Porque no encajaba para nada con lo que creían saber, así que se limitaron, digamos, a esconder la información bajo la alfombra en alguna parte de sus mentes. La mayoría de las personas, incluidos los científicos, no saben qué hacer con este tipo de hechos. Ha existido mucha información como ésta que simplemente no sabemos cómo utilizar. Debido a que no podemos encontrar la manera de integrar esta información inusual y lo que creemos ya saber, nos deshacemos simplemente de ella porque las teorías no funcionan si conservamos esa nueva información.

Hay otra cosa que sabían los dogones. Este pequeño dibujo estaba en las paredes [fig. 1-4], pero los científicos no tenían idea de lo que era... hasta que las computadoras calcularon las órbitas de Sirio A y Sirio B. Visto desde la Tierra, este patrón que se muestra en la cueva dogón es idéntico al patrón de Sirio B moviéndose

Fig. 1-4. Dos extensiones lineales, representando la revolución de Sirio B alrededor de Sirio A. El diagrama en la izquierda está basado en los dibujos dogones; la proyección de la derecha fue calculada por Robert Temple.

alrededor de Sirio A –en un marco de tiempo especí-fico, el que va desde 1912 hasta 1990–. Los delfines, o quienes fueran estos seres, les dieron este diagrama actual patrón de tiempo a los dogones ¡hace 600 años al menos!

Ahora, según se ha desarrollado en mi vida, he descubierto que tanto 1912 como 1990 fueron años muy importantes. De hecho, el período entre esas dos fechas fue quizá uno de los más importantes en la historia de la Tierra. Lo explicaré más conforme avancemos, pero diré que en 1912 comenzaron los experimentos sobre viajes en el tiempo, así como los experimentos entre los grises extraterrestres y los humanos (lo explicaremos más tarde). En 1990 se completó la red de ascensión para nuestro planeta. Sucedieron muchos otros eventos durante este período. El hecho de que los dibujos en los muros de los dogones señalaran este período, podría ser considerado claramente profético.

El viaje a Perú y más evidencias de los dogones

La primera vez que me encontré con esta información sobre los dogones fue en 1982 ó 1983. Me hallaba cerca de un grupo de personas que estaban trabajando con la tribu dogón, de hecho, iban allí y estaban en comunicación con ellos. Después, en 1985 llevé un grupo a Perú, incluyendo a uno de estos investigadores de los dogones. Nos registramos en un lujoso hotel en Cuzco llamado San Agustín, con la intención de ir al día siguiente por la ruta inca, unos 43 kilómetros sobre las cimas de las montañas. Subes como 4.5 kilómetros y luego bajas como 1.5 kilómetros hasta Machu Picchu. Es hermoso.

Nuestro hotel era un palacio español de adobe escondido detrás de altos muros en el centro del pueblo. Nos alojamos de dos en dos en las habitaciones para abaratar costos. Yo estaba con el investigador de los dogones y él me hablaba sin parar de lo que estaban aprendiendo, incluso mucho más de lo que estoy contando aquí. Nos dieron la habitación que tenía el número 23. Él se emocionó mucho y exclamó: "¡La habitación 23, un número muy auspicioso!". En África, donde viven los dogones, la estrella de Sirio desaparece detrás del horizonte y está fuera de visión durante un par de meses; después aparece nuevamente en la mañana del 23 de julio, cuando sale como un minuto antes que el Sol. Aparece, de un rojo rubí brillante, justo sobre el horizonte, casi exactamente por el este. Sesenta segundos más tarde emerge el Sol. Por lo que pueden ver a Sirio durante un momento, después se va. Es el ascenso helicoidal de Sirio, que era un momento muy importante para la mayor parte del mundo antiguo, no sólo para los dogones y Egipto.

Éste es el momento en que Sirio, el Sol y la Tierra están en línea recta a través del espacio. En Egipto, casi todos los templos fueron alineados con esta línea, incluyendo la mirada de la Esfinge. Muchos de los templos tenían un pequeño agujero en alguna parte del muro; después había otro pequeño agujero en otro muro, luego en otra, y otra más yendo hacia una cámara interior poco iluminada. En esa cámara habría algo así como

Fig. 1-5. Logotipo del cubrecama en el hotel de Cuzco.

un cubo o un rectángulo de proporción dorada, colocado en medio de la habitación con una pequeña marca en él. En el momento del ascenso helicoidal de Sirio, una luz rojo rubí alcanzaba en el altar durante pocos segundos, lo que daba inicio a su año nuevo y al primer día del antiguo calendario sótico de Egipto.

Bueno, estábamos en Perú llegando a la habitación y comentando sobre el número 23. Entramos a la habitación y bajamos nuestras cosas; después ambos miramos a la cama y en el cubrecama vimos esta imagen [fig. 1-5]. Nos quedamos pasmados, mirando al cubrecama durante casi cinco minutos antes de poder hablar, las ideas daban vueltas en la cabeza intentando entender cómo podía ser posible.

Si vuelves a observar la imagen de los seres que salieron del platillo volador, son muy similares. Estaban mitad dentro y mitad fuera del agua –mamíferos que respiran aire– y sus colas eran horizontales, no verticales como los peces. Las únicas criaturas con esas colas son los cetáceos, los delfines y las ballenas.

Pero la imagen dogón es de África... y aquí estábamos en Perú viendo un mamífero muy similar. Esto simplemente no encajaba. Por lo que le preguntamos al personal del hotel: "¿Qué saben sobre este emblema?". No sabían mucho. La mayoría eran descendientes de españoles y no estaban muy ligados a las leyendas indígenas. No conocían las viejas historias de la creación, por lo que no tenían idea de lo que podía significar. Aquí hay una fotografía de la insignia completa [fig. 1-6].

Con el fin de averiguar más, alquilamos un coche pequeño y dimos vuelta por la zona preguntándole a otras personas. Finalmente terminamos en el lago Titicaca, hablando con algunos indígenas uros. En algún momento pregunté: "¿Qué saben sobre esto?". Ellos respondieron: "Oh, sí", ¡y empezaron a contarme una historia que sonaba muy parecida a la que habían contado los dogones! Ésta es su historia de la creación: un platillo volador llegó del cielo y aterrizó en el lago Titicaca en la isla del Sol. Esas criaturas parecidas a los delfines saltaron al agua, se acercaron a la gente y les dijeron de dónde venían y al principio, empezaron una estrecha relación con los pueblos anteriores a los incas. De acuerdo con esta historia, el imperio inca se fundó por esta conexión con la gente del cielo.

Me quedé sentado con la boca abierta. Después, la revista *Simply Living* (*Viviendo simplemente*) de Australia, publicó toda una serie de artículos sobre este tema, uno de los cuales está incluido en el apéndice. Cuando la gente comenzó a investigar, descubrieron que varias culturas en todo el mundo tienen historias similares. Existen *12 culturas diferentes* sólo en el Mediterráneo que cuentan una historia similar.

Volveremos con frecuencia al tema de los delfines en esta obra, porque parece que jugaron un enorme papel en el desarrollo de la conciencia en este planeta.

Fig. 1-6. Logotipo del hotel San Agustín, Cuzco.

Un poema sánscrito y Pi

Veamos algo totalmente distinto ahora, que sugiere que los seres antiguos de este mundo estaban quizá más evolucionados de lo que imaginamos. La fig. 1-7 es una traducción fonética de un poema sánscrito. Se publicó en un artículo de la revista *Clarion Call* (*El llamado del Clarión*), a principios de los ochenta, según creo. La traducción al español se muestra debajo del sánscrito.

Después de muchos años los investigadores han descubierto que cada uno de esos sonidos sánscritos corresponde a un valor numérico. Les llevó mucho tiempo resolver esto. La fig. 1-8 muestra todos los sonidos posibles en el sánscrito. Cada sonido tiene un valor numérico del cero al nueve y algunas sílabas tienen dos valores numéricos. Por ejemplo, *ka*, un sonido primario, se traduce como *espíritu* y corresponde ya sea al cero o al uno, dependiendo de su uso, según asumo.

Cuando los investigadores tomaron los diferentes valores de los sonidos y los aplicaron a este poema en particular, surgió una cifra matemática que es extremadamente importante: 0.3141592653589... ¡continuando hasta 32 dígitos! Nadie ha podido descubrir cómo calcular el punto decimal, por lo que esto es Pi entre 10. Si movemos el punto decimal un dígito hacia la derecha, entonces sería 3.1415 etcétera, el diámetro de un círculo dividido entre su circunferencia. Bueno, debían de saber el diámetro del círculo dividido entre su circunferencia, aunque según el conocimiento de nuestra cultura de quiénes eran estos antiguos pueblos, no hay posibilidad de que pudieran calcularlo con tanta exactitud. Aunque aquí hay una evidencia irrefutable.

Existen muchos de estos poemas y muchos otros escritos en sánscrito. No sé hasta dónde han llegado descifrando todo esto, pero creo que cuando todo esté dicho y hecho, va a ser sumamente extraordinario.

¿Cómo lo hicieron? ¿Quién era esta gente en realidad? ¿Es posible que nuestra comprensión de ellos no sea la correcta? ¿Estaban, tal vez, un poco más avanzados de lo que pensamos? Este poema definitivamente lo sugiere.

¿Qué edad tiene la Esfinge?

El siguiente es también, probablemente, uno de los descubrimientos más importantes del planeta. Está sucediendo justo ahora, en este momento. Sin embargo, comenzó hace unos 40 años con R. A. Schwaller de Lubicz –famoso egiptólogo autodidacta que ha escrito muchos libros–. Él y su hija, Lucy de Lubicz, han demostrado una profunda comprensión de la Geometría Sagrada y de la cultura egipcia. Mientras observaban la Esfinge, Schwaller de Lubicz se

---

gopi bhagya madhuvrata
sṛngiśo dadhi ṣandhiga
khala jivita khatāva
gala hāla raṣandhara
"O Señor [Krishna], ungido con el yogur
de la adoración de la lechera,
O salvador de los caídos, O maestro de Shiva,
por favor protégeme."

Fig. 1-7. De la revista *Clarion* (*El llamado del Clarión*): "Las matemáticas y la dimensión espiritual", de David Osborn.

Phi = 1.61803399 *golden ratio*, número áureo, la divina proporción.
Pi = 3.1416.

ka				=	0
ka	ṭa	pa	ya	=	1
kha	ṭha	pha	ra	=	2
ga	ḍa	ba	la	=	3
gha	ḍha	bha	va	=	4
gna	ṇa	ma	sa	=	5
ca	ta	śa		=	6
cha	tha	ṣa		=	7
ja	da	ha		=	8
jha	dha			=	9

pi/10 = 0.31415926535897932384626643383279

Fig. 1-8. Todos los sonidos sánscritos son sus valores numéricos.

interesó especialmente en el tremendo desgaste de su superficie. En la parte de atrás de la Esfinge, hay patrones de desgaste que penetran 3.65 metros en su superficie y este tipo de patrón de erosión es totalmente diferente a los de otros edificios en Egipto [fig. 1-9]. Los patrones de erosión en otros edificios, supuestamente construidos al mismo tiempo, están texturizados por la arena y el viento, lo que es lógico si los edificios tienen, como se cree, alrededor de 4,000 años. Pero los patrones de desgaste en la Esfinge parece que han sido alisados, pulidos por el agua. De acuerdo con el pensamiento predominante, la Esfinge, la Gran Pirámide y otras construcciones asociadas, fueron construidas hace 4,500 años en la cuarta dinastía bajo el reinado de Keops.

Cuando se mostró esta discrepancia a los arqueólogos egipcios, se negaron a escuchar. Esto continuó durante casi 40 años. Otra gente se fijó en ello, pero los egipcios simplemente no admitían lo obvio. Entonces John Anthony West se interesó por ello. Ha escrito muchos libros sobre Egipto, incluyendo *Serpent in the Sky* (*Serpiente en el cielo*) y una buena guía de Egipto. Cuando se enteró de la disputa sobre la Esfinge, fue a verlo por sí mismo. Pudo observar que el desgaste era increíble y que sí, parecía que el agua hubiera causado la erosión. También se encontró, como Schwaller de Lubicz, con que no podía hacer que los arqueólogos acreditados escucharan sus opiniones sobre la Esfinge.

Existe una razón para este rechazo, según creo. Por favor comprendan que no estoy tratando de desacreditar una religión importante. Únicamente estoy informando. Existen alrededor de 5,000 arqueólogos egipcios en el mundo y en su mayoría están de acuerdo entre ellos sobre gran parte de las cosas. Esto se ha convertido en una tradición. Hacen algunos cambios, pero no muchos (y tampoco muy rápido), y la mayoría está de acuerdo en cuanto a la edad de las pirámides. Todos estos arqueólogos son musulmanes, con pocas excepciones, y su libro sagrado es el Corán. El Corán, en su interpretación tradicional, dice que la creación comenzó hace 6,000 años. Entonces si un musulmán dijera que un edificio tiene 8,000 años, estaría refutando su libro sagrado. No pueden hacer esto, simplemente no pueden, por lo que ni siquiera hablan de ello, no lo discutirían de ningún modo.

Si alguien dijera que algo tiene más de 6,000 años, no estarían de acuerdo. Harán cualquier cosa para proteger sus creencias, asegurándose de que nadie sepa sobre ningún objeto creado por el hombre que pueda tener más de 6,000 años. Por ejemplo, han cerrado las pirámides de la primera dinastía, que son más viejas que Sakkara, y construyeron fortificaciones militares, alrededor y dentro de las paredes, para que nadie pueda entrar. ¿Por qué? Porque son más antiguas o se acercan a los 6,000 años. Entonces John Anthony West se salió del mundo de la arqueología egipcia y trajo a un geólogo norteamericano: Robert Snoch, el cual realizó un análisis por computadora que aportó un punto de vista científico totalmente diferente. Mira por dónde, más allá de toda duda, la Esfinge tiene patrones de erosión por agua, y en un desierto de al menos 6,000 años de edad, se sitúa muy bien por encima de 6,000 años de antigüedad.

Todavía más, las computadoras han calculado que llevaría un mínimo

Descifrando el código hebreo de la Biblia

Actualización: Existe un libro, *The Bible Code* (*El Código de la Biblia*), de Michael Drosnin. Este libro, una vez conocido por el público, tendrá un tremendo impacto en la conciencia y va a echar abajo el sentimiento de separación de Dios.

El doctor Eli Rips, un matemático israelí, ha descubierto que existe unsofisticado código en la Biblia hebrea. Ha sido revisado por Yale y Harvard e incluso por el Pentágono, que han probado que es cierto. Esto es un descubrimiento científico, no sólo la fantasía de alguien. Lo que han encontrado es que (probablemente) todas las personas y los sucesos que ocurren en el tiempo y el espacio, han sido escritos en la Biblia hace miles de años, lo que muestra claramente que el futuro es algo conocido. Información detallada, como la fecha y el lugar donde tú naciste y la fecha y el lugar donde vas a morir (en el futuro), así como los principales logros de tu vida ya están escritos en la Biblia. Esto puede sonar extravagante, pero es verdad. Han sido calculadas las probabilidades al menos de una entre un millón. Lee el libro por ti mismo. ¿Es éste el libro secreto que dice la Biblia que está escondido y que no será abierto hasta el "fin de los tiempos"? De acuerdo con el calendario maya, estamos entrando en "el final del tiempo".

Fig. 1-9. La Esfinge
con andamiaje.

de 1,000 años de lluvias torrenciales continuas sobre la Esfinge –durante
24 horas al día sin interrupción– para causar ese tipo de deterioro. Esto
significa que la Esfinge debe de tener al menos 8,000 años. Debido a que
no es probable que haya llovido ininterrumpidamente durante 1,000 años,
supusieron que debe de tener al menos entre 10,000 y 15,000 años, quizá
muchos más. Cuando esta evidencia salga a la luz, será una de las revela-
ciones más importantes en este planeta en mucho tiempo. Probablemente,
tendrá un efecto mayor sobre la visión que el mundo tiene de sí mismo
que cualquier otro descubrimiento. Esta evidencia no ha llegado a las
escuelas o al conocimiento público todavía, aunque ha viajado alrededor
del planeta. Ha sido observada y revisada, pensada y discutida, y al final la
mayoría de los científicos están de acuerdo que no puede ser cuestionada.

Así que la edad de la Esfinge ha sido establecida en al menos 10,000
años, tal vez 15,000 o mucho más y está cambiando completamente la
visión del mundo de los que están en la vanguardia. Veamos. Si juzgamos
en base a lo que actualmente creemos conocer, la civilización más antigua
en el mundo fueron los sumerios y se remontan a aproximadamente 3800
a. C. Antes de eso, el conocimiento convencional dice que no había
nada más que bárbaros peludos, ninguna civilización en absoluto en todo
el planeta. Pero ahora tenemos algo hecho por el hombre civilizado, que
tiene de 10,000 a 15,000 años. ¡Eso lo cambia todo!

En el pasado, cuando algo nuevo como esto era descubierto y tenía una
gran influencia en el punto de vista del mundo, tomaba alrededor de 100 años
para que llegara a las personas, para que la persona promedio dijera: "Oh, sí,
¡eso es verdad!". Pero en este momento sucederá mucho más rápido debido
a la televisión, las computadoras, Internet y la forma en que son las cosas

actualmente. Ahora en los círculos científicos, por primera vez, se están empezando a considerar las palabras de Platón bajo una nueva luz, cuando hablaba sobre otra cultura, otro continente, de un difuso pasado llamado Atlántida.

La Esfinge es la escultura más grande en el planeta. *No* fue hecha por bárbaros peludos, sino por una cultura muy sofisticada. *No* fue hecha por nadie que conozcamos ahora aquí en la Tierra. Desde un punto de vista científico, ésta es la primera evidencia sólida que hay que aceptar sobre la verdadera edad de la civilización. Han existido muchas otras pruebas, pero la gente sigue escondiéndolas bajo la alfombra. Esta información sobre la Esfinge ha creado una ruptura en nuestra visión del mundo. Esto sucedió alrededor de 1990 y la rotura se está ensanchando. Ahora tenemos la evidencia aceptada de que necesariamente tuvo que haber alguien en la Tierra de una civilización muy desarrollada al menos hace 10,000 años. Se puede ver que esto va a cambiar completamente nuestra idea de quiénes creemos que somos.

Edgar Cayce, la Esfinge y el Salón de los Registros

Encuentro extremadamente interesante que la Esfinge esté causando este cambio, especialmente viendo lo que la ARE (Association for Research and Englithment, Asociación para la Investigación y la Iluminación) ha estado diciendo. La ARE, una fundación basada en las enseñanzas del "profeta durmiente", Edgar Cayce, dice que la Esfinge contiene la apertura al Salón de los Registros. El Salón de los Registros es una presunta cámara subterránea que contiene la prueba física de antiguas civilizaciones superiores en la Tierra.

Cayce es un profeta muy interesante. Él hizo alrededor de 14,000 predicciones en su vida y para 1970, 12,000 de esas predicciones habían sido verdaderas y 2,000 eran sobre el futuro. En todas esas predicciones sólo cometió un pequeño error. En 12,000 predicciones eso es increíble. Pueden perdonarlo por ese único error: recibió una carta de un hombre en Francia pidiéndole una lectura de salud, pero Cayce se equivocó, hizo la lectura sobre el hermano gemelo de la persona que le escribió. Ese fue su único error. Todo lo demás fue verdad, exactamente como Cayce lo había predicho, hasta 1972. Sin embargo, después de 1972 empezó a haber errores, y explicaré porqué en el momento adecuado (para que los que crean que la predicción de Cayce, de que la Atlántida saldría a la superficie antes de 1970, no se cumplió, revisen la edición de la revista *Life* de enero de 1970. *Sí* salieron islas a la superficie en el área donde Cayce dijo que estaba localizada la Atlántida; algunas se hundieron nuevamente y otras todavía están sobre el agua).

Según Cayce, la pata derecha de la Esfinge es la apertura al Salón de los Registros. Tanto Thot como Cayce han dicho que allí hay objetos físicos escondidos en un salón subterráneo cerca de la Esfinge, que prueban absolutamente que hubo culturas avanzadas en este planeta mucho antes que nosotros. Thot dice que esos objetos probarán la existencia de esas culturas avanzadas que se remontan 5.5 millones de años atrás. En

Fig. 1-10. Jeroglíficos de Thot.

comparación, nuestro nivel de cultura es como el de un niño ante esas culturas antiguas.

Para Thot, la civilización en este planeta abarca 500 millones de años y nuestra primera cultura provino originalmente de las estrellas. Pero sucedió algo colosal hace 5.5 millones de años que afectó los registros akáshicos. No logro entender cómo eso pudo ocurrir debido a lo que sé de los registros akáshicos. De acuerdo con lo que sé, cualquier cosa que ocurra permanece siempre de forma vibratoria. Entonces no entiendo cómo los registros akáshicos pueden ser destruidos; aunque me han dicho que es cierto.

Presentando a Thot

¿Quién es Thot? Lo que están viendo en esta ilustración [fig. 1-10] son jeroglíficos egipcios. Todo en la imagen son jeroglíficos, no sólo las imágenes en lo alto. "Jeroglíficos" significa *escrituras sagradas*. Esos jeroglíficos están pintados en papiro, que supuestamente fue el primer papel en el mundo. La persona retratada aquí es un hombre llamado Thot, pronunciado con una *o* larga (algunas personas dicen Taut, pero él lo pronuncia Thot). Los jeroglíficos muestran su cabeza como un ibis, un ave. Así que donde vean a este hombre de anchos hombros y una extraña cabeza de ave, es un jeroglífico representando a este ser particular, Thot. Está sosteniendo cañas de papiro porque él fue la persona que introdujo la escritura en el mundo. La introducción de la escritura fue algo muy importante, probablemente el acto de mayor influencia que haya ocurrido en este planeta en este ciclo. Logró más cambios en nuestra evolución y conciencia que cualquier otro hecho individual en nuestra historia conocida.

Thot también está sosteniendo en su mano izquierda algo llamado ank, que es el símbolo para la vida eterna. El ank es un símbolo en extremo significativo en este trabajo, así como era uno de los símbolos principales en los tiempos egipcios. Existe un campo de energía electromagnético rodeando nuestros cuerpos con forma de ank. Recordar esto, desde el punto de vista de los egipcios, es el inicio de nuestro regreso a casa a la vida eterna y la verdadera libertad, por lo que el ank es una clave fundamental.

Todas estas cosas son una introducción. Voy a estar saltando de una cosa a otra, hablando de muchos temas diferentes que aparentemente no están ligados; después, lentamente conforme avancemos, los uniré todos en una imagen coherente.

En mi segundo viaje a Egipto fui a todas partes buscando esta pequeña ave llamada ibis. Vivían supuestamente en los juncos, por lo que busqué por los juncos con mi cámara. Estuve buscando una todo el tiempo que estuve allí. Fui de un lado a otro en Egipto pero no vi ni una sola. Tuve que esperar hasta que regresé al zoológico de Albuquerque para tomar esta fotografía [fig. 1-11]. Parecen cigüeñas de patas cortas con plumas rosa brillante.

Aquí está Thot escribiendo [fig. 1-12]. Ésta es una copia de un muro y la siguiente foto [fig. 1-13] es una escultura en una pared. En ésta, está arrodillado, sosteniendo la pluma y escribiendo. Fue un acto revolucionario que nunca se había intentado antes en este ciclo. La versión convencional de la historia, dice que este acto se llevó a cabo en Egipto durante el período de Sakkara, pero tengo mis dudas. Creo personalmente que sucedió unos 500 años antes. Sakkara fue construida durante la primera dinastía, aproximadamente 3300 a. C. Cuando hablemos sobre las pirámides más antiguas que Sakkara, comprenderán por qué creo esto.

Fig. 1-11. Ibis en el zoológico de Albuquerque.

Mi historia

Inicios en Berkeley

Algunos pueden no aceptar la posibilidad de mi comunicación con seres de otros niveles dimensionales, pero esto es lo que sucedió en mi vida. No lo pedí, simplemente ocurrió. Como resultado, durante algunos años sostuve una comunicación casi diaria en niveles interdimensionales con este hombre, Thot. Ahora que lo comprendo mejor, mi relación personal con Thot realmente comenzó cuando estaba en la universidad en Berkeley.

Me gradué en física y como grado secundario en matemáticas, hasta que estuve a punto de recibir mi diploma. Sólo necesitaba un semestre más para graduarme. Decidí que no quería el título, porque había descubierto algo acerca de la física que me desmotivó ante la idea de involucrarme en una ciencia que yo consideraba que no era ciencia en absoluto. Todo esto está cambiando ahora. Esto por sí sólo podría ser un libro, como el porqué se relaciona con la misma cuestión que dije sobre los arqueólogos. Los físicos, como los arqueólogos, le darán la espalda a la verdad, si significa un cambio muy grande demasiado rápido. Tal vez la verdad es que así es la naturaleza humana. Por lo que cambié hacia el otro lado de mi cerebro y comencé estudios en bellas artes. Mis consejeros pensaron que estaba loco. "¿Vas a renunciar a un título en física?", dijeron. Pero no

Fig. 1-12. Como se dice que Thot inventó la escritura, generalmente se le representa con un rollo de papiro y un estilo. Copia de una escultura en la pared.

lo necesitaba, ni lo quería. Entonces para graduarme tuve que cursar dos años más especializándome en bellas artes e historia del arte.

Cambiar de carrera tiene sentido ahora, porque cuando estudias los escritos antiguos, te encuentras que los antiguos percibían el arte, la ciencia y la religión como entretejidos, interconectados. De ahí que el programa al que me estaba sometiendo era apropiado para lo que estoy haciendo ahora.

Abandonar todo por Canadá

Obtuve mi título en 1970. Después de pasar por Vietnam y observar lo que estaba sucediendo en nuestro país en ese momento, hasta que dije: "¡Ya acabé! ¡Esto es todo! No sé cuánto tiempo voy a vivir o qué va a suceder, así que sólo voy a ser feliz y a hacer lo que siempre he querido". Decidí alejarme de todo e irme a vivir a las montañas como siempre había deseado. Así que dejé los Estados Unidos y me fui a Canadá, sin saber que habría miles de manifestantes contra la guerra de Vietnam siguiéndome un año después. Me casé con una mujer llamada Renee y los dos nos fuimos a vivir en medio de la nada y encontramos una pequeña casa en el lago Kootenay. Estábamos muy lejos de cualquier cosa. Tenían que andar más de seis kilómetros desde el camino más cercano para llegar a mi casa, así que estábamos aislados en realidad.

Comencé a vivir mi vida exactamente como siempre había querido. Siempre había deseado ver si podía vivir sin nada, así que lo intenté.

Fig. 1-13. Thot escribiendo (figura de la derecha), un grabado original en la pared.

Daba un poco de miedo al principio, pero se volvió más fácil conforme pasó el tiempo y muy pronto me convertí en un adepto a la vida natural. Vivía una vida maravillosa y plena, básicamente sin dinero. Después de un tiempo me di cuenta: "Oye, ¡esto es mucho más fácil que mantener un trabajo en una ciudad!". Tenía que trabajar duro sólo durante tres horas al día, después tenía el resto del día libre. Era fabuloso. Podía tocar música y correr por ahí y pasar un buen rato. Eso fue lo que hice. Me divertí. Tocaba música como 10 horas al día, con muchos amigos que llegaban de varios kilómetros a la redonda. Nuestra casa había ganado bastante reputación para entonces. Nos divertimos. Al hacer esto, que considero muy importante para mi comprensión actual, descubrí algo sobre mí. Fue de este "regreso a mi niño interior" –como llamo a esos días–, cuando liberado mi niño interior me sucedió algo que fue el catalizador que me condujo hacia mi vida como es ahora.

Los dos ángeles y hacia dónde me guiaron

Mientras estaba en Vancouver, Canadá, decidimos que queríamos saber algo sobre meditación, así que empezamos a estudiar con un maestro hindú que vivía en el área. Mi esposa y yo tomamos con toda seriedad nuestro deseo de comprender en qué consistía la meditación. Habíamos hecho túnicas con capuchas de seda blanca para mostrar respeto. Entonces un día, después de estar practicando la meditación durante cerca de cinco meses, dos ángeles altos, como de tres metros de estatura ¡se aparecieron en nuestra habitación! Estaban allí mismo; uno era verde y el otro era púrpura. Podíamos ver a través de sus cuerpos transparentes, pero estaban allí definitivamente. No esperábamos que esto sucediera, ni lo habíamos pedido. Simplemente seguíamos las instrucciones que nos había dado nuestro maestro hindú. No creo que él lo entendiera tampoco, ya que nos hacía muchas preguntas. Desde ese momento en adelante, mi vida nunca fue la misma. Ni siquiera se acercaba a la anterior.

Las primeras palabras que dijeron los ángeles fueron: "Nosotros somos tú". No tenía idea de lo que querían decir. Yo dije: "¿Ustedes son yo?". Entonces lentamente comenzaron a enseñarme diversas cosas sobre mí y el mundo y sobre la naturaleza de la conciencia. Por fin mi corazón se abrió del todo a ellos. Podía sentir su inmenso amor, lo que cambió mi vida totalmente. Durante un período de muchos años, me guiaron hacia casi 70 maestros diferentes. De hecho, ellos me decían en meditación la dirección y el número de teléfono del maestro que iba a ver. Me decían que llamara primero o que sólo me presentara en su casa. Así que yo lo hacía –¡y siempre era la persona correcta!–. Entonces se me decía que permaneciera con esa persona durante cierto tiempo. Algunas veces, justo en la mitad de una enseñanza en particular, los ángeles decían: "Está bien, ya terminaste. Retírate".

Recuerdo cuando me mandaron con Ram Dass. Estuve en su casa durante casi tres días, preguntándome qué demonios estaba haciendo allí; entonces un día fui a tocarlo en el hombro para decirle algo y recibí una

A la luz de los nuevos descubrimientos sobre el polvo blanco de oro descubierto por David Hudson, puede ser que exista una correspondencia física con el oro así como una espiritual.

bofetada que casi me derribó. Los ángeles dijeron: "Esto es todo. Puedes irte ahora". Yo dije: "Está bien". Ram Dass y yo seremos amigos, pero lo que se suponía que tenía que aprender con él, fue durante ese único segundo.

Las enseñanzas de Neem Karoli Baba, el maestro de Ram Dass, son muy importantes para mí. Suya era la creencia de que "la mejor forma de ver a Dios es en cada forma". También se me ha expuesto al trabajo de Yogananda y aprecio quién fue. Más tarde hablaremos sobre Sri Yukteswar y algo de su trabajo. He estado muy involucrado en casi todas las religiones principales. Me resistí a los sij porque no creo que sea necesaria la preparación militar, pero he estudiado y practicado casi todo el resto de ellas –musulmana, judía, cristiana, taoísta, sufista, hinduista y el budismo tibetano–. He estudiado profundamente el taoísmo y el sufismo –pasé 11 años con el sufismo–. Sin embargo, a través de todo este estudio, los maestros más poderosos para mí han sido los nativos americanos. Fueron los indios quienes abrieron la puerta para que se llevara a cabo todo mi crecimiento espiritual. Ellos han sido una poderosa influencia en mi vida. Pero esa es otra historia, parte de ella la compartiré en su momento.

Todas las religiones del mundo están hablando de la misma realidad. Tienen diferentes palabras, distintos conceptos e ideas, pero sólo existe una realidad y sólo hay un espíritu moviéndose a través de toda la vida. Puede haber diferentes técnicas para llegar a distintos estados de conciencia, pero sólo existe lo que es real y cuando están allí lo saben. Como sea que quieran llamarlo –pueden darle diferentes nombres– todo es lo mismo.

La alquimia y la primera aparición de Thot

En cierto momento, los ángeles me guiaron hacia un hombre canadiense que era alquimista y que, entre otras cosas, estaba realmente convirtiendo el mercurio en oro (aunque esto también puede hacerse con el plomo, que es más difícil). Estudié alquimia durante dos años con él y observé este proceso con mis propios ojos. Tenía una esfera de vidrio como de 45 centímetros de diámetro llena de un líquido, y dentro de ésta se elevaban pequeñas burbujas de mercurio. Pasaban a través de una serie de colores fluorescentes y cambios, subían hasta arriba, se convertían en pequeñas esferas de oro sólido y después se hundían hasta el fondo. Entonces él recogía todas estas pequeñas esferas de oro para usarlas para su trabajo espiritual. Él poseía una pequeña casa de apariencia ordinaria en Burnaby, Columbia Británica, en una calle de apariencia ordinaria. Si conducías calle abajo, su casa se veía como cualquiera de las otras. Pero bajo su casa había un laboratorio escondido. Había cambiado el oro por millones de dólares y había excavado justo debajo, construyendo un enorme complejo lleno de todo, desde balanzas de electrones hasta lo que se te pueda ocurrir, para poder continuar con su trabajo. A él no le importaba el dinero en absoluto. Por supuesto el propósito de la alquimia no es hacer oro o dinero, sino *comprender el proceso* de cómo el mercurio o el plomo se convierten en oro.

Lo importante es el proceso. Porque el proceso de pasar del mercurio al oro, es idéntico al proceso que sigue un humano yendo desde este nivel de conciencia hasta la Conciencia Crística; existe una correlación exacta. De hecho, si estudiaran alquimia, tendrían que estudiar cada reacción química que existe, porque cada reacción tiene un aspecto de la experiencia correspondiente a algo en la vida. Es el viejo dicho "como es arriba es abajo" (por cierto, Thot es el hombre que dijo originalmente esas palabras cuando era conocido como Hermes en Grecia).

En una ocasión estaba sentado frente a este maestro de alquimia y estábamos haciendo un tipo de meditación particular, con los ojos abiertos, aguantábamos la respiración y respirábamos de cierta manera. Estábamos sentados como a un metro de distancia y llevábamos en meditación una hora o dos, un período considerable. Entonces sucedió algo, –¡algo que nunca había visto, jamás!–. Era como si el alquimista se hubiese vuelto borroso, ¡entonces desapareció justo ante mis ojos! Se había ido. Nunca lo olvidaré. Me senté allí por un momento y no supe qué hacer. Luego, dudando, alargué la mano para tocarlo. No había nadie allí. Pensé: "¡Guau!". No salía de mi asombro. Esto liberó mi mente, ¡definitivamente lo hizo! No sabía qué hacer así que me limité a seguir allí sentado. Después, de súbito, apareció una persona diferente frente a mí, ¡alguien absolutamente distinto! Mi maestro de alquimia tenía como 35 años y este hombre tenía tal vez 60 ó 70 y era mucho más bajo, quizá de un metro o 1.5 metros.

Era un hombre pequeño y parecía egipcio. Tenía piel oscura y su pelo era algo largo, pero lo traía hacia atrás. Tenía un rostro limpio y afeitado, excepto por una gruesa barba que tenía unos 15 centímetros de largo, atada en cinco partes. Estaba vestido con un sencillo ropaje de color marrón claro, con mangas largas y pantalones, y estaba sentado con las piernas cruzadas de frente a mí. Me limité a seguir, simplemente miré dentro de sus ojos. Allí observé algo que no había visto antes, excepto en los ojos de los bebés. Cuando miras dentro de los ojos de los bebés, sabes lo fácil que es, porque no está sucediendo nada, no hay juicio, no hay nada. Simplemente puedes entrar dentro de sus ojos y ellos en los tuyos. Bueno, igual era ver a este hombre. Sólo estaban estos grandes ojos de bebé en este cuerpo viejo. No pasaba nada dentro de él. Tuve una conexión instantánea con él y no hubo barreras, tocó mi corazón como nadie lo había hecho antes.

Después me hizo una pregunta. Dijo que había tres átomos perdidos en el Universo y me preguntó si sabía dónde estaban. No tenía idea de lo que significaba, por lo que dije: "Bueno, no". Entonces él me brindó una experiencia, que no voy a describir; me envió mucho tiempo atrás, al principio de la creación y de nuevo hacia adelante. Fue una experiencia fuera del cuerpo muy interesante. Cuando regresé, comprendí lo que quería decir con los tres átomos perdidos o al menos pensé que lo entendía. Le dije: "Bueno, creo que lo que quieres decir es esto", y procedí a explicarle lo que pensaba. Cuando terminé, él sólo sonrió, hizo una reverencia y desapareció. Poco después reapareció mi maestro de alquimia. Mi maestro no sabía el cambio que había tenido lugar. Todo lo que sucedió parecía ser sólo parte de mi experiencia.

Me fui de allí muy consternado por la experiencia. Por aquel entonces, los ángeles me tenían trabajando con otros cuatro maestros, por lo que

Fig. 1-14. Shesat, la esposa de Thot.

iba de uno al otro y al siguiente, y mi vida estaba realmente ocupada. Pero no podía pensar en nada excepto en ese hombrecito que se me había aparecido. Nunca le pregunté quién era y no regresó. Pasó el tiempo y al final la experiencia comenzó a desvanecerse. Pero siempre me quedé con la pregunta, ¿quién era este tipo? ¿Por qué me hizo ir a buscar esos tres átomos y de qué iba todo esto? Anhelaba volver a verlo porque era la persona más pura que había conocido jamás. Doce años después descubrí quién era. Era Thot. El 1 de noviembre de 1984 reapareció en mi vida... y me enseñó muchísimo. Pero de nuevo, esa es otra historia para después.

Thot el atlante

Este hombre, Thot de Egipto, se remonta casi hasta el principio de la Atlántida. Descubrió, hace 52,000 años, cómo permanecer consciente en un cuerpo, continuamente, sin morir, y ha permanecido en su cuerpo original desde entonces hasta 1991, cuando se mudó a un nuevo estado del ser fuera de nuestra comprensión. Vivió durante casi todo el período de la Atlántida e incluso se convirtió en rey de la Atlántida durante 16,000 años. En ese tiempo se le llamó Chiquetet Arlich Vomalites. Su verdadero nombre era Arlich Vomalites y Chiquetet era un título que significaba "el que busca la sabiduría", porque él verdaderamente quería ser la sabiduría misma. Después de que la Atlántida se hundiera (pronto discutiremos el tema detenidamente), Arlich Vomalites y otros seres avanzados tuvieron que esperar casi 6,000 años antes de que pudieran empezar a restablecer la civilización.

Cuando Egipto empezó a despertar a la vida, él dio un paso al frente y se llamó a sí mismo Thot, mantuvo ese nombre a lo largo de todo el período de Egipto. Cuando Egipto murió, fue Thot quien inició la siguiente gran Grecia. Nuestros libros de historia dicen que Pitágoras fue el padre de Grecia, y que desde y a través de, la escuela pitagórica griega se desarrolló y a partir de Grecia surgió nuestra civilización actual. Pitágoras dice, en sus propios escritos, que Thot lo llevó de la mano, lo condujo bajo la Gran Pirámide y le enseñó todas las geometrías y la naturaleza de la realidad. Una vez que Grecia nació por medio de Pitágoras, Thot entró en esa cultura en el mismo cuerpo que tuvo durante el tiempo de la Atlántida y se llamó a sí mismo Hermes. Por lo que está escrito, Arlich Vomalites, Thot y Hermes son la misma persona. ¿Es cierta la historia? Lee *Las tablas esmeralda*, escritas hace 2,000 años por Hermes.

Desde aquellos tiempos ha tenido muchos otros nombres, pero yo todavía lo llamo Thot. Volvió a mi vida en 1984 y trabajó conmigo casi todos los días hasta 1991. Venía y pasaba entre cuatro y ocho horas al día enseñándome sobre muchísimas cosas. De aquí es de donde proviene la gran mayoría de la información que compartiré contigo, aunque se correlaciona con más información y ha sido corroborada por muchos otros maestros.

La historia del mundo, especialmente, provino de él. Verás, mientras estuvo en Egipto, donde se le llamaba el Escriba, escribió todo lo que sucedió. Era la persona perfecta para ello, ¿correcto? Estaba siempre vivo, por lo que como escriba, simplemente tenía que sentarse y ver pasar la vida. Era un buen testigo imparcial, ya que esa era una parte primordial de su entendimiento de la sabiduría. Rara vez habló o actuó excepto cuando sabía lo que hacía, era de acuerdo con el orden divino. Con el tiempo, Thot descubrió cómo dejar la Tierra. Iba a otro planeta donde hubiera vida y sólo se sentaba allí a observar. Nunca interfería, ni decía una sola palabra. Estaba en absoluto silencio y observaba nada más, –sólo para ver cómo vivían sus vidas, para obtener sabiduría, para comprender–, tal vez durante 100 años en cada planeta. Entonces iba a algún otro lugar y observaba.

En suma, Thot estuvo fuera de la Tierra casi 2,000 años estudiando otras formas de vida. Pero él se considera una persona de la Tierra. Por supuesto, todos hemos venido de alguna otra parte en una ocasión u otra en el juego de la vida, porque la Tierra no es tan vieja. Tiene sólo alrededor de 5,000 millones de años y el Espíritu es eterno, siempre ha sido y siempre será. Siempre han sido y siempre serán. El espíritu no puede morir y cualquier otra idea es sólo una ilusión. Pero Thot se considera a sí mismo de aquí, porque fue aquí donde dio el primer paso que lo llevó hasta la inmortalidad.

Ésta es la esposa de Thot, Shesat [fig. 1-14]. Es una persona de lo más extraordinaria, –en algunas cosas al menos tan extraordinaria como Thot, si acaso no lo es más–. Ella fue la primera persona en traerme conscientemente a la Tierra, que fue hacia el 1500 a. C. No estaba físicamente aquí, pero habíamos creado un vínculo consciente a través de las dimensiones. Ella se conectó conmigo debido a los problemas que estaban teniendo los egipcios dentro de su país, los cuales, desde el punto de vista de ella, terminarían afectando al mundo entero con consecuencias para la humanidad. Trabajamos juntos muy de cerca. Todavía siento un profundo amor por ella y una conexión muy cercana, aunque ya no esté aquí. Tampoco está Thot. En 1991 dejaron juntos esta octava de universos y siguieron hacia una experiencia de vida muy diferente. Sus acciones son importantes para nosotros, ya verás.

En 1984 Thot regresó a mi vida, 12 años después de mi primera experiencia con él mientras meditaba con mi maestro de alquimia. Lo primero que hizo fue guiarme a través de una iniciación en Egipto. Me hizo viajar a lo largo de Egipto para celebrar ceremonias y recibir iniciaciones en ciertos templos. Se me pidió entrar en un espacio determinado debajo de la Gran Pirámide, repetir largas frases en el lenguaje atlante original y entrar en un estado de conciencia donde mi cuerpo era sólo luz. Contaré esa historia en su momento, lo prometo.

Thot, geometrías y la Flor de la Vida

Pasados tres o cuatro meses, Thot llegó y me dijo: "Quiero ver las geometrías que los ángeles te dieron". Los ángeles me habían dado la información básica, las geometrías de cómo la realidad se relaciona con el Espíritu, y los

Fig. 1-15. La
Flor de la Vida.

ángeles me habían enseñado la meditación que te voy a dar. Esta meditación fue una de las primeras cosas que Thot quería de mí. Se trataba de un intercambio: yo recibí todos sus recuerdos y él recibió la meditación. Él quería la meditación porque era mucho más fácil que el método que estaba usando. Su forma para permanecer vivo durante 52,000 años era muy delicada, era como estar colgado de un hilo. Requería que pasara dos horas cada día meditando o moriría. Tenía que estar una hora con su cabeza hacia el norte y sus pies hacia el sur, en una meditación muy específica; luego tenía que pasar otra hora en la posición opuesta haciendo una meditación diferente. Después, una vez cada 50 años, para mantener regenerado su cuerpo, tenía que ir a los denominados Salones de Amenti y sentarse durante 10 años más o menos ante la Flor de la Vida (ésta es una llama pura de conciencia que se ubica a gran profundidad en el útero de la Tierra, y de la que depende por completo el nivel de conciencia de la humanidad para su misma existencia. Más adelante tocaré el tema).

Thot estaba muy interesado en esta nueva meditación; lo que tardaba dos horas en lograr, se consigue en sólo seis respiraciones con la meditación Mer-Ka-Ba. Es rápido, eficaz y mucho más exacto; y su potencial es mucho mayor, ya que lleva hasta una forma permanente de conciencia. Así que Thot empezó a darme la enorme cantidad de conocimiento que poseía. Cuando aparecía en mi habitación, no hablábamos con palabras como lo estamos haciendo ahora. Hablábamos usando una combinación de telepatía e imágenes holográficas. Sus pen-samientos hacia mí eran holográficos, podría decirse. Pero sucedía mucho más que eso. Si me quería describir algo, yo probaba, sentía, olía, escuchaba y veía sus pensamientos.

Dijo que quería ver lo que los ángeles me habían dado en términos de geometrías, así que se lo proporcioné telepáticamente, con una pequeña esfera de luz, de tercer ojo a tercer ojo. Entonces él vio la escena completa y como cinco segundos después dijo que me faltaban muchos niveles de información interconectada. Por lo que cada día, durante horas, me sentaba allí haciendo dibujos y descubriendo todo lo que era esto que ahora llamamos Geometría Sagrada.

Por aquella época no tenía palabras para describir esta forma de ver. No sabía lo que era y en un principio no tenía idea de lo que significaba real-mente. No conocía a nadie más que estuviera enterado de esto excepto en el pasado. Pensé que era el único en todo el mundo. Pero cuanto más me involucraba, más me daba cuenta de que ha ocurrido desde siempre y que está en todas partes a lo largo de la historia de la Tierra, y a través del Universo. Me enseñó así durante mucho tiempo. Finalmente llegamos a un solo dibujo [fig. 1-15], qué él decía que contiene todo el conocimiento, tanto masculino como femenino, sin excepciones.

Éste es el dibujo: sé que es una afirmación algo escandalosa como para hacerla al principio de este escrito, pero este solo dibujo, de acuerdo con Thot, contiene dentro de sus proporciones cada aspecto de la vida que existe. Contiene cada fórmula matemática, cada ley de la física, cada armonía de la música, cada forma de vida biológica, hasta nuestro propio cuerpo. Contiene cada átomo, cada nivel dimensional, absolutamente todo lo que está dentro de los universos con forma de onda (en un momento te hablaré de los universos con forma de onda). Después de enseñarme, comprendí la afirmación anterior; pero lanzar así esta afirmación en este momento suena increíble. Si Dios quiere, probaré lo que estoy diciendo. Obviamente no puedo probar que este dibujo contiene cada aspecto singular de la creación, porque existen demasiadas cosas como para hacerlo en un sólo libro. Pero puedo mostrarles suficientes pruebas para que sean capaces de ver que pueden trasladar esto a todo.

Thot me dijo después, que encontraría esta imagen de la Flor de la Vida en Egipto. Hubo dos ocasiones en que dudé de él en todos los años que trabajamos juntos y ésta fue una de esas veces. Mi pequeña mente dijo: "¡Imposible!" porque había leído para entonces casi todos los libros que había sobre Egipto y nunca lo había visto en ninguna parte. En mi mente revisé todo lo que podía recordar. No, pensé, ese símbolo no está en ningún lado en Egipto. Pero él dijo que lo encontraría, y se fue. Yo no sabía ni por dónde comenzar a buscarla.

Fig. 1-16. La Flor de la Vida en una pared en Abydos, fotografía tomada por Katrina Raphaell.

Como dos semanas después, vi a mi amiga Katrina Raphaell, que ha escrito, según creo, tres libros sobre cristales. Acababa de regresar de Egipto y estaba en una tienda de comestibles en Taos, Nuevo México, cuando yo entré. Estaba de pie en el mostrador de fotografía y acababa de imprimir las fotos de su viaje más reciente a Egipto. Tenía una pila como de 2.5 metros de altura sobre el mostrador y las estaba recogiendo, 36 cada vez y las estaba apilando. Empezamos a hablar y de pronto me dijo: "¡Ah!, por cierto, mi ángel guía me dijo que debía darte una fotografía tan pronto como te viera". Respondí: "Bien, ¿qué es?"; ella dijo: "No lo sé". Se dirigió a la pila y la revisó a mis espaldas, sacó una al azar, me la extendió y dijo: "Ésta es la que se supone que debo entre-garte".

Bueno, Katrina no tenía idea del trabajo que yo estaba haciendo, aunque éramos amigos desde hacía un par de años, porque, en aquel entonces, yo no solía hablar de mi trabajo —y, desde luego, no había hablado con ella—. La foto que sacó era esta, ¡la Flor de la Vida en una pared en Egipto! [fig. 1-16].

Esa pared en particular es, al parecer, una de las más antiguas de Egipto, está en un templo de al menos 6,000 años, uno de los templos más antiguos sobre el planeta. Cuando vi la Flor de la Vida en esa foto, no pude decir nada aparte de "guuuuaaaauuuu". Katrina me preguntó: "¿Qué es eso, por cierto?". Todo lo que pude decir fue: "No lo entiendes, ¡pero guuuuaaaauuuu!".

El secreto de la Flor revelado

Los tres templos de Osiris en Abydos

Este templo está en Abydos [fig. 2-1]. Fue construido por Seti I y dedicado a Osiris. Detrás existe otro tempo muy antiguo llamado el templo de Osiris, donde Katrina Raphaell encontró el grabado de la Flor de la Vida. Existe todavía un tercer templo, también dedicado a Osiris e igualmente llamado Osirión. La fig. 2-2 muestra el plano.

Evidentemente, cuando estaban cavando en la montaña para construir el templo de Seti I, con pleno conocimiento de que el tercer templo de Osiris estaba allí, encontraron el segundo templo más antiguo de Osiris. Seti I cambió el plano del templo nuevo para hacerlo en forma de L, y evitar la destrucción del templo más antiguo. Éste es el único templo en forma de L en todo Egipto, lo que refuerza esta idea.

Algunas personas dicen que Seti I construyó también el templo más antiguo. Sin embargo, el más antiguo tiene un diseño de construcción completamente diferente y contiene bloques de piedra mucho más grandes. La mayoría de los egiptólogos concuerdan en que es un templo mucho más antiguo. También tiene menor elevación que el templo de Seti, lo que acredita su edad. Cuando Seti I comenzó la construcción de su nuevo templo, el segundo parecía como una colina. El tercer templo, el largo y rectangular que se encuentra atrás, también está dedicado a Osiris y es uno de los templos más antiguos en Egipto. Seti I construyó este templo en este lugar, porque el otro (el tercero) era muy viejo y quería dedicarle un nuevo templo a Osiris. Vamos a observar el templo de Seti I, después el tercero y luego el segundo y más antiguo.

Bandas grabadas del tiempo

Recientemente, los arqueólogos han descubierto algo muy interesante sobre los grabados en los muros de los templos egipcios. Los turistas generalmente se dan cuenta que parece haber mucho vandalismo en las paredes, donde han sido raspados y destruidos muchos de los jeroglíficos, especialmente los de los inmortales. Lo que probablemente no han notado es que lo que está raspado es una franja horizontal determinada, desde la altura de los ojos hasta unos 4 ó 4.5 metros. Por arriba o por abajo de esta

Fig. 2-1. Templo de Seti I. Esta vista es la de la pequeña proyección que está al final del lado derecho del edificio en forma de L de la fig. 2-2.

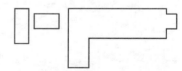

Fig. 2-2. Plano de los tres templos de Osiris adyacentes en Abydos.

franja no hay deterioro. Ni lo noté cuando estuve allí; simplemente no hizo *clic*. Tampoco les hizo *clic* a muchos de los arqueólogos egipcios durante cientos de años, hasta que alguien finalmente dijo: "Oye, la destrucción está siempre en esa zona específica". A partir de ese descubrimiento, comenzaron a comprender que había una diferencia entre la región inferior a la destrucción y la superior.

Finalmente descubrieron que hay franjas de tiempo en los muros. La banda que va desde el suelo hasta la altura de los ojos, representa el pasado; la banda que está a la altura de la vista y aproximadamente hasta unos 4.5 metros más arriba, representaría el presente (el tiempo en el que fue construido el templo); y la que está por encima de esa altura (estos templos algunas veces se elevan hasta 12 metros o más) hablaría de lo que ocurrirá en el futuro.

Los arqueólogos descubrieron entonces que las únicas personas que podían haber comprendido esta relación y raspar los jeroglíficos, eran los sacerdotes del templo. Los sacerdotes eran los únicos que habrían sabido que sólo estaban raspando el presente. Un vándalo ordinario no hubiera sido tan preciso seleccionando únicamente la banda que representa el presente. Además, los destructores no entraron con un mazo; rasparon ciertas cosas con mucho cuidado. Ha llevado todos estos siglos descubrirlo.

Fig. 2-3. Frente del templo de Seti I en Abydos; ésta es la fachada del templo en la fig. 2-1 vista a lo largo.

El templo de Seti I

Éste es el frente del templo de Seti I en Abydos [fig. 2-3]. Es una pequeña parte de un templo realmente enorme.

Ahora sé de, al menos, dos pruebas de que los egipcios podían ver el futuro. Tengo la foto de una de ellas: a mucha altura en una de las vigas de esta parte del primer templo de Abydos, hay algo que, si no lo han visto antes, es difícil de creer, pero está allí. Conseguiré una foto de la otra prueba la próxima vez que visite Egipto, porque sé exactamente donde está.

Creo que estas dos fotografías son una prueba absoluta, sin duda alguna, de que eran capaces de ver el futuro. *Cómo* lo hicieron no lo sé; eso les corresponde a ustedes averiguarlo. Pero el hecho es que lo hicieron. Al final les mostraré la foto que lo prueba.

El "tercer" templo

Este es el tercer templo, una edificación larga y abierta [fig. 2-4]. Este templo fue considerado el lugar más sagrado en todo Egipto por los antiguos reyes y faraones, porque creían que fue aquí donde Osiris experimentó la resurrección y se volvió inmortal. El rey Zoser, quien construyó el hermoso complejo funerario de Sakkara con su famosa Pirámide escalonada, supuestamente para su entierro, no se enterró allí. En su lugar, se enterró en este pequeño templo trasero sin pretensiones.

No permiten la entrada de nadie a este tercer templo. Pero no pude quedarme sólo mirándolo. No había nadie alrededor que pudiera ver, así que bajé por la pared hasta un patio. Sólo dispuse de cinco minutos antes de que los vigilantes comenzaran a gritarme que saliera. Pensé que iban a arrestarme, pero no lo hicieron. Los jeroglíficos que hay allí son extraordinarios –nada que puedan ver en ningún otro lugar–. La simplicidad y la perfección de los dibujos son maravillosos.

Fig. 2-4. El "tercer" templo de Osiris en Abydos. La parte alta del muro está al nivel del suelo.

La Geometría Sagrada y la Flor de la Vida del "segundo" templo

Éste es el segundo templo de los tres [fig. 2-5], que está más abajo que los otros dos. Estaba enterrado bajo tierra antes de que lo excavaran (la rampa, que se ve en el borde derecho, fue construida para permitir el acceso desde el nivel más alto del suelo). Tomé esta foto desde el tercer templo, mirando hacia el templo de Seti I, cuya pared trasera puede verse en el fondo. El segundo templo es donde fueron encontrados los dibujos de la Flor de la Vida de la foto de Katrina.

Sólo está permitido visitar un lugar en el segundo templo y resultó ser el sitio perfecto. El segundo templo está en su mayoría lleno de agua ahora porque el Nilo se ha elevado, pero cuando fue encontrado por primera vez, estaba abierto y seco.

Aquí hay dos vistas interiores [fig. 2-6] del centro del templo antes de que se llenara de agua. Existen tres áreas distintas: (1) los escalones que entran desde atrás al centro del templo, donde hay una piedra parecida a un altar; (2) la piedra en forma de altar y (3) los escalones que regresan hacia el otro lado del altar, que no se pueden ver aquí. Verás estos tres

Fig. 2-5. Segundo templo en Abydos (medio). Los juncos crecen en el agua cubriendo el suelo. La flecha de la derecha indica el muro donde está inscrita la Flor de la Vida.

Fig. 2-6. Escalones dentro del segundo templo, antes de que se llenara parcialmente con agua (*Geometría*, de Robert Lawlor).

niveles representados en las tres fases de la religión de Osiris. Puedes ver las dos series de escalones en el plano del "segundo" templo de Osiris en la siguiente página [fig. 2-7].

Lucy de Lubicz muestra aquí cómo se veía el plano original del templo. Los dos pentágonos espalda con espalda muestran la Geometría Sagrada que estaba oculta en este plano. Ahora es necesario darte algunas bases sobre esta geometría.

La figura que se muestra en A [fig. 2-8] es un icosaedro. La superficie de un icosaedro está formada por triángulos equiláteros, que encajan en formas pentagonales de cinco lados, que se muestran en B y se denominan tapas icosaedronales en Geometría Sagrada. Aquí los trián-

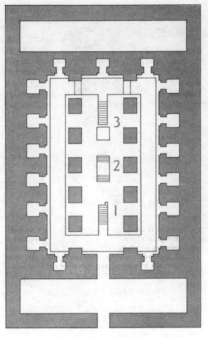
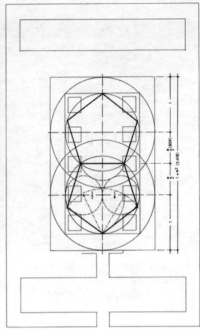

Fig. 2-7. Plano del segundo templo de Osiris (*Sacred Geometry-Philosophy and Practice* [*Geometría sagrada-filosofía y práctica*], de Robert Lawlor).

gulos son equiláteros. Si quitaran las tapas icosaedronales del icosaedro y las colocaran dentro de cada cara de un dodecaedro (12 pentágonos juntos como en C), la forma que se consigue es un dodecaedro estrellado D, con las proporciones específicas de la Red de Conciencia Crística alrededor de la Tierra. Sin esta red no estaría emergiendo una nueva conciencia en este planeta. Lo comprenderás antes del final de esta obra.

Dos de estas tapas icosaedronales unidas por un eje, como conchas de almejas, en E. Estas tapas son la clave, ya que demuestran la geometría usada en la Red de Conciencia Crística.

A mí me parece que es precisamente esto lo que se representa en la geometría y el plano de este antiguo templo. Encuentro muy apropiado que utilizaran pentágonos unidos por la base en el plano de un templo dedicado a Osiris y la resurrección. La resurrección y la ascensión conducen hacia la Conciencia Crística.

La fig. 2-9 es la parte de abajo del segundo templo. La flecha indica el lugar donde Katrina sacó la fotografía de la Flor de la Vida sin darse cuenta. Aquí está la misma foto tomada con mi cámara [fig. 2-10]. Mi foto salió mejor y se puede ver en la sombra que hay otro patrón de la Flor de la Vida en la misma piedra, al lado. A la izquierda de estos dos patrones de la Flor de la Vida, en la misma piedra, hay otras figuras relacionadas. Las piedras que fueron usadas para construir

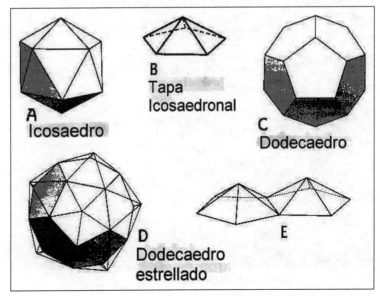

Fig. 2-8. Formas. D es la Red de Conciencia Crística.

Fig. 2-9. Mirando a través del segundo templo. Las flechas muestran el muro de donde Katrina tomó la foto.

este templo, incluyendo la que contiene estas figuras, son enormes. Diría que pesan cuando menos entre 70 y 100 toneladas. Esto hace que te preguntes cómo estos bárbaros peludos movieron estos cientos de toneladas.

Existen muchos patrones relacionados en estas paredes. El de la izquierda en esta foto [fig. 2-11] es la Semilla de la Vida, proviene directamente del patrón de la Flor de la Vida, como se muestra en la fig. 2-12.

Había agua en la base de este muro, por lo que no pude entrar allí. Pero me preguntaba qué habría al otro lado de la piedra, por lo que me apoyé por ahí, puse la cámara en automático y tomé la foto para ver qué saldría. Esto es lo que obtuve [fig. 2-13]. Casi no se puede ver en esta fotografía, pero muestra muchos de los componentes que son aspectos de lo que estudiaremos aquí.

Mirar estos dibujos me produjo un sentimiento asombroso, porque me eran muy familiares y sabía lo que significaban. Aquí estaban, en una pared egipcia de miles de años de antigüedad. Los dibujos eran antiguos, pero sabía exactamente lo que eran.

Grabados
de los coptos

La siguiente foto muestra una pared del segundo templo, está tomada desde una gran distancia usando un objetivo de 80 milímetros. En este muro hay un dibujo que apenas se puede ver en la foto [fig. 2-14], aunque lo pudimos ver claramente cuando estábamos allí. Es la fig. 2-15.

Es un símbolo de la cristiandad, aunque su origen proviene de los coptos, un grupo de egipcios que vivieron en la época en que el imperio egipcio se estaba muriendo. Los coptos más tarde serían los primeros cristianos, junto con los otros dos grupos egipcios –los esenios y los druidas– con los que estaban conectados. Pueden pensar que estos dos grupos no tenían raíces egipcias, pero creemos que sí las tenían.

Éste es un símbolo copto y cuando lo vi, me di cuenta que fueron probablemente los coptos quienes hicieron estos dibujos relacionados con la Flor de la Vida, no los

Fig. 2-10. La misma Flor de la Vida que estaba en la foto de Katrina [fig. 1-16].

Fig. 2-11. La Semilla de la Vida en la izquierda. Ésta es la misma pared de piedra que arriba, pero más hacia la izquierda.

Fig. 2-12. La Semilla de la Vida en medio de la Flor de la Vida.

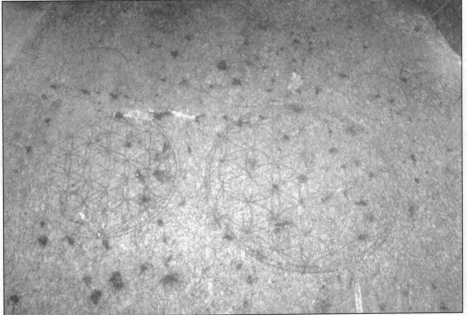

Fig. 2-13. Flores de la Vida, con otros componentes en la parte superior.

Fig. 2-14. Signo copto.

Fig. 2-15. Símbolo copto.

Fig. 2-16. Diseño copto número 1.

constructores originales. Los coptos llegaron mucho después, pero probablemente sabían que éste era un sitio para la resurrección y lo usaron para el mismo propósito. El edificio debía de tener varios miles de años de antigüedad cuando hicieron estos dibujos. En este caso los dibujos no serían anteriores al año 500 a. C. que es cuando aparecieron los coptos.

Éste es el símbolo copto actual, una cruz y el círculo [fig. 2-16], algunas veces lo encontramos dentro de un triángulo.

Éste es otro, en el cual pueden ver la cruz y el círculo, aunque está muy desgastado [fig. 2-17]. En la parte superior se ven los seis pétalos del centro de la Flor de la Vida. En los dibujos egipcios, cuando vean una esfera sobre una cabeza, que el punto de enfoque es lo que hay dentro de la esfera. Eso era lo que estaban pensando, o el propósito que tenían en ese momento.

La fig. 2-18 es otra forma en la que se usa este símbolo, cuatro arcos en intersección con un círculo externo a su alrededor.

Encuentro esta foto muy interesante [fig. 2-19]. Se ve al pez respirando aire. Esto es de *antes* de Cristo. Es copto. Tiene 13 pequeñas escamas, si quieres llamarlas así, y está respirando aire. Hemos visto a un pez respirando aire antes, con los dogones y en Perú.

Ahora aquí está en Egipto y también se ha visto en otros lugares alrededor del mundo.

La Iglesia primitiva cambia el simbolismo cristiano

Cuando estudias en profundidad algunos de los antiguos escritos, encuentras que hubo un gran cambio en la religión cristiana unos 200 d. C. De hecho, durante dos siglos no fue muy conocido. En momento, la Iglesia griega ortodoxa, que era la Iglesia de mayor influencia en aquellos días, hizo muchos cambios en la religión cristiana. Se deshicieron de muchas creencias, agregaron otras y cambiaron cosas para satisfacer sus necesidades. Una de las cosas que cambiaron era un símbolo muy importante. Volviendo al tiempo de Cristo, en todo lo que hemos podido leer, no fue conocido como el pez, sino como el delfín. Fue cambiado de delfín a pez durante la redacción (de la Iglesia) griega ortodoxa. Hoy a Jesús se le conoce como el pez, incluso los cristianos modernos usan el pez para representar la cristiandad. No sé con exactitud lo que esto puede significar. Sólo puedo especular cuando hablemos de los delfines. Además, la Iglesia griega ortodoxa también eliminó de la Biblia todas las referencias sobre la reencarnación, que antes habían sido plenamente aceptadas como parte de la religión cristiana.

La Flor de la Vida: Geometría Sagrada

Esta imagen de la Flor de la Vida [fig. 2-20] no se encuentra únicamente en Egipto, sino en todo el mundo. En el volumen II les mostraré fotografías de esta imagen por el mundo entero. Está en Irlanda, Turquía, Inglaterra, Israel, Egipto, China, Tíbet, Grecia y Japón; se encuentra en todas partes.

En casi todas partes alrededor del mundo tiene el mismo nombre: la Flor de la Vida, aunque en otras partes del cosmos tiene otros nombres. Dos de los nombres principales serían traducidos como el Lenguaje del Silencio y el Lenguaje de la Luz. Es la fuente de todo lenguaje. Es el lenguaje básico del Universo, forma pura y proporción.

Se le llama flor, no sólo porque parece una flor, sino porque representa el ciclo de un árbol frutal. El árbol frutal produce una pequeña flor, que pasa por una metamorfosis y se convierte en una fruta, –una cereza o una manzana o algo–. La fruta contiene dentro la semilla, que cae al suelo y entonces se convierte en otro árbol. Así que hay un ciclo de árbol a flor, a fruta, a semilla y de vuelta al árbol, en cinco pasos. Es un verdadero milagro. Pero ya se sabe, pasa justo delante de nuestras narices. Es tan normal que simplemente lo aceptamos y no pensamos mucho en ello. Realmente existe un paralelismo entre estos sencillos y milagrosos cinco pasos y las geometrías de la vida. Seguiremos viéndolo durante esta obra.

La Semilla de la Vida

Como anteriormente mostré [fig. 2-12], en el centro de la Flor de la Vida hay siete círculos interconectados; si los extraen y dibujan un círculo a su alrededor, crearán la imagen de la Semilla de la Vida [fig. 2-21].

Fig. 2-17. Diseño copto número 2.

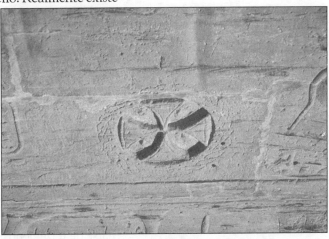

Fig. 2-18. Otro diseño copto.

Fig. 2-19. Pez respirando aire.

La conexión con el Árbol de la Vida

Otra imagen con este patrón, probablemente están más familiariz dos con ella, es el Árbol de la Vida [fig. 2-22]. Muchas personas han pensado que el Árbol de la Vida se originó con los judíos o hebreos, pero no fue así. La cábala no fue el origen del Árbol de la Vida y hay pruebas. El Árbol de la Vida no pertenece a ninguna cultura –ni siquiera a los egipcios, quienes tallaron el Árbol de la Vida en dos series de los tres pilares en Egipto, tanto en Karnak como en Luxor, hace aproximadamente 5,000 años–. Está más allá de cualquier raza o religión. Es un patrón que está íntimamente ligado con la naturaleza. Si fueran a planetas distantes donde hubiera conciencia, estoy seguro de que encontrarían la misma imagen.

Así que si tenemos un árbol, después una flor, después una semilla y si hay un paralelismo entre esas geometrías y los cinco ciclos de un árbol frutal de la Tierra, entonces la fuente del árbol tendría que estar contenida dentro de la semilla. Si tomamos las imágenes de la Semilla de la Vida y del Árbol de la Vida y las sobreponemos, podemos ver esta relación [fig. 2-23].

¿Ves como encajan perfectamente? Se vuelven como una llave, una ajusta directamente sobre la otra. Además, si miras el Árbol de la Vida encontrado en los pilares egipcios, verás un círculo más en la parte de arriba y uno abajo [fig. 2-24]. Esto significa que al principio había 12 componentes y la versión de 12 componentes también encaja perfectamente sobre la imagen completa de la Flor de la Vida (existe un decimotercer círcu-lo en el Árbol que puede estar allí o no).

Estoy abordando la Geometría Sagrada como si nunca hubieran oído una palabra sobre ella. Estamos empezando desde abajo del todo y poco a poco añadiendo más, hasta que lleguemos al punto en el que tenga sentido. Primero pueden ver la sincronicidad con la que las formas de Geometría Sagrada se unen y ajustan perfectamente entre sí. Ésta es una forma de cerebro derecho para comprender la naturaleza especial de esta geometría. Conforme estudiemos patrones más y más complejos, seguirás viendo el mismo tipo de relaciones asombrosas pasando a través de todo. Las posibilidades de que algunas de estas relaciones geométricas sucedan, son de 300,000 a uno, aunque verás estas relaciones alucinantes, desarrollarse de forma consistente.

La vesica piscis

En la Geometría Sagrada existe un patrón que se ve como esto [fig. 2-25]. Se forma cuando los centros de dos círculos con radios iguales, son colocados uno sobre la circunferencia del otro. El área donde se cruzan forma la *vesica piscis*. Esta configuración es una de las más predominantes e importantes de todas las relaciones en Geometría Sagrada, como empezarás a ver.

Existen dos medidas en la vesica piscis, una que corre a través del centro a lo ancho de la parte más estrecha y una que conecta el punto superior con el inferior a lo largo, pasando por el centro; –éstas son las claves de un gran conocimiento contenido dentro de esta información–. Lo que mucha gente no sabe es que cada línea en el Árbol de la Vida, no importa que ter 10 ó 12 círculos, da la medida, o bien de la longitud o del anc una vesica piscis en la Flor de la Vida. *Todas* tienen la proporción áurea. Si observas de cerca el Árbol de la Vida sobrepuesto, verás que *cada línea* corresponde exactamente, o bien a la altura o a la anchura de una vesica piscis. Ésta es la primera relación que se hace visible según salimos del Gran Vacío (el Gran Vacío es otra clave que discutiremos pronto).

Fig. 2-20. La Flor de la Vida.

Las ruedas egipcias y el viaje dimensional

Estas ruedas [fig. 2-26] son uno de los símbolos conocidos más antiguos. Hasta ahora sólo se han encontrado en los techos de ciertas tumbas egipcias muy antiguas. Siempre se encuentran en series de cuatro u ocho y nadie sabe lo que son. Los egiptólogos más famosos no tienen la más remota idea de lo que significan. Pero para mí prueban que los egipcios sabían que la Flor de la Vida tiene más que sólo un bonito diseño y que sabían la mayor parte, o quizá incluso más, de la información que compartiremos aquí. Para com-prender dónde están estas ruedas en la Flor de la Vida, tienes que estudiar la enorme cantidad de niveles de conocimiento contenidos en ellas. Nunca llegarías allí sólo mirando los diseños. No es algo a lo que se puede llegar por casualidad, tendrías que conocer el *secreto ancestral* de la Flor de la Vida.

Esta foto muestra la mayor parte de una serie de ocho de estas ruedas [fig. 2-27], la siguiente imagen [fig. 2-28] está muy oscura y es difícil ver los detalles. Es un techo y estaba muy oscuro donde tomé la foto. Yendo hacia la derecha en la parte inferior del dibujo, hay siete personas con cabezas de animales. Son los neters, o dioses, y cada uno de ellos tiene un óvalo rojo cobrizo sobre su cabeza, Thot lo llama *el huevo de la metamorfosis*. Los neters se concentran en el período por el que pasamos a cierta etapa de la resurrección, que es un cambio biológico rápido en una forma diferente de vida. Sostienen una imagen de esa transición mientras caminan a lo largo

Fig. 2-21. La Semilla de la Vida, extraída de la Flor.

En tiempos recientes hemos encontrado la imagen de la Flor de la Vida en 18 lugares más, incluyendo Suecia, Finlandia, Islandia y Yucatán.

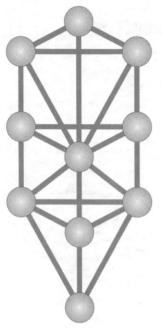

Fig. 2-22. El Árbol de la Vida.

Fig. 2-23. El Árbol y la Semilla sobrepuestos.

de la línea, entonces repentinamente la línea llega al final y hay un giro de 90° hacia arriba y caminan perpendicularmente a su primera dirección.

Estos 90° son una parte muy importante de este trabajo. El giro de 90° es vital para comprender cómo hacer real la resurrección o la ascensión. Los niveles dimensionales están separados por 90°; las notas musicales están separadas 90°; los chakras están separados por 90° —los 90° continúan surgiendo una y otra vez—. De hecho, para entrar en la cuarta dimensión (o cualquier dimensión en realidad), debemos hacer un giro de 90°.

Probablemente, en este punto necesitaría asegurarme que existe un entendimiento común sobre lo que son las dimensiones, como la tercera dimensión, la cuarta, la quinta dimensión y así sucesivamente. ¿De qué estamos hablando? No estoy hablando de dimensiones en el sentido matemático normal, como en los tres ejes o las dimensiones de espacio: los ejes *x*, *y* o *z*, delante y detrás, izquierda y derecha, arriba y abajo. Algunas personas llaman a estos tres ejes la tercera dimensión y dicen que el tiempo se convierte en la cuarta dimensión. No es de esto de lo que estoy hablando.

Dimensiones, armonías y los universos con forma de ondas

Lo que veo como los diversos niveles dimensionales, tiene más que ver con la música y las armonías que cualquier otra cosa. Puede que existan distintas connotaciones acerca de lo que estoy hablando, aunque la mayoría de las personas que estudian esto están bastante de acuerdo. Un piano tiene ocho teclas blancas de do a do, que es la octava común y entre esas están las cinco teclas negras. Las ocho teclas blancas y las cinco teclas negras producen todos los sostenidos y bemoles en la llamada escala cromática, que tiene 13 notas (realmente 12 notas, con la decimotercera iniciando la siguiente octava). Por lo que de un do al siguiente hay realmente 13 pasos, no sólo ocho.

Con esto en mente, deseo mostrarte el concepto de una onda senoidal. Las ondas senoidales corresponden a la luz (y al espectro electromagnético) y a la vibración del sonido. La fig. 2-29 muestra algunos ejemplos. Es posible que todos estemos familiarizados con esto. En la realidad en que estamos, en toda ella, cada cosa se basa en ondas senoidales. No existen excepciones que conozca, excepto el vacío mismo y quizás el espíritu.

Todo en esta realidad es una onda senoidal o cosenoidal, si quieres verlo así. Lo que hace a una cosa diferente de la otra es la longitud de onda y el patrón. Una longitud de onda se extiende desde cualquier punto en la curva, hasta el punto donde vuelve a empezar la curva entera, como de A hasta B en la longitud de onda más larga, o de C a D en las longitudes de onda más cortas. Si encuentras una longitud de onda muy larga, parece casi como una línea recta. Por ejemplo, las ondas de su cerebro son de unos 10 centímetros elevados a la décima potencia, son casi como líneas rectas saliendo de su cabeza. La física cuántica o la mecánica cuántica ven todo en la realidad, de una de las dos formas. No sabes por qué no puedes verlo de las dos maneras a la vez, aunque las geometrías lo explican si las estudias con atención. Puedes considerar cualquier objeto, como este libro, constituido de partículas diminutas como átomos; o puedes olvidar esa idea y verlo como una vibración, una forma de onda, como campos electromagnéticos o incluso el sonido, si lo deseas. Si lo ves como átomos, puedes observar las leyes que se ajustan a ese modelo; si lo ves como formas de onda, las leyes pueden ajustarse a *ese* modelo.

Todo en nuestro mundo es una forma de onda (algunas veces llamada patrón o sintonía de onda senoidal), incluso puede ser visto como sonido. Todas las cosas, sus cuerpos, los planetas, absolutamente todo son formas de onda. Si eliges esta forma particular de observar la realidad y sobrepones esa visión sobre la realidad de las armonías de la música (un aspecto del sonido), podemos comenzar a hablar sobre diferentes dimensiones.

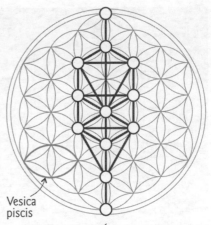

Fig. 2-24. El Árbol de la Vida con dos círculos extra.

La longitud de onda determina la dimensión

Los niveles dimensionales no son otra cosa que diferentes rangos de longitudes de onda. La única diferencia entre esta dimensión y cualquier otra, es la longitud de su forma de onda básica. Es justo como una televisión o un radio. Al girar el sintonizador captas una longitud de onda diferente. Entonces obtienes una imagen distinta en su televisión o una estación diferente en su radio. Es exactamente lo mismo para los niveles dimensionales. Si cambiaras la longitud de onda de su conciencia y al hacerlo cambiaras sus patrones corporales a una longitud de onda distinta a la de este Universo, desaparecerías literalmente de este mundo y aparecerías en aquel con el que te hayas sintonizado.

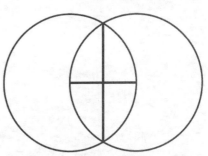

Fig. 2-25. La vesica piscis con dos ejes clave.

Esto es lo mismo que hacen los ovnis cuando los ven disparados por el cielo, si has visto alguno. Viajan a velocidades increíbles, entonces hacen un giro de 90° y de-saparecen. Las personas a bordo de esas naves no son transportadas a través del espacio como nosotros en los aviones. Los pasajeros de las naves están conectados conscientemente con el vehículo en sí y cuando están listos para irse a otro mundo, entran en meditación y acoplan todos los aspectos de su ser con la unidad. Entonces hacen un giro de 90° o dos giros de 45° todo a la vez en sus mentes, llevando toda la nave, junto con sus pasajeros, hacia otra dimensión.

Este Universo, —y con esto quiero decir todas las estrellas y átomos saliendo y entrando infinitamente por siempre—, tienen una longitud de onda base de alrededor de 7.23 centímetros. Puedes elegir cualquier punto en esta habitación e ir infinitamente hacia dentro o infinitamente hacia fuera por siempre, dentro de este Universo particular. En un sentido espiritual estos 7.23 centímetros de longitud de onda son el Om, el sonido hindú del Universo. Cada objeto en este Universo produce un sonido de acuer-

Fig. 2-26. Ruedas en un muro egipcio.

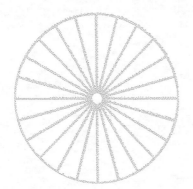

do con su constitución. Cada objeto produce un sonido único. Si tomas un promedio de los sonidos de todos los objetos de este Universo, esta tercera dimensión, obtendrías estos 7.23 centímetros de longitud de onda y sería un verdadero sonido Om para esta dimensión.

Esta longitud de onda también es el promedio exacto de la distancia entre sus ojos, desde el centro de una pupila hasta el centro de la otra, –esto es, si tomas a 100 personas y sacas un promedio entre todas–. También es la distancia exacta promedio desde la punta de nuestra barbilla hasta la punta de nuestra nariz, la distancia del ancho de sus palmas y la distancia entre sus chakras, por dar algunos ejemplos. Esta longitud de 7.23 centímetros está localizada a través de nuestros cuerpos en distintas formas, porque nosotros surgimos dentro de este Universo en particular y está grabado dentro de nosotros.

Fueron los laboratorios Bell los que descubrieron esta longitud, no alguna persona espiritual sentada en una cueva en algún lado. Cuando instalaron por primera vez el sistema de microondas que rodeaba a los Estados Unidos y encendieron el interruptor, encontraron estática en su sistema. Verás, los laboratorios Bell eligieron, por casualidad, una de poco más de siete centímetros de largo, para el sistema que enviaba la frecuencia. Por qué eligieron esa longitud, no lo sé. Trataron de encontrar la estática, revisaron su equipo, intentaron todo lo que pudieron. Primero pensaron que venía desde dentro de la Tierra. Con el tiempo dirigieron su atención hacia el cielo; la encontraron y dijeron: "Oh no, ¡está llegando de *todas partes*!". Con el fin de deshacerse de la estática, hicieron algo que *todavía* nos está afectando como nación y como planeta: elevaron la potencia 50,000 veces más de lo que normalmente necesitaban, lo que creó un campo muy poderoso, así la longitud de 7.23 centímetros que venía de todas partes, no interferiría.

Las dimensiones y la escala musical

Por razones como la anterior, creo que 7.23 centímetros corresponden a la longitud de onda de nuestro Universo, esta tercera dimensión. Al subir por los niveles dimensionales, la longitud de onda se hace más y más corta, con una energía cada vez más elevada. Al bajar por los niveles dimensionales, la longitud de onda se hace más y más larga, con menos energía cada vez, y cada vez más densa. Como en un piano, existe un espacio entre las notas, entonces cuando tocas una nota, existe un lugar muy específico donde está la siguiente. En este Universo en forma de onda en el que vivimos, existe un lugar específico donde existe el siguiente nivel dimensional. Es una longitud de onda específica relacionada con éste. La mayoría de las culturas en el cosmos tienen esta comprensión básica del Universo y saben cómo moverse entre dimensiones. Hemos olvidado todo. Con la voluntad de Dios, lo recordaremos.

Los músicos, los teóricos de la música y los físicos descubrieron hace tiempo que existen lugares entre las notas llamados sobretonos. Entre cada paso de la escala cromática existen 12 sobretonos principales (un grupo en California ha descubierto más de 200 sobretonos menores entre cada nota).

Si ponemos cada nota de la escala cromática como un círculo, tenemos 13 círculos [fig. 2-30]. Cada círculo representa una tecla blanca o negra y el círculo sombreado al final sería la decimotercera nota que inicia la siguiente octava. El círculo negro en esta ilustración representa la tercera dimensión, nuestro Universo conocido y el cuarto círculo, la cuarta dimensión. Los 12 sobretonos principales entre dos notas cualquiera, o dimensiones, son una réplica del patrón mayor. Es holográfico. Si lo llevas más allá, entre cada sobretono encontrarías otros 12 sobretonos que reproducen el patrón completo. Esto continúa hacia arriba y hacia abajo, literalmente para siempre. Esto es una progresión geométrica, sólo en las armonías. Si continúas estudiándolo, encontrarás que cada una de las escalas musicales únicas que han sido descubiertas, *producen una octava distinta de experiencia*. ¡Más universos para explorar! (éste es otro de los temas a los que regresaremos).

Fig. 2-27. Ruedas; no se ven aquí las ocho.

Probablemente has oído hablar sobre las 144 dimensiones y cómo el número 144 se relaciona con otros temas espirituales. Esto se debe a que existen 12 notas en una octava y 12 sobretonos entre cada nota, y 12 x 12 = 144 niveles dimensionales entre cada octava. Para ser específico, existen 12 dimensiones principales y 132 dimensiones menores dentro de cada octava (aunque en verdad la progresión continúa por siempre). Este diagrama representa una octava. La decimotercera nota se repite, luego hay otra octava sobre esa una. Existe una octava de universos por debajo de ésta y una octava por encima y esto se extiende teóricamente para siempre. Así que a pesar de lo grande e infinito que aparenta ser este Universo (lo que es sólo una ilusión de todas formas), todavía existe un número infinito de formas para expresar la única realidad y cada dimensión se experimenta de forma completamente distinta a cualquier otra.

De esto trata gran parte de esta enseñanza, recordarnos que nosotros aquí en la Tierra estamos sentados en la tercera dimensión en un planeta

Fig. 2-28. Ruedas, neters y el giro de 90° a la derecha. Los círculos oscuros están sobre las cabezas de las figuras, los siete en la parte de abajo tienen cabezas de animales.

que está, justo ahora, en el proceso de pasar a la cuarta dimensión y más allá. El componente tridimensional de este planeta está a punto de ser inexistente para nosotros después de un tiempo, vamos a estar conscientes de esta dimensión durante sólo un poco de tiempo más. Primero pasaremos hacia ciertos sobretonos de la cuarta dimensión. La mayoría de la gente de las dimensiones superiores, que ahora nos están observando y están ayudando con este proceso, creen que vamos a seguir pasando a través de dimensiones superiores muy rápidamente.

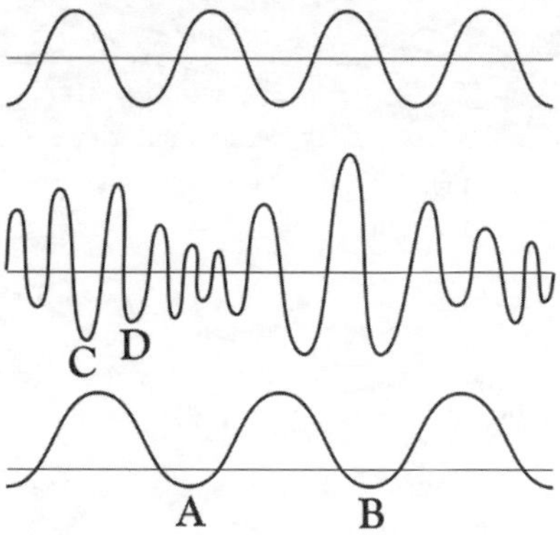

El muro entre las octavas

Entre cada Universo de nota completa y entre cada subespacio o Universo de sobretono, no hay nada. Cada uno de esos espacios es llamado un *vacío*. El vacío entre cada dimensión es llamado el *duat* por los egipcios o el *bardo* por los tibetanos. Cada vez que se pasa desde una dimensión o sobretono al siguiente, se cruza por un vacío o negrura que están en medio. Pero ciertos vacíos son "más negros" que otros y el más negro de ellos está entre las octavas. Son más poderosos que los vacíos dentro de una octava. Por favor, ten en cuenta que estamos usando palabras que no pueden explicar completamente este concepto. Al vacío que existe entre las octavas, podemos denominarlo el Gran Vacío o el Muro. Es como una pared a través de la cual tienes que pasar para llegar a una octava superior. Dios puso esos vacíos allí de una forma particular por ciertas razones que pronto se volverán evidentes.

Todas esas dimensiones están sobrepuestas una sobre la otra y *cada punto en el espacio/tiempo las contiene a todas*. La puerta a cualquiera de ellas está en cualquier lugar. Esto es muy conveniente, no tienes que estarla buscando, sólo tienes que saber cómo acceder a ella. Aunque existen ciertos lugares sagrados, en las geometrías de nuestra realidad aquí en la Tierra, donde

Fig. 2-29. Ejemplo de ondas senoidales.

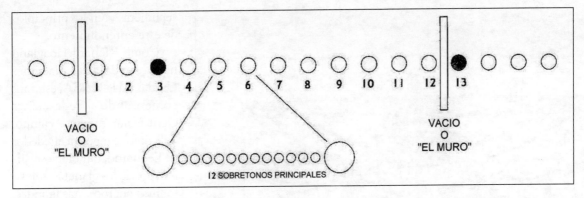

Fig. 2-30. Una octava entre los muros. El círculo negro representa la tercera dimensión; el círculo sombreado finaliza una octava e inicia la siguiente.

es más fácil volverse consciente de las diversas dimensiones y sobretonos –sitios sagrados, lugares sagrados que son puntos nodales conectados con la Tierra y los cielos (también hablaremos de ello más adelante)–, existen también lugares específicos en el espacio que están ligados a las geometrías del espacio. Los exploradores se refieren algunas veces a ellos como puertas estelares, aberturas hacia otros niveles dimensionales por donde es más fácil atravesar. Pero la verdad es que puedes estar en cualquier parte para ir a cualquier lado. Realmente no importa dónde estás si comprendes las dimensiones y si, por supuesto, eres capaz de sentir amor divino.

Cambiando de dimensiones

Volviendo a esos hombres del techo del templo (unas páginas atrás), están cambiando de dimensiones. Están haciendo un giro de 90° y están cambiando su longitud de onda. Esas ruedas, como verás más tarde, están conectadas con las armonías de la música, –y ahora se sabe que las armonías de la música están conectadas con los niveles dimensionales–. Debido a que las personas del techo están haciendo este cambio, mientras están pensando en la metamorfosis y la resurrección, creo que esas ruedas realmente nos están diciendo exactamente a dónde fueron, hacia qué dimensión. Cuando terminemos comprenderás de lo que estoy hablando.

La estrella tetraédrica

Esta estrella tetraédrica con la imagen de Leonardo [fig. 2-31] se convertirá en uno de los dibujos más importantes de este trabajo. Lo que estás viendo es bidimensional, pero piensa en ella en tres dimensiones. Sucede que una estrella tetraédrica, tal como se muestra aquí, existe alrededor de cada cuerpo humano. Vamos a pasar mucho tiempo para llevarte hasta el punto donde puedas ver que tienes esta imagen alrededor de tu cuerpo. Fíjate bien en el tubo que recorre el centro del cuerpo, a través del cual podemos respirar energía de fuerza-vital y los dos vértices arriba y abajo de este tubo, conectan a la tercera dimensión con la cuarta. Puedes inhalar prana de cuarta dimensión directamente a través de este tubo. Podrías estar en un vacío total, sin aire que respirar y sobrevivirías completamente

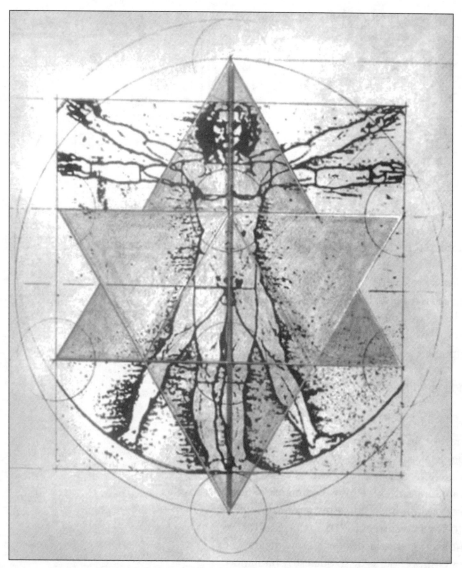

Fig. 2-31. El canon de Leonardo, con una estrella tetraédrica simbolizando el Mer-Ka-Ba y tubo de prana central.

si pudieras vivir los principios de este entendimiento.

Como Richard Hoagland ha mostrado a las Naciones Unidas y a la NASA, estamos comenzando a redescubrir científicamente este campo. Tal como se muestra alrededor de Leonardo, también está alrededor de los planetas, soles e incluso cuerpos más grandes. Ésta se podría convertir en la explicación estándar sobre cómo sobreviven esos planetas exteriores. ¿Por qué? Los planetas están irradiando de su superficie mucha más energía de la que están recibiendo del Sol, mucha más. ¿De dónde proviene? Con esta nueva comprensión, si Leonardo fuera un planeta en lugar de una persona, los puntos en el polo norte y sur estarían atrayendo enormes cantidades de energía desde otra dimensión (o dimensiones). Los planetas existen literalmente en más de una dimensión y si pudieras ver a la Tierra completa en toda su gloria, con los diversos campos y energías alrededor, te quedarías asombrado. La Madre Tierra es mucho más intrincada y compleja de lo que podemos percibir en este nivel denso. Esta canalización de energía es realmente la forma en que funciona también para las personas. La dimensión particular (o dimensiones) de donde proviene esta energía, dependen de cómo respiramos.

En el dibujo de Leonardo, el tetraedro que apunta hacia el Sol es masculino. El que apunta hacia la Tierra es femenino. Vamos a llamar al masculino el tetraedro *Sol* y al femenino el tetraedro *Tierra*. Sólo existen dos formas simétricas en las que un ser humano puede mirar hacia fuera desde esta forma de estrella tetraédrica, con una punta de la estrella sobre la cabeza y una punta debajo de los pies y con la alineación del cuerpo humano mirando hacia el horizonte: para un cuerpo masculino mirando hacia fuera desde su forma, su tetraedro Sol tiene una punta hacia el frente y la cara plana opuesta está detrás de él; su tetraedro Tierra tiene una punta hacia atrás y la cara plana opuesta está al frente [fig. 2-32a].

Para un cuerpo femenino mira hacia fuera de otra forma, su tetraedro Sol tiene una cara plana enfrente y una punta orientada hacia atrás; y su tetraedro Tierra tiene una punta enfrente y el lado plano opuesto está detrás de ella [fig. 2-32b]. Explicaremos la meditación Mer-Ka-Ba hasta la respiración 14 en el volumen II. Primero me gustaría introducir otros aspectos para que puedas comenzar a recordar y te prepares para la reactivación, al final de tu cuerpo de luz, el Mer-Ka-Ba. Pronto comenzaremos a hablar de la respiración yoga, con la que muchos, probablemente, ya están familiarizados. Luego aprenderemos sobre los mudras. Vamos a continuar paso a paso hasta que estemos listos para experimentar la respiración esférica, el estado del ser desde el cual su Mer-Ka-Ba puede cobrar vida.

La trinidad en la dualidad: la divina trinidad

Para comprender la situación aquí en la Tierra, ofreceremos más información a la que haremos referencia según avancemos. En la naturaleza, la ley de los opuestos parece manifestarse por toda nuestra realidad, como masculino y femenino, o caliente y frío. La verdad, es que es incompleto. De hecho, cada manifestación en nuestra realidad tiene tres componentes. Se oye hablar a la gente sobre la polaridad masculina y femenina y sobre la conciencia de polaridad; ésta no es la verdad completa. Nunca ha existido una polaridad en esta realidad sin un tercer componente; con una rara excepción, hablaremos de ella en un momento.

Existe una trinidad en casi todas las situaciones. Pensemos en algunos ejemplos de lo que normalmente llamamos polaridad. ¿Qué tal blanco y negro, caliente y frío, arriba y abajo, masculino y femenino y Sol y Tierra? Para blanco y negro, existe el gris, para caliente y frío, existe el tibio, para arriba y abajo, existe en medio; para masculino y femenino existe el niño, para el Sol y la Tierra (masculino y femenino), existe la Luna (el niño). El tiempo también tiene tres componentes: pasado, presente y futuro. La relación mental de cómo vemos el espacio es con los ejes x, y, z –delante y detrás, izquierda y derecha, arriba y abajo–. Incluso en cada una de esas tres direcciones existe un punto medio o neutral, creando tres partes.

Probablemente el mejor ejemplo es la estructura de la materia misma en esta tercera dimensión. La materia está formada de tres partículas básicas: protones, electrones y neutrones. En el siguiente nivel superior de organización de las tres partículas básicas, encontrarás átomos y en el siguiente nivel inferior, divisiones más finas de partículas. De forma similar, la conciencia se percibe a sí misma en medio del macrocosmos y el microcosmos. Si observas de cerca cualquier nivel, siempre encontrarás trinidad.

Existe una excepción especial, como siempre la hay. Se relaciona con el principio de las cosas. Los aspectos primarios generalmente tienen dualidad, pero son extremadamente raros. Un ejemplo se encuentra en las secuencias de los números. Secuencias como 1-2-3-4-5-6-7-8-9... ó 2-4-8-16-32... ó 1-1-2-3-5-8-13-21... –y de hecho todas las secuencias conocidas–, extrañamente necesitan un mínimo de tres números sucesivos de la secuencia, para calcular la secuencia completa, con una excepción: la

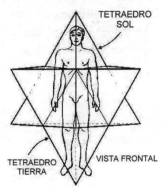

Fig. 2-32a. Hombre en su estrella tetraédrica.

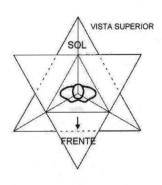

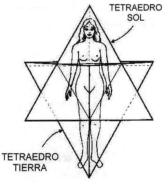

Fig. 2-32b. Mujer en su estrella tetraédrica.

El Pentágono anunció en la primavera de 1977, que tienen una computadora que requiere de sólo un segundo para calcular lo que le llevaría 30,000 años a un PC de 250 MH de 3.GB. ¡En un día puede computar lo que le tardaría a un PC 2.6 mil millones de años! Yo llamaría a esto algo más que un salto cuántico.

espiral logarítmica de proporción áurea, que sólo necesita dos. Esto se debe a que esta espiral es la fuente de todas las demás secuencias. De la misma forma, todos los átomos tienen tres partes, como se mencionó antes, con la sola excepción del primer átomo: el hidrógeno. El hidrógeno sólo tiene un protón y un electrón; no tiene neutrón. Si tiene un neutrón, que es el siguiente paso ascendente, es llamado hidrógeno pesado, pero el verdadero principio de la materia sólo tiene dos componentes.

Ya que mencionamos números que exhiben trinidad, podemos también plantear el color. Existen tres colores primarios desde los cuales son creados los tres colores secundarios. Esto significa que el Universo como ahora lo conocemos, –todas las cosas creadas–, se compone de tres partes principales, excepto en sus raras áreas primarias. Además, la mismísima naturaleza de cómo la conciencia humana percibe el Universo, es mediante las tres vías principales de las que acabamos de hablar: tiempo, espacio y materia, todas ellas reflejo de la divina trinidad.

Una avalancha de conocimiento

La mayoría de las personas están conscientes de que algo inusual está ocurriendo aquí en la Tierra. Estamos en un tiempo extremadamente acelerado y están sucediendo muchos acontecimientos que nunca habían sido vistos. Hay más gente en el planeta de la que haya habido jamás y si continuamos al mismo paso, en muy pocos años duplicaremos nuestra población a 11,000 millones ó 12,000 millones de personas.

Respecto a nuestra curva humana de aprendizaje evolutivo, el suministro de información en el planeta está creciendo más rápido que la población. Aquí hay un hecho de acuerdo a la *Enciclopedia Británica*. Desde los tiempos de nuestra civilización humana conocida más remota, los antiguos sumerios (alrededor de 3800 a. C.), continuando durante casi 5,800 años, hasta más o menos 1900 d. C., se habían recopilado cierto número de bits de información, un cierto número de los llamados hechos, que fueron sumados para determinar precisamente cuántas cosas conocíamos. Cincuenta años después, de 1900 a 1950, nuestro conocimiento se había duplicado. Eso significa que nos tomó 5,800 años aprender cierta cantidad y después nos tomó 50 años duplicarlo, ¡asombroso! Pero después en los *siguientes 20 años*, alrededor de 1970, lo duplicamos otra vez. Sólo tomó 10 años más hasta 1980 ¡para duplicar *eso*! Ahora se está duplicando cada pocos años.

El conocimiento está llegando como una avalancha. La información estaba llegando tan rápido a mediados de los ochenta, que la NASA no podía actualizarla en sus computadoras lo suficientemente rápido. Escuché que en 1988 tenían nueve o 10 años de retraso, tan sólo en introducir la información entrante. Al mismo tiempo esta avalancha de conocimiento se está acumulando; las mismas computadoras, que están aumentando la aceleración, están a punto de hacer un gran cambio. Más o menos cada 18 meses las computadoras están duplicando tanto su velocidad como su memoria. Primero salió la 286, después la 386, luego tuvimos la 486 y ahora salió la 586 (esto fue en 1993), lo que hace obsoleta a la 486.

Todavía no sabíamos cómo usar la 486 y aquí está la 586. Ya tenemos planeada la 686. Para el cambio de siglo o poco después, una computadora casera será tan poderosa y rápida, que sobrepasará a todas las computadoras presentes (1993) de la NASA y el Pentágono combinadas.

Una sola computadora será tan rápida y poderosa, que podrá observar todo el mundo y dar información actualizada sobre el clima de cada centímetro cuadrado del planeta. Hará cosas que ahora parecen imposibles. Estamos comenzando a acelerar nuestra habilidad para capturar datos: ahora grandes cantidades de información se introducen directamente desde otras computadoras, escáneres y voz directa. Así que con esta increíble cantidad de conocimiento entrando a la conciencia humana, se vuelve obvio que está ocurriendo un gran cambio para la humanidad.

Durante miles de años la información espiritual se mantuvo en secreto. Los sacerdotes y las sacerdotisas de diversas religiones o cultos, habrían dado sus vidas para mantener al resto del mundo sin saber sobre siquiera uno de sus documentos secretos o parte de conocimiento espiritual, asegurándose de que permanecieran secretos. Todos los diversos grupos espirituales y religiones alrededor del mundo tenían su información secreta. Entonces, de pronto a mediados de los sesenta, se levantó el velo del secretismo. Al unísono, casi todos los grupos espirituales del mundo abrieron sus actividades en el mismo momento de la historia. Pueden hojear libros en su librería local y ver información que había estado sellada y custodiada durante miles de años. ¿Por qué? ¿Por qué ahora?

La vida en este planeta se está acelerando más y más y más, culminando obviamente en algo nuevo y diferente, quizá sólo fuera del alcance de nuestra imaginación normal. Siempre estamos cambiando. ¿Qué significa esto para el mundo? ¿Por qué está sucediendo? Mejor aún, ¿por qué está sucediendo *ahora*? ¿Por qué no ocurrió hace 1,000 años? ¿Por qué no se esperó a pasar 100, 1,000 ó 10,000 años después? Es realmente importante comprender la respuesta a estas preguntas, porque si no saben por qué está sucediendo ahora, entonces probablemente no comprenderán lo que está ocurriendo en su vida, ni estarán preparados para los cambios venideros.

Aunque no quiero entrar en este momento en el significado real de lo que se trata, una de las respuestas yace en el hecho de que la computadora está hecha de silicio y nosotros estamos hechos de carbono. Está ligado con relación del silicio y el carbono, pero dejaré eso un rato y continuaré con la naturaleza inusual de lo que está sucediendo aquí en la Tierra.

La Tierra con relación al cosmos

Hablemos nuevamente de Sirio y la Tierra. Estás aquí [fig. 2-33], y es aquí donde empezamos, en la gran imagen. Desde donde estamos, en este tercer planeta desde el Sol, la íntima conexión de la Tierra con Sirio no puede ser comprendida muy fácilmente. Tienes que ir al espacio profundo para ver estas cosas [fig. 2-34] que puedes no reconocer, –al menos, la mayoría de la gente, no lo

Fig. 2-33. Ubicación de la Tierra en el sistema solar.

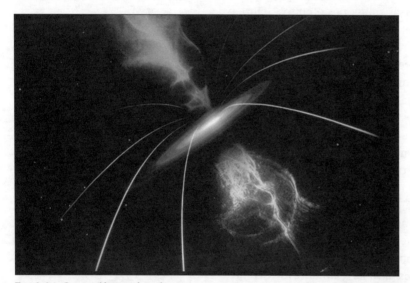

Fig. 2-34. Quasar (fuente de radio quasiestelar); se cree que son los objetos más distantes y luminosos en el Universo.

hace–. Ésta es un quasar y es enorme. Desafía todas las leyes de la física y no sabemos qué diablos está haciendo. Pero no es esto de lo que realmente deseo que se den cuenta.

Espirales en el espacio

La siguiente foto está un poco más cerca y es más familiar para nosotros [fig. 2-35]. Ésta es una galaxia, obviamente no es la nuestra, porque es bastante complicado tomar una foto de uno mismo desde adentro (el grupo en la parte inferior derecha es una nebulosa y está, casi con certeza, mucho más cerca que la galaxia; no están conectadas). Ve las estrellas saliendo de la galaxia en una espiral blanca. Exactamente a 180° en el lado opuesto de las espirales está emergiendo otra espiral. Creo que existen ocho formas conocidas de galaxias, –aunque todas ellas son unas funciones de otras–, y éste es el modelo primario.

Durante mucho tiempo los astrónomos estaban bastante convencidos de que lo que veían allá afuera era lo que había; si podían verlo estaba allí. Estaban totalmente ajenos al lado invisible de la realidad o no sintieron que fuera tan importante. Pero el lado invisible de nuestra realidad es, ciertamente, mucho más grande que la parte visible y probablemente más importante. De hecho, si el espectro electromagnético completo fuera una línea de 1.80 metros de longitud, la luz visible, con la que vemos los objetos, sería una banda de cerca de ocho milímetros de ancho. En otras palabras, la parte visible de la realidad es mucho menor del 1% del total, –casi nada–. El Universo invisible es realmente nuestro verdadero hogar.

Existe mucho más. Hay cosas *todavía más allá* del espectro electromagnético que apenas estamos empezando a comprender. Por ejemplo, has descubierto que cuando un Sol viejo explota y muere, como el que está en la parte inferior derecha de la foto, parece ocurrir únicamente en el área oscura de la espiral (flecha A), indicando que existe una diferencia entre el espacio profundo (flecha B) y el espacio interno entre las espirales de luz. Así que están empezando a darse cuenta de que existe una diferencia entre las dos áreas del espacio, así como entre las áreas oscuras y de luz de la galaxia. Existe algo distinto sobre las áreas oscuras de la espiral que parece estar relacionado con las áreas de luz.

Nuestra conexión con Sirio

La observación de las características de una espiral galáctica llevó a otro descubrimiento. Otros científicos notaron que nuestro sistema solar se mueve a través del espacio, no se está moviendo en una línea recta, sino en un patrón helicoidal, una espiral. Bueno, dicha espiral no es posible a menos que estemos conectados gravitatoriamente con otro cuerpo grande, como otro

Fig. 2-35. Galaxia espiral.

sistema solar o algo más grande. Por ejemplo, muchas personas piensan que la Luna gira alrededor de la Tierra, ¿correcto? No lo hace, nunca lo ha hecho. La Tierra y la Luna giran una alrededor de la otra y existe un tercer componente entre ellas, que está aproximadamente a un tercio de la distancia desde la Tierra a la Luna, un punto pivote y la Tierra y la Luna giran alrededor de él en un patrón helicoidal, mientras se mueven también alrededor del Sol. Esto sucede porque la Tierra está conectada con un cuerpo muy grande, que es la Luna. Nuestra Luna es enorme y está ocasionando que la Tierra se mueva en un patrón particular. Debido a que el sistema solar completo está girando en espiral de la misma forma a través del espacio, todo el sistema solar debe estar conectado gravitatoriamente con algún *otro* cuerpo muy grande.

Así que los astrónomos comenzaron a buscar este cuerpo que estaba tirando de nuestro sistema solar. Primero lo redujeron a cierta área del cielo con la que estábamos relacionados, después lo redujeron más y más, hasta que hace pocos años, finalmente lo ligaron a un sistema solar específico. Estamos vinculados con la estrella de Sirio –con Sirio A y Sirio B–. Nuestro sistema solar y el sistema de Sirio están íntimamente conectados a través de la gravedad. Nos movemos juntos a través del espacio, girando en espiral alrededor de un centro común. Nuestro destino y el de Sirio están íntimamente conectados. ¡Somos *un solo sistema*!

Desde que los científicos saben que el área oscura dentro de una galaxia en espiral es diferente, han descubierto que las estrellas no sólo se mueven a lo largo de un brazo curvo o una espiral. Si alguien hiciera girar una manguera de agua sobre tu cabeza y vieras la escena desde arriba, verías gotitas que aparentarían moverse en espirales. ¿Puedes visualizar eso? Sin embargo, cada gota individual no se está moviendo en una espiral, sino que se está moviendo radialmente hacia fuera en una línea recta desde el centro; sólo *aparentan* estar moviéndose en espirales. Lo mismo ocurre en una galaxia. Cada una de esas estrellas realmente se está moviendo radialmente hacia fuera.

Al mismo tiempo que las estrellas se están moviendo radialmente hacia fuera desde el centro, también se están moviendo, independientes

Esta actualización no tendrá mucho sentido hasta que comprendas plenamente el Mer-Ka-Ba, pero éste es el lugar más apropiado para mencionarla. El astrofísicoWilliam Purcell ha descubierto apenas (publicado el 12 de mayo de 1977, en la revista *Time*) que "un coloso de antimateria, un tubo a 90°del plano de la galaxia, se está expeliendo con fuerza desde el centro de nuestra galaxia y está alcanzando trillones de kilómetros dentro del espacio". Esto se asemeja a las mismas geometrías del Mer-Ka-Ba en un nivel galáctico.

Al mismo tiempo, los astrónomos Cornell han descubierto que cerca del 80% de las estrellas en la galaxia NGC 4138 (la mayoría de las estrellas más viejas) están girando en una dirección, mientras que alrededor del 20% de las estrellas (la mayoría de las estrellas más jóvenes) están rotando en dirección opuesta juntocon una nube enorme de gas hidrógeno. Sus descubrimientos fueron presentados el 18 de enero de 1997 en la Sociedad Astronómica Americana. Se trata de un campo contrarrotatorio. No sólo parecen las galaxias como campos Mer-Ka-Ba, ¡sino que parecen tener las mismas dinámicas internas! (por supuesto, personalmente creo que las galaxias son seres vivos y que realmente no son nada más que un inmenso campo Mer-Ka-Ba viviente). Además, los físicos de la Universidad de Rochester y la Universidad de Kansas, han encontrado pruebas que cambian la creencia mantenida durante tanto tiempo, de que el espacio es el mismo en todas direcciones. El investigador John Ralston informó que "parece haber un eje absoluto, algo como una Estrella del Norte cosmológica, que orienta al Universo". Este trabajo fue publicado el 21 de abril de 1997, artículo en *Physical Review Letters*.

También han descubierto que la luz viaja en forma diferente a lo largo de este eje, que en ninguna otra parte. ¡Existen ahora dos tipos diferentes de velocidad de la luz! El eje es la clave del campo Mer-Ka-Ba viviente y este descubrimiento puede probar, al final, que todo el Universo es realmente sólo un campo Mer-Ka-Ba viviente gigantesco.Cuando estés consciente de tu propio campo Mer-Ka-Ba, vuelve a leer esta sección y lo comprenderás.

del sistema como un todo, desde un brazo a través de la luz oscura hasta la luz blanca, orbitando todo el sistema galáctico. Esto tarda probablemente miles de millones de años, –no lo sé–, para que un ciclo se complete.

Imaginen que la fig. 2-36 es una galaxia vista desde arriba y que el color oscuro representa las espirales de luz oscura y el color claro representa las espirales de luz blanca. Visto de lado se ve como un platillo volador. La órbita que seguimos alrededor del centro de la galaxia, lleva consigo un movimiento en espiral similar a un resorte enrollado. Además de nuestro sistema solar, el mismo movimiento en espiral se ve entre Sirio A y Sirio B [ver la fig. 1-4 en el capítulo uno]. La espiral de la Tierra y la Luna es diferente, según creo. Este movimiento en espiral de las dos estrellas de Sirio, es idéntico a las geometrías de la molécula del ADN, según un científico australiano. Esto nos hace suponer que quizás existe una relación en el desarrollo de las cosas, que las cosas suceden de acuerdo con una especie de plan mayor, similar al desarrollo de un cuerpo humano guiado por la información que está dentro del ADN. Por supuesto, esto es sólo especulación, pero basándose en el principio "como es arriba, es abajo", esto es muy probable.

Entonces tenemos dos preguntas relacionadas que responder. Una es por qué Sirio es tan importante, lo que ha sido explicado por nuestra conexión gravitatoria con ella. Otra es, ¿por qué está teniendo lugar en este momento de la historia, este patrón extremadamente rápido de evolución que estamos experimentando en la Tierra? Sigamos observando los cielos. Aquí hay dos partes adicionales de información que compartir.

Los brazos espirales de una galaxia, la esfera envolvente y la envoltura térmica

La fig. 2-37 es de *National Geographic*, mostrando lo que han descubierto ahora. Han encontrado que hay esferas de energía rodeando las galaxias. Fíjate en la pequeña galaxia con tus brazos espirales, junto con un montón de estrellas sueltas, todas envueltas en la esfera de energía. Después, fuera de la esfera, hay otra esfera enorme de energía, como una red hexagonal. Entonces hay una esfera enorme y dentro de ella una esfera más pequeña, con una minúscula galaxia en su interior. Conforme progresemos, vas a ver que tienes exactamente el mismo campo a *tu* alrededor.

La fig. 2-38 es una foto de la envoltura térmica de una galaxia, ligeramente inclinada, tomada con una cámara infrarroja. Se ve como un platillo volador. Tiene un gran círculo alrededor del borde más externo, que es oscuro debido a que el borde exterior se está moviendo muy rápido. Esta envoltura térmica tiene exactamente las mismas proporciones que el Mer-Ka-Ba alrededor de su cuerpo cuando se activa a través de la respiración y la meditación. Cuando sigas cierto procedimiento de respiración, encontrarás que se formará un campo alrededor de su cuerpo de aproximadamente 18 metros de largo, que se ve como esta envoltura térmica. Con el equipo apropiado, podrías verlo en una pantalla de computadora, debido a que tiene un componente electromagnético en el rango de las microondas. Esto es algo muy real. Es la misma forma del Mer-Ka-Ba que activarás alrededor de tu cuerpo, si así lo eliges.

Fig. 2-36. Galaxia espiral vista desde arriba (arriba) y vista de lado (abajo).

La precesión de los equinoccios y otros movimientos

Siguiendo con la razón de por qué este cambio está sucediendo en este momento: nuestra Tierra actualmente se inclina unos 23° sobre el plano de su órbita alrededor del Sol y conforme la Tierra orbita alrededor del Sol, cambia el ángulo con el que la luz incide en su superficie, dependiendo de en qué parte de su órbita esté. Por esta razón tenemos cuatro estaciones.

Dentro de esta rotación anual existe otra oscilación muy lenta, que la mayoría de las personas conocen como la precesión de los equinoccios, que tarda casi 26,000 años en completarse. Para ser más precisos, son como 25,920 años, depende a quién lean, porque todos difieren en algunos años. También hay otras oscilaciones. Por ejemplo, ese ángulo de 23° con el Sol no es fijo; existe una oscilación de unos 40,000 años donde cambia alrededor de 3°, desde casi 23° hasta casi 26°. Después existe otra oscilación dentro del pequeño desplazamiento de 3°, que completa un ciclo más o menos cada 14 meses. Has descubierto otro que se completa cada 14 años aproximadamente. Ahora dices que has descubierto todavía otro más. Si lees los antiguos escritos sánscritos, *todas* estas oscilaciones son en extremo importantes para la conciencia sobre el planeta. Estás vinculado directamente con sucesos

Fig. 2-37. Esferas de energía galácticas.

específicos y con el momento en que ocurren estos sucesos en el planeta –tal como nuestro ADN está ligado con las diversas fases en el crecimiento del cuerpo humano–.

Por ahora sólo quiero observar la oscilación principal: la *precesión de los equinoccios* [fig. 2-39]. Esta oscilación se mueve en un patrón oval y el óvalo grande en la fig. 2-40 es la oscilación misma. El extremo derecho, en el eje largo del óvalo, es el apogeo, que apunta hacia el centro de la galaxia. La mitad inferior del óvalo muestra cuando el planeta se está *acercando* al centro de la galaxia, y la mitad superior muestra cuando el planeta ha dado la vuelta y se está *alejando* del centro. Este movimiento de alejarse del centro de la galaxia también es conocido como *a favor del viento galáctico*. Los escritos sánscritos hablan de que los seres antiguos, –que de alguna forma sabían sobre la precesión–, dicen que no es en los extremos más alejados de este óvalo donde suceden grandes cambios, sino poco después de pasados estos puntos extremos, –en los puntos indicados por los dos óvalos pequeños en A y en C–. Grandes cambios tienen lugar en esos dos puntos. Existen otros dos puntos colocados a mitad de camino entre los óvalos pequeños, mostrados en B y en D, que también son lugares muy importantes, aunque el cambio no es tan probable como en A y en C.

Fig. 2-38. Envoltura térmica galáctica.

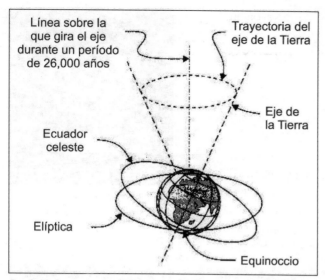

Fig. 2-39. La precesión de los equinoccios (el punto en el que el ecuador celeste de la Tierra atraviesa su elíptica) se debe a la rotación lenta del eje de la Tierra alrededor de una perpendicular con la elíptica.

Ahora mismo, en los noventa, estamos posicionados en A, el óvalo inferior más pequeño, lo que indica que éste es un tiempo de cambio tremendo.

De acuerdo con los escritos antiguos, cuando alcanzamos el óvalo pequeño superior en C [fig. 2-41], alejándonos del centro de la galaxia, comenzamos a dormirnos, seguimos perdiendo conciencia y cayendo a través de los niveles dimensionales, hasta que llegamos al lugar donde está el pequeño óvalo inferior, que es cuando comenzamos a despertar y empezamos a subir a través de los niveles dimensionales. Despertamos en etapas definidas, hasta que llegamos nuevamente al óvalo superior, y volvemos a quedarnos dormidos. Pero no es un patrón cerrado, porque nos estamos moviendo a través del espacio. Es un patrón helicoidal abierto, como un resorte, no un ciclo repetitivo dentro de un círculo. Debido a esto, cada vuelta nos dormimos un poco menos que la vez anterior y despertamos un poquito más. Ocurre un ciclo similar todos los días en la Tierra. Si ves a la Tierra desde el espacio, la mitad está oscura y la mitad iluminada en cualquier momento, y las personas en el lado oscuro están bastante dormidas y las personas en el lado luminoso están muy despiertas. Aunque tenemos día y noche, no repetimos las mismas cosas una y otra vez, sino que, con un poco de suerte, despertamos y nos volvemos más conscientes cada día. Aunque nos dormimos y despertamos, seguimos avanzando cada vez más. Esta precesión de los equinoccios es exactamente lo mismo, sólo que es un ciclo más largo.

Yugas

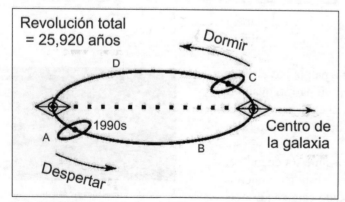

Fig. 2-40. Viaje a través del período de tiempo marcado por el ciclo de la precesión de los equinoccios. El óvalo grande es el camino del eje de la Tierra.

Los tibetanos y los hindúes llaman yugas a estos períodos particulares, que son simplemente eras. Cada yuga tiene tanto una fase descendente como una ascendente, entonces si usas el sistema hindú, era alrededor del óvalo superior en C es llamada la yuga *satya* descendente. Después viene la yuga *treta* descendente, la yuga *dwapara* y la yuga *kali* en el otro extremo. En la yuga *kali* tienes tanto descendente como ascendente. Después entras a la *dwapara* ascendente y así sucesivamente. Estamos ahora en la yuga *dwapara* ascendente. Salimos de la yuga *kali* hace como 900 años y *ahora mismo* es cuando se predijo que sucederían cosas asombrosas. El mundo está redescubriendo ahora por sí mismo, que éstos son períodos de cambios enormes en la Tierra.

Este diagrama [fig. 2-42] fue hecho por Sri Yuktes-war, el gurú de Yogananda. Lo hizo a finales del siglo XIX. Aunque no conocía el verdadero tiempo de duración de la precesión de los equinoccios, lo estableció en 24,000 años. Se aproxima bastante, porque la mayoría de los hindúes no tenían idea de lo que estaban haciendo cuando trabajaban con las yugas (no es mi intención menospreciarlos, pero no lo sabían). Verás, cuando estábamos pasando a través de la yuga kali, estábamos en los tiempos más oscuros y más dormidos. La mayoría de los libros de los últimos 2,000 años fueron escritos por personas que estaban dormidas, relativamente hablando, y que estaban tratando de interpretar libros escritos por personas que estaban mucho más despiertas. No comprendían lo que decían los libros antiguos. Así que, con cualquier libro escrito en los últimos 2,000 años, tienen que ser un poco cuidadosos debido al momento en que fueron escritos. Muchos estudiosos hindúes estaban estableciendo la precesión de los equinoccios en cientos de miles de años y algunos dijeron que una yuga dura alrededor de 150,000 años. Estaban equivocados y sencillamente no comprendían.

Yukteswar sabía más, pero tampoco estaba del todo en lo correcto. Lo que hizo en este diagrama fue poner las diferentes yugas alrededor del borde externo y dentro colocó los 12 signos del zodiaco, mostrando así qué yugas se corresponden con cada signo. Cuando hizo esta carta estábamos en Virgo, en el cuadrante inferior izquierdo. En este momento estamos entre Virgo y Leo. Dependiendo con qué astrólogo hablen, estamos cerca del tercer ojo de la virgen y estamos pasando hacia Leo –eso es físicamente–. Esto significa que el planeta está físicamente entre Virgo y Leo. Pero si miran 180° a través del cielo, ven al *cielo* moviéndose de Piscis a Acuario. En este momento estamos justo en la línea entre Piscis y Acuario, a punto de entrar en la era de Acuario. Pero físicamente es un punto de vista totalmente diferente. Necesitas comprender eso, porque cuando observamos los trabajos en Egipto, algunos de sus escritos no tienen sentido si no conocemos esta perspectiva.

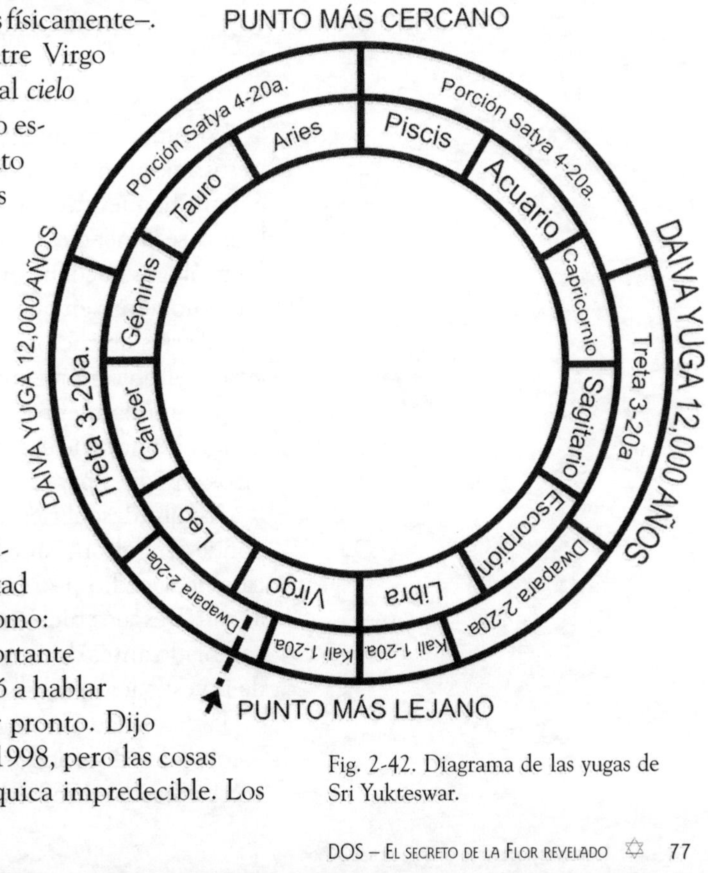

Panorama actual sobre el cambio de polos

En los años treinta, Edgar Cayce estaba canalizando respuestas para un geólogo cuando, en la mitad de una pregunta, Cayce se detuvo y dijo algo como: "¿Sabes?, está sucediendo algo un poco más importante en la Tierra que tal vez deberías saber", y comenzó a hablar sobre cómo los polos de la Tierra van a cambiar pronto. Dijo que el año en que ocurriría sería en invierno de 1998, pero las cosas han cambiado desde entonces en una forma psíquica impredecible. Los

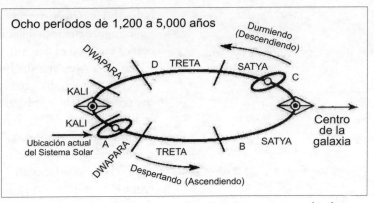

Fig. 2-41. Las cuatro yugas hindúes, ascendente y descendente.

Fig. 2-42. Diagrama de las yugas de Sri Yukteswar.

polos todavía pueden cambiar, pero también, pueden hacerlo en una forma ligeramente distinta a la que predijo Cayce. Tenemos libre albedrío y podemos cambiar el destino del mundo a través de nuestro ser simplemente.

Edgar Cayce fue un humano extraordinario. Era un hombre al que la gente escuchaba cuando hablaba. La declaración de Cayce de que los polos iban a cambiar en un futuro cercano, era casi increíble para la mayor parte del mundo. Pero debido a que fue Edgar Cayce el que predijo este "escandaloso" suceso, los científicos y otras personas interesadas comenzaron a estudiar la posibilidad. Los geólogos no creían en sus declaraciones, porque pensaron que probablemente había millones o cientos de millones de años entre un cambio de polo y otro, que este tipo de cambio tomaba mucho tiempo. Pero debido a la predicción de Cayce, ciertos científicos comenzaron a investigar de todas formas. Surgió una cadena de importantes pruebas evidentes, que dotó de un peso tremendo a lo que estaba diciendo Cayce y ahora, los científicos, han cambiado la visión del mundo sobre este tema. Los científicos sospecharon que si había un cambio en los polos físicos, entonces también habría un cambio en los polos *magnéticos*. Una de las formas en las que decidieron estudiar esta posibilidad fue examinando los lechos o depósitos de lava antiguos del mundo. Esto comenzó a ocurrir, según creo, en los cincuenta o principios de los sesenta. Querían estudiar los lechos de lava porque (1) creían que habría una acción volcánica tremenda si sucedía dicho cambio y (2) la lava tiene una característica que puede verificar y datar cambios previos en los polos magnéticos.

Amontonamientos de hierro y muestras del núcleo

Los amontonamientos de hierro se encuentran en la mayoría de la lava y esos amontonamientos tienen un punto de fusión distinto que la lava. Los amontonamientos se endurecen mientras la lava sigue fluyendo y, al ser de hierro, se alinean con los polos magnéticos. Por medio de esta observación, los geólogos pueden ver exactamente dónde estaban los polos magnéticos en el momento en que se endureció la lava. Necesitaban obtener muestras sólo de tres ubicaciones para poder triangular y saber exactamente dónde estaba el polo norte magnético en el momento en que se endurecieron los amontonamientos. Después, por supuesto, podían fecharlo mediante radiocarbono, que era lo mejor que podían hacer por aquellos días. Había otros enfoques para este problema, que revisaremos en un momento.

Así que descubrieron un polo norte magnético anterior, que no estaba donde está ahora, sino a gran distancia, centrado en Hawai. Ese último cambio sucedió justo en el óvalo superior –hace poco menos de 13,000 años–. Después hicieron otra prueba y encontraron que los polos habían cambiado antes de eso en el óvalo inferior. Esto abrió toda un área nueva de investigación sobre el magnetismo de la Tierra.

La Sociedad Geológica de América publicó un resumen de hallazgos recopilados del fondo del océano, muestras del núcleo (*Geología 11:9*, septiembre de 1983). Las muestras tenían 15 centímetros de diámetro y 3.35 metros de largo y los investigadores analizaron el sedimento. Descubrieron que algunas veces los polos simplemen-te se invierten. El norte se convierte en el sur y el sur en el norte. Ésta fue otra cosa de la que habló Edgar Cayce que a la gente le costó creer. Pero cuando anali-zaron estas muestras del núcleo, encontraron que era verdad.

Volviendo a cientos de millones de años atrás, descubrieron un ciclo donde el polo norte magnético permanecía en su lugar durante mucho tiempo, después en un solo día, en menos de 24 horas, el norte magnético cambiaba al sur. Permanecía así durante mucho tiempo, después volvía a cambiar. Pero hacia el final de esos ciclos largos, había períodos más cortos donde los polos se invertían nuevamente. Esta vuelta sucedía de vez en cuando. Conforme nos acercamos a los tiempos actuales, las vueltas están sucediendo a intervalos más cortos, de norte a sur, sur a norte y al mismo tiempo se están moviendo a nuevas ubicaciones. Esto ha sucedido cientos de veces durante los últimos cientos de miles de años. Se empieza a comprender un punto de vista totalmente nuevo del magnetismo de la Tierra: *el geomagnetismo.* Desde el espacio, ¿no parecería esto como un pulso?

Detonadores del cambio de polos

Hasta ahora ha habido mucha gente intentando descubrir qué podría causar un cambio de polos. ¿Cuáles son las dinámicas? ¿Cuál es el detonador que lo provoca? Hay un libro escrito por John White, –quien es también defensor de Edgar Cayce–, que ha compilado casi toda la información que hay en el mundo sobre este tema, aunque no menciona, según creo, la información particular sobre el último cambio magnético ubicado en Hawai. Su libro se titula *Pole Shift* (*Cambio de polo*), por supuesto. Es un libro muy científico e interesante. Si lo lees, tendrás una excelente comprensión sobre este tema, que es vasto y asombroso.

Existen dos teorías principales en este momento sobre lo que podría ser un detonador de causar que se movieran los polos. Una de ellas es obvia y la otra es más sutil. La obvia es la teoría Brown, que debe su nombre a Hugh Auchincloss Brown, quien concibió esta idea. Su teoría es que por alguna razón el polo sur comienza a descentrarse (que es exactamente lo que está sucediendo ahora), luego el descentrado aumenta rápidamente hasta el final de ciclo (que también es exactamente lo que está pasando ahora), hasta que un día se libera de la fuerza centrífuga de la rotación de la Tierra. Es como cualquier objeto giratorio: cuando algo está fuera de centro tira de todo el objeto descentrado y lo fuerza a encontrar un nuevo equilibrio. Si el peso del hielo sigue aumentando cada vez más, al final pasará algo. La Tierra no puede seguir girando en la misma posición rotatoria. Encontrará un nuevo polo que esté centrado, aunque hay algunos científicos que creen que la masa de hielo del polo sur no es suficiente para detonar un cambio de polo.

De hecho, el hielo en el polo sur en algunos lugares tiene cerca de cinco kilómetros de profundidad y se ha incrementado con rapidez durante los últimos 20 años, más rápido de lo esperado, probablemente debido al efecto invernadero. Ahora existen tres volcanes enormes debajo del casquete, que se pueden ver desde nuestros satélites. Están derritiendo la parte inferior del casquete y están fluyendo grandes ríos por debajo en este mismo momento. Quizá este hecho no lo han tenido en cuenta en la ecuación de los científicos dudosos. Si ese casquete, que es el doble del tamaño de los Estados Unidos, se liberara, se ha calculado que se movería hacia el ecuador a 2,730 kilómetros por hora para encontrar el equilibrio, de acuerdo con John White. Esto causaría obviamente algunos problemas aquí y allá. La teoría de Brown parece estar ocurriendo, pero no es una certeza.

Sin embargo, alguien ha propuesto otra teoría, una que incluso Albert Einstein consideró seriamente, una que tiene una posible respuesta a las ecuaciones que los científicos incrédulos han usado. Su nombre es Charles Hap-good. Tanto él como otros científicos que trabajaron a su lado, descubrieron al menos dos capas de roca inusual debajo de la corteza terrestre, que se licúa bajo ciertas condiciones. Otros científicos lo han demostrado en laboratorio, ponen el mismo tipo de roca dentro de una Tierra en miniatura y reproducen las condiciones del interior de la Tierra. De este experimento, encontraron que la superficie o corteza de la Tierra puede deslizarse sobre la masa principal, mientras que el planeta continúa su rotación como si nada hubiera sucedido. Es un hecho. Puede suceder, pero por supuesto no sabemos si esto sucederá de verdad en tiempo real. No saben específicamente sobre cómo funcionaría esto –como cuál sería el detonador que podría causar este deslizamien-to–. Charles Hapgood escribió dos libros: *Earth's Shifting Crust* y *The Path of the Pole* (*La corteza cambiante de la Tierra* y *El camino del polo*) que probablemente cambien por completo nuestra visión del mundo en algún momento.

Albert Einstein escribió el prólogo del primer libro de Charles Hapgood, *Earth's Shifting Crust*. Siento que es lo suficientemente importante para reproducirlo aquí directamente: "Recibo frecuentemente comunicaciones de algunas personas que desean consultarme en relación a sus ideas inéditas. Está por demás decir que esas ideas rara vez poseen validez científica. Sin embargo, la primera comunicación que recibí del señor Hapgood me electrizó. Su idea es original, de gran simplicidad y si continúa probándose a sí misma, de gran importancia para todo lo que está relacionado con la historia de la superficie de la Tierra. El autor no se ha limitado a la simple presentación de esta idea. También ha expuesto, cautelosa y comprensivamente, el material tan extraordinario que soporta su teoría de desplazamiento. Yo creo que esta idea sorprendente, incluso fascinante, merece la atención seria de cualquiera que se preocupe con la teoría del desarrollo de la Tierra".

Es un hecho que Albert Einstein fue uno de los humanos más brillantes que ha vivido, pero pocos geólogos, incluso ahora, creen en una teoría tan extravagante. Sólo en tiempos más recientes se ha comenzado a acumular prueba de que dichas cosas pueden ser verdad. El mismo mundo científico no creyó al señor Einstein, cuando dijo cuánta energía estaba contenida en una pequeña cantidad de materia.

Mi creencia es que el detonador del cambio de polo está conectado con el geomagnetismo de la Tierra. Llevaría mucho tiempo explicarlo y no estoy preparado para hacerlo aquí en este momento. Lo que se sabe, es que durante los últimos 500 años, el campo magnético de la Tierra se ha estado debilitando continuamente y en los últimos años ha estado haciendo cosas de los más extrañas. De acuerdo con Gregg Braden en *Awakening to the Zero Point: The Collective Initiation* (*Despertando al punto cero: la iniciación colectiva*), el campo magnético de la Tierra comenzó a debilitarse hace 2,000 años. Después, alrededor de hace 500 años, el debilitamiento empezó a acelerarse realmente (¿podrían ser 520 años? Esto encajaría con el calendario maya, que predecía un gran cambio en ese momento). En tiempos recientes el campo magnético está sufriendo cambios inauditos.

Fig. 2-43. Flujo magnético alrededor de la Tierra.

Cambios del flujo magnético

Las líneas imaginarias del flujo magnético [fig. 2-43] que se ven salir como un tubo Toro alrededor de la Tierra *no es* lo que los geólogos han encontrado. La realidad es que las líneas magnéticas se ven como patrones rectos entretejidos [fig. 2-44]. Están fijos pero no son exactos en ese tipo de forma idealizada.

Hay ciertas áreas donde son más fuertes y otras donde son más débiles. Estas líneas normalmente no se mueven, pero debido a que el campo se está haciendo tan débil, están comenzando a moverse y a cambiar. Las aves, los animales, los peces, los delfines, las ballenas y otras criaturas, usan estas líneas magnéticas para sus patrones migratorios. Así que si cambian las líneas magnéticas, sus patrones migratorios se desvían, que es lo que estamos viendo por todo el mundo en estos momentos. Las aves están volando hacia lugares donde no se supone que deban estar y las ballenas están encallando en la Tierra, donde se supone que debería de haber agua, en lo que a ellas concierne. Están siguiendo simplemente la línea magnética que han seguido durante siglos y están llegando a lugares en Tierra que no estaban antes en esa línea.

Cuando esos campos magnéticos pasen a través del punto cero y cambien completamente —lo que pueden hacer muy pronto— tendremos otro tema de que hablar, sobre lo que suceda entonces. Verás, nosotros creemos que su misma memoria está vinculada con esos campos. No puedes recordar nada sin esos campos magnéticos. Incluso, tu cuerpo emocional está muy ligado a los campos magnéticos y si cambian, afectan radicalmente a su cuerpo emocional. Es fácil comprender que la Luna afecta las mareas del mundo por medio de la fuerza de gravedad. También sabemos que los campos magnéticos de la Tierra son ligeramente afectados por las fases de la Luna. Cuando la Luna está llena y pasa sobre nosotros, tenemos una ligera protuberancia y un cambio en el campo magnético de la Tierra. Sólo observa lo que sucede en las grandes ciudades durante la Luna llena. El día anterior, el mismo día y el día después a la Luna llena, tenemos más violaciones, asesinatos y rarezas de esta naturaleza, de lo que tenemos el resto del mes entero. Se puede verificar en los registros de la policía de cualquier ciudad. ¿Por qué? Porque estos campos afectan especialmente a

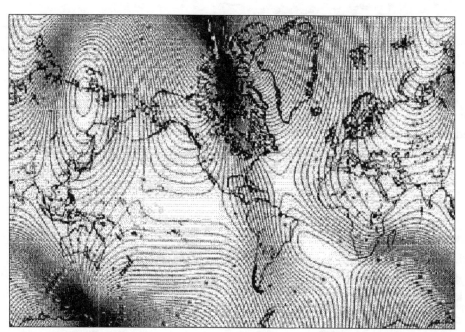

Fig. 2-44. Ejemplo del modelo complejo del campo magnético principal de la Tierra, generado por la USGS en 1995.

las personas que están justo al borde de la inestabilidad emocional, que apenas pueden arreglárselas durante tiempos normales. Están justo al borde, entonces la Luna llega y mueve el campo magnético sólo un poquito y la persona experimenta una caída emocional y hace cosas que normalmente no haría.

Entonces imagínate lo que pasaría si el campo geomagnético de la Tierra comenzara a desestabilizarse. Escuché en octubre de 1993, de alguien involucrado en la aviación, que en las dos últimas semanas de septiembre, muchas pistas de aterrizaje importantes tuvieron que recalibrar sus sistemas de guía, porque los campos magnéticos hicieron un cambio unilateral sobre el planeta. Esto parece que fue temporal, pues duró sólo dos semanas. Durante aquel tiempo quizá puedas recordar increíbles arranques emocionales en ti o en la gente a tu alrededor. En mi vida cotidiana hablo por teléfono con personas de todo el mundo. La gente estaba alucinando en todas partes. Por esto sospecho que quizá lo que escuché pueda ser cierto de veras. Si esto *es* verdad, entonces estamos empezando a ir casi seguro hacia la siguiente fase de este trabajo.

Estos fallos en el campo magnético de la Tierra comenzarán a acercarse más y más entre sí, hasta que haya un colapso total del campo y un cambio de polos. Éste es uno de los signos de los mismísimos tiempos finales.

No hay razón para caer en el miedo por nada de esto. Aunque lo que está pasando es inusual, todos hemos pasado por este tipo de cosas muchas veces antes. Esto no es inusual para ti, aunque la mayoría apenas se acuerde de ello. Cuando realmente comiences a pasar a través del cambio dimensional y lo sientas, dirás: "Oh sí, recuerdo esto ahora. Aquí estamos, pasando por este nacimiento nuevamente". Por lo que no es gran cosa, aunque lo sea.

Llegaste de otro lado cuando naciste como bebé, ¿cierto? Viniste desde otra dimensión y pasaste a través de un vacío y saliste a través del útero a la Tierra. Ya has recorrido este camino antes y estamos por hacer algo muy similar, aunque esta vez sea algo verdaderamente poco común. No hay razón para temer cuando lo sepas todo y recuerdes quién eres. De hecho, lo que está ocurriendo es muy positivo. Es muy hermoso.

Niveles de conciencia armónicos y disarmónicos

La literatura sánscrita dice que cuando nos aproximamos al óvalo inferior en A [fig. 2-40] en la precesión, nos hacemos conscientes de las energías eléctricas. Podemos volar en el cielo. Podemos hacer muchas cosas inusuales. El mundo se vuelve en extremo inestable y en *un solo día* nos deshacemos de la vieja forma de ver el mundo y hacemos una inmensa transformación de conciencia. Pero conforme según nos acercamos a esta transformación, dado el nivel particular de conciencia que tenemos, tendemos a destruir todo lo que tocamos. Es una parte natural de quienes somos. No estamos haciendo nada mal; simplemente somos así. Lo estamos haciendo perfectamente bien. Destruimos todo, hacemos que todo vaya hacia la inarmonía. Lo comentaré después, pero creo que sería apropiado decirles esto ahora: en la Tierra, de acuerdo con Thot, existen cinco pasos o niveles de vida por los que cada humano va a pasar. Cuando alcancemos el quinto nivel, haremos una transformación que trascenderá la vida misma conocida. Ese es el patrón normal. Cada uno de esos niveles de conciencia, tiene muchos aspectos que son diferentes a los otros niveles. Primero, tienen distintos niveles de cromosomas. El primer nivel de conciencia humana tiene 42 + 2 cromosomas; el segundo nivel tiene 44 + 2 cromosomas; el tercero tiene 46 + 2; el cuarto 48 + 2; y finalmente 50 + 2. Cada nivel de la conciencia humana tiene una altura corporal distinta asociada con él (esto puede sonar un poco raro si no lo habías oído antes).

El primer nivel de 42 + 2 tiene un rango de altura más o menos entre 1.20 y quizá 1.80 metros. Las personas que caen dentro de esa categoría específicamente son los aborígenes en Australia y creo que ciertas tribus en África y Sudamérica.

El segundo nivel de conciencia tiene 44 + 2 cromosomas y esos somos nosotros. Nuestra banda de altura es de 1.50 a 2.10 metros. Somos un poquito más altos que el primer grupo. La altura del tercer nivel aumenta considerablemente. El nivel de 46 + 2 cromosomas interrumpe la realidad, a través de lo que podrían llamar Unidad o Conciencia Crística. El rango de altura es de unos tres a cinco metros.

Existe otro rango para el cuarto nivel de conciencia de 48 + 2 que tiene una altura de unos nueve a 10 metros. La banda final, el humano perfecto, está entre 15 y 18 metros de altura. Tienen 52 cromosomas. Sospecho que la razón por la que existen 52 cartas en una baraja, está relacionado con esos 52 cromosomas del potencial del hombre. Para aquellos que son hebreos, pueden recordar que Metatrón, el hombre perfecto —aquel en el que nos convertiremos— era azul y medía 17 metros de altura (hablaremos de esto otra vez cuando entremos al tema de Egipto). Existen estados entre los niveles de conciencia, como el síndrome de Down, por ejemplo. El síndrome de Down ocurre cuando una persona hace la transición desde este segundo nivel de conciencia, en el que estamos, hacia el tercer nivel, pero no lo consigue del todo. La persona no consiguió todas las instrucciones correctas, y donde casi siempre falla es en el aspecto instruccional de cerebro izquierdo de los cromosomas. Una persona con síndrome de Down tiene 45 + 2 cromosomas —obtuvo uno de ellos, pero no el otro—. Él o ella obtuvieron el emocional —el del corazón– correctamente. Si conoces a cualquier niño con síndrome de Down ellos son puro amor, pero no comprendes cómo hacer la transición hacia el tercer nivel de conciencia humana. Todavía están aprendiendo.

El segundo y cuarto niveles de conciencia son disarmónicos y el primero, tercero y quinto niveles son armónicos. Lo comprenderán cuando lo veas en las geometrías. Cuando observas la conciencia humana desde un punto de vista geométrico, puedes ver los niveles armónicos y puedes ver que los niveles disarmónicos simplemente están fuera de equilibrio. Ahí es donde estamos ahora: fuera de equilibrio. Estos niveles disarmónicos son absolutamente necesarios. No puedes ir del nivel uno al nivel tres sin pasar a través del dos. Pero el dos es conciencia totalmente disarmónica. ¿No es el caos lo que trae el cambio?

Cuando una conciencia llega al segundo o cuarto nivel, sabe que sólo puede estar allí durante poco tiempo. Estos niveles son usados como escalones, como una roca en medio de un río, sobre la que saltas y sales tan pronto como puedes para llegar al otro lado. No te quedes allí, porque si lo haces, te caes. Si te quedas aquí en la Tierra incluso sólo un poquito más, destruirías a nuestro planeta. Lo destruirías por el mero hecho de ser quien eres. Aunque eres un paso sagrado y necesario en la evolución. Eres un puente hacia otro mundo. Estás viviendo este puente sólo con estar vivo en este momento tan increíble.

TRES

El lado oscuro de nuestro presente y pasado

Estamos a punto de entrar en temas negativos por un rato. Podrías decir: "Va a tratar estos temas que producen miedo, justo después de habernos dicho que no temiéramos". Pero deseo que observemos todas las facetas, –tanto positivas como negativas–, de la vida aquí en el planeta Tierra. No quiero mirar a las positivas sólo. Deseo que vean la imagen completa. Cuando observes toda la imagen, tanto lo bueno como lo malo, verás que el caos es sólo parte de la verdad y parte del nacimiento. En este momento está ocurriendo un cambio fenomenal en la conciencia humana, aunque si lees un pequeño fragmento de lo que está sucediendo, o si observas al mundo y ves todas las guerras, hambrunas y basura emocional humana que están llenando nuestros periódicos, el futuro no pinta bien. Pero cuando captes la imagen completa de la vida, verás que más allá de todo lo negativo, existe algo mucho más grande, vasto, sagrado y divino, en este momento de la historia. Se vuelve claro: ¡la vida es íntegra, completa y perfecta ahora!

Nuestra Tierra en peligro

Sin embargo, los científicos más conservadores del mundo que he podido encontrar, no le dan a nuestro planeta más de 50 años, ¡50! Los científicos más conservadores del planeta dicen que no habrá vida, o al menos no en este planeta, dentro de 50 años, si continuamos así. Muchos científicos nos dan sólo tres años más; al-gunos nos dan 10. La mayoría no nos da más de 15 años. Depende a quién lean. Incluso si fueran cientos o miles de años, ¿sería esto aceptable?

No estarías escuchando nada de esta información ahora, si no fuera por ciertos cambios que han ocurrido en nuestro gobierno en los últimos ocho años y que han *permitido* que se presente esta información. Aunque no les están permitiendo saberlo todo, ha habido un cambio en los poderes y están empezando a cooperar con la vida. Simplemente no pueden dar a conocer la situación en toda su envergadura, porque creen que la mayor parte del mundo renunciaría a sus trabajos y diría "al diablo con todo", llevando al completo caos. En lugar de renunciar, ¿no es éste el momento de centrarnos? La conciencia humana es poderosa. Sabremos qué hacer. Somos más de lo que el mundo ordinario sabe. ¿Lo recuerdas?

Bueno, ahora hablemos del lado oscuro. Ésta es una publicación de la revista *Time* del 2 de enero de 1989 [fig. 3-1]. En 1988 el gobierno secreto del mundo decidió permitirnos conocer algo de lo que estaba pasando con

En 1992 las naciones del mundo se reunieron en la Cumbre Mundial en Río de Janeiro, para discutir los problemas ambientales de la Tierra. Se convocó a la reunión más grande de jefes de Estado en la historia del mundo, debido al peligro de perder a nuestro planeta. La mayor parte del mundo asistió, pero los Estados Unidos, el mayor contaminador del mundo, ni siquiera quiso participar. Era obvio que la administración política sentía que el dinero, los trabajos y la economía eran más importantes que la supervivencia de la Tierra.

Cinco meses después, el 18 de noviembre de 1992, se dio a conocer un documento titulado "La advertencia de los científicos del mundo a la humanidad". Más de 1,600 científicos titulares de 71 países, incluyendo a más de la mitad de los ganadores vivos del Premio Nobel, firmaron este documento. Era la advertencia más alarmante que el mundo haya recibido de semejante cuerpo de investigadores.

Fig. 3-1. Permitiendo que se conozca la verdad.

Podrías pensar que este documento tendría gran credibilidad y que el mundo escucharía con atención.

Comenzaba: "Los seres humanos y el mundo natural están en un curso de colisión. Las actividades humanas infligen un daño severo y generalmente irreversible sobre el ambiente y los recursos vitales. Si no se revisa, muchas de nuestras prácticas actuales ponen en serio riesgo el futuro que deseamos para la sociedad humana y los reinos vegetal y animal y pueden alterar tanto al mundo vivo, que será incapaz de sostener la vida en la forma que la conocemos. Son urgentes los cambios fundamentales, si queremos evitar la colisión que provocará nuestro curso actual".

El documento de advertencia comenzó entonces a listar las crisis: agua contaminada, océanos, suelo, atmósfera, disminución de especies vegetales y animales y la sobrepoblación humana (más de la mitad de la vida en este planeta está ahora extinta y continuará muriendo). Las

nuestros problemas ambientales. Ésta fue la primera publicación importante en el mundo sobre el tema. La revista *Time* declaró a la Tierra como "el planeta del año". En lugar de que lo protagonizara un hombre o una mujer del año, rompieron su tradición. Toda la revista estuvo dedicada a nuestra Tierra en peligro y sus problemas. Si leyeras los problemas como fueron presentados en 1989 y después leyeras los problemas como son presentados en los artículos de hoy, te darías cuenta que lo que nos dieron en 1989 era una versión de la verdad ultradiluida. Ni siquiera estaban cerca. Pero al menos fue un inicio para que nuestro mundo viera la verdad sobre lo que le hemos hecho a la Madre Tierra.

Vamos a discutir nada más cuatro o cinco problemas diferentes que tiene la Tierra, aunque existan múltiples escenarios distintos. Si *cualquiera* de estos escenarios se derrumbara, toda la vida en el planeta moriría. En este momento *todos* están a punto de derrumbarse, sólo es cuestión de cuál se desmoronará primero. Cuando alguno de los sistemas caiga, entonces todo el resto de ellos se desplomará y eso sería todo, no había ninguna vida humana más. Se acabaría y terminaríamos justo igual que Marte o los dinosaurios.

Hace algunos años, alrededor del cambio de este siglo, había 30 millones de especies o formas de vida en la Tierra, 30 millones *diferentes* de especies de vida. En 1993 había cerca de 15 millones. Tomó billones de años crear esas formas de vida y en menos de un parpadeo, en sólo 100 años, está muerta la mitad de la vida en esta querida Tierra. Se están extinguiendo alrededor de 30 especies por minuto en algún lado. Si observaran a este planeta desde el espacio, parecería que está muriendo bastante rápido. Pero nosotros seguimos como si nada estuviera pasando y todo estuviera sensacional. Estamos metiendo dinero al banco y conduciendo nuestros coches y seguimos bailando. Pero desde un punto de vista honesto, tenemos un problema de vida o muerte ocurriendo aquí en la Tierra y muy poca gente parece tomarse esto realmente en serio.

Cuando intentaron que todo el mundo se uniera en Río a principios de los noventa para discutir el problema ambiental mundial, nuestro presidente ni siquiera quiso ir. ¿Por qué? Porque los problemas son tan serios que si quisiéramos solucionarlos, habría otro problema que sería todavía más serio, desde el punto de vista del presidente: nos hundiríamos en un colapso financiero mundial, después del cual una gran parte de la población de la Tierra, moriría de hambre y otros problemas. En esencia, no podemos costear reparar el medio ambiente. En la otra cara de la moneda, ¿podemos costear no hacerlo?

Océanos moribundos

En el número del 1 de agosto de 1998 [fig. 3-2], la revista *Time* enfocó su atención en los océanos y lo que estaba pasando allí. Jacques Cousteau escribió un libro sobre esto alrededor de 1978. Él era una persona muy respetada, pero cuando lo dio a conocer perdió credibilidad en los círculos científicos, porque hizo una declaración que nadie podía creer. Fundamentó sus declaraciones en la pura ciencia, pero las personas simplemente no podían, o no querían aceptar la verdad. Específicamente dijo que el mar Mediterráneo sería un cuerpo muerto de agua para finales de 1990 y que el océano Atlántico también estaría muerto para el cambio de siglo. La gente pensó: "Este tipo está loco. Eso nunca va a suceder".

Bueno, está pasando. El mar Mediterráneo está muerto en un 95% más o menos. No es el 100%, así que no estaba del todo en lo cierto. Sin embargo, todavía puede ser un mar muerto si las personas continúan viviendo en la forma que lo hacen. El océano Atlántico está haciendo lo mismo rápidamente. Tal vez no suceda en el año 2000, pero sucederá poco después. A menos que algo cambie notablemente, morirá: no más peces, ni delfines, ni vida en el Atlántico.

No podemos vivir sin océanos. La base de la cadena alimenticia, el plancton, desaparecerá y si se va, nosotros nos vamos. Cuando no tomamos esto en serio, es como decir: "Bueno, no necesito en realidad mi corazón". Es un componente principal en el ecosistema de la Tierra y se está yendo rápido. Esto no es debatible, éste es un hecho científico. La única parte debatible es cuándo. *Está sucediendo realmente.* Nadie creyó que sucedería porque simplemente no podían aceptar esta verdad.

La ciudad de Nueva York, por ejemplo, tiene tuberías que se extienden hacia el mar 32 kilómetros y desechan todos los excrementos humanos en los océanos. Pensaron: "Bueno, los océanos se harán cargo de esto". Pero en los últimos 60 años o más, se ha estado acumulando en una inmensa montaña. Ahora hay una montaña de mierda en el océano que se está moviendo hacia la ciudad de Nueva York. Se está moviendo hacia el puerto y no saben qué hacer al respecto. Se requeriría más dinero para arreglarlo del que tiene Nueva York. Éste es el tipo de previsión que hemos demostrado como humanos.

El abono humano que se aproxima a Nueva York es un problema del océano Atlántico. Sin embargo, el problema no está limitado al Atlántico o al Mediterráneo. El océano Pacífico es el cuerpo de agua más grande de la Tierra y quizá lleve más tiempo, pero también está teniendo problemas tremendos, especialmente en ciertas áreas.

La marea roja [fig. 3-3] es el primer signo mortal de la contaminación. Es un alga que destruye todo lo que vive debajo de ella –mata todo–. Esas mareas rojas están comenzando a extenderse por todas partes, en particular alrededor de Japón donde hay demasiada contaminación. Hemos cometido muchos errores por toda la Tierra, porque no tenemos la conciencia para saber cómo vivir en armonía con nuestro propio cuerpo, la Madre Tierra. Éste es como un síntoma de cáncer o alguna otra enfermedad terrible.

Ozono

Aquí hay otro problema. La fig. 3-4 muestra el agujero de ozono sobre el polo sur. El ozono forma una capa delgada como de 1.80 metros de grosor. Es una capa delgada y frágil, una capa viva que se reconstruye constan-

palabras se volvieron severas: "No quedan más que unas pocas décadas antes de que se pierdan las oportunidades de evitar las amenazas que confrontamos y las posibilidades para la humanidad disminuyan enormemente. Nosotros los firmantes, miembros titulares de la comunidad científica mundial, por el presente advertimos a toda la humanidad de lo que está por venir. Se requiere un gran cambio en nuestra administración de la Tierra y de la vida en ella, si se desea evitar una vasta miseria humana y que nuestro hogar global en este planeta no sea irremediablemente mutilado".

Pero la mayoría del mundo rechazó esta declaración, aunque fue creada por uno de los cuerpos científicos más respetados alguna vez reunidos sobre la Tierra. Ustedes podrían pensar que haríamos una pausa y diríamos: "Si esto es verdad, ¿qué podemos hacer? Dejemos todo y hagamos lo que sea necesario". Pero los gobiernos saben que si queremos evitar esta crisis, debemos cambiar la forma en que vivimos y esto no sería políticamente

Fig. 3-2. Divulgando el estado de nuestros mares.

cómodo. Ningún político quiere ser el que presente este cambio impopular. Para los gobiernos, la economía sufriría y quizás se colapsaría si dejáramos de contaminar. Por lo que se ha convertido en una guerra de dinero contra la vida –terrible pero cierto–.

El *New York Times* y el *Washington Post*, dos de nuestros líderes más respetados en información de noticias, rechazaron este documento como carente de interés periodístico. Esto te da una idea de dónde ponemos la importancia sobre nuestro mismísimo planeta (puedes leer acerca de todo esto y mucho más en *The Sacred Balance, Rediscovering Our Place in Nature (El equilibrio sagrado, redescubriendo nuestro lugar en la naturaleza)*, de David Suzuki.

Piensa por un momento: este documento de advertencia nos da "una década o un poco más" para evitar esta crisis, y fue escrito siete años atrás. Esta Tierra tiene billones de años. Le ha tomado millones de años a la humanidad alcanzar este nivel de conciencia, pero en sólo 10 ó 30 años, un pestañeo geológico, si no actuamos en una forma positiva, podemos quedar "irreversiblemente mutilados". La palabra "extintos" fue evitada, pero todos sabemos que es una posibilidad.

temente. Sabemos muy poco sobre esto, aunque sabemos más de lo que nos gustaría, si no fuera por la luz UVC (luz ultravioleta, banda C) que está pasando justo ahora a través de los agujeros. Cuando comenzaron a detectar enormes cantidades de UVC, sobre todo como se muestran aquí, llegando hacia el polo sur, no podían comprender cómo podía haber tanta, porque sus computadoras no lo mostraban. Entonces encontraron que sus programas de *software* estaban programados de tal forma que no contemplaban este tipo de cosas. Después de reprogramar este *software*, encontraron que el agujero en realidad estaba allí. Esto fue hace algunos años.

Lo que ellos estaban buscando realmente era el monóxido de cloro, la molécula que se muestra en el extremo derecho de la fig. 3-5. Descubrieron que la causa del agujero de ozono es por varios compuestos químicos, algunos son los CFC [NT: los CFC son los clorofluorocarbonos]. Los CFC reaccionan con el ozono de tal forma, que, cuando el cloro conecta con el ozono, la molécula de ozono se divide, formando entonces oxígeno y monóxido de cloro. Los científicos descubrieron, dada la velocidad con que creían que se estaban moviendo los CFC hacia el ozono, que el monóxido de cloro allá arriba sería unas 30 veces superior a lo normal y estaban muy preocupados por ello. Entonces los gobiernos mundiales intentaron que las compañías que estaban produciendo los CFC –freón y compuestos químicos más que ocasionan este problema– dejaran de producir estos productos y encontraran otras respuestas. En contestación, las compañías dijeron al unísono: "No lo vamos a hacer. Es un fenómeno natural. No tenemos nada que ver con eso".

Así que los gobiernos mundiales tuvieron que probar en los tribunales que las compañías tenían la culpa, y así lo hicieron. Para obtener la prueba que necesitaban, por primera vez en la historia de la Tierra, todos y cada uno de los países en el planeta cooperaron en una misma empresa. Esto nunca había sucedido antes. Fletaron aviones de gran altitud sobre el polo sur durante casi dos años, recolectando información y por fin dieron con algo que *realmente* los asustó. El ingrediente destructivo, el monóxido de cloro, *no era* 30 veces superior a lo normal, estaba más de 500 veces por encima de lo normal y moviéndose más rápido de lo que habían creído.

Este artículo salió en 1992, según creo [fig. 3-6]. Primero dice que la EPA (*NT*: siglas en inglés de Agencia de Protección Ambiental) predice 200,000 muertes por cáncer de piel por el agujero de ozono. Pero arriba, en la columna derecha, tienen una pequeña sección, informan que la EPA dice que las *muertes estimadas* que habían dado originalmente eran incorrectas y que son 21 veces peores que lo que habían estimado. Veintiún veces, eso es muchísimo. No es como decir: "Bueno, es sólo un poquito más".

Esto es lo que ha estado haciendo el gobierno; da pocos datos de información en artículos reducidos que no les dicen mucho. No quieren convertirlo en un problema. Por *ley* tienen que anunciarlo, entonces lo publican en pequeños artículos y después lo dejan ir. Luego suben la apuesta en otro artículo insignificante, como en este artículo aquí, por ejemplo, donde dijeron que el peligro era 21 veces superior a su primera estimación; entonces, dos semanas después el mismo periódico regresa y dice: "Ah, por cierto, hace dos semanas nos quedamos cortos, realmente es el doble de eso". Doble no suena a mucho, –excepto cuando significa que pasó de 21 veces a 42 veces, peor que en su primer informe, que es una cantidad increíble–. Si se hubiera dicho la verdad en primer lugar, hubiera sonado terrible y hubiera creado miedo.

Esto es lo que ha estado sucediendo en todo el mundo durante mucho tiempo. La única forma en que los gobiernos mundiales saben cómo manejar la situación, es dejándola salir poquito a poco, admitiendo más y más. Saben que tienen que decirles la verdad (por razones que aprenderán más tarde), pero tienen miedo de decir que tenemos serios problemas. Sólo dicen: "Bueno, no es tan malo, pero se está poniendo peor", y declaraciones así.

No sólo existe un agujero de ozono en el polo sur, sino que hay uno ahora en el polo norte y el resto del ozono es queso suizo. En 1991 ó 1992 hubo una producción de televisión importante sobre el agujero de ozono. Reunió a todas las personas prestigiosas que estaban involucradas en estudiarlo y discutieron todos los pros y los contras. Entrevistaron a un matrimonio, en particular, que trabajan, –no tengo sus nombres, pero también escribieron un libro sobre este mismo tema hace varios años, prediciendo que ocurriría el agujero de ozono–. Antes de que supiéramos siquiera sobre esto, ellos lo habían estudiado todo, de acuerdo con este programa. El ozono está ahora experimentando cambios exactamente como ellos dijeron que lo haría y en el índice exacto que predijeron.

Esta pareja fue presentada en televisión como experta y el entrevistador dijo: "Bien, ¿qué opinan?". Este entrevistador parecía ingenuo preguntando: "¿Qué vamos a hacer? Ustedes conocen todo sobre esto, entonces ¿qué vamos a hacer con el ozono?". El esposo dijo: "No hay nada que podamos hacer". No creo que les gustara escuchar afirmaciones como ésta en los canales principales. El entrevistador inquirió: "¿Qué quiere decir con que no hay nada que podamos hacer?". Los autores dijeron: "Bueno, suponiendo que podamos lograr que todo el mundo coopere, ¿qué es lo primero que tendría que suceder y no podemos ni siquiera hacerlo *ahora*, ¡más de 15 años después!? Supongamos que logramos que todo el planeta diga: 'Está bien, lo detendremos hoy. No se volverán a usar más ninguno de estos químicos que están destruyendo el ozono'".

El autor dijo: "Supongamos que lo hacemos. Digamos que todo el mundo lo deja de hacer. Esto todavía no resuelve el problema". El entrevistador interrogó: "¿Qué quieren decir? ¿No se curaría esto solo?". El autor respondió: "No, porque el aerosol que usaron ayer se queda en la superficie del suelo y los CFC tardan entre 15 y 20 años alcanzar la capa de ozono. Esta capa que se está elevando lentamente y se está comiendo al ozono, continuará durante 15 ó 20 años, incluso si detenemos todo hoy. Continuará comiéndosela más y más rápido, porque hemos usado más de productos químicos en

Fig. 3.3. Marea roja.

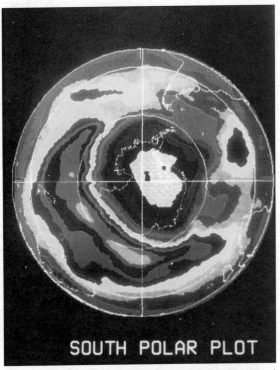

Fig. 3-4. Agujero de ozono sobre el polo sur.

Fig. 3-5. Reacción del ozono en moléculas.

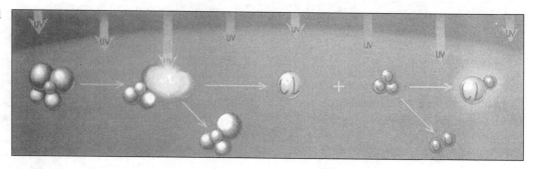

años recientes". Él aseveró: "Ni siquiera habrá una capa de ozono", –creo que dijo en 10 años–. "No veo ninguna solución en absoluto".

Si perdemos nuestro ozono, tendremos grandes problemas. Todos los animales del mundo se quedarían ciegos. No serían capaces de salir durante el día sin un traje espacial, lo que quiero decir es que cada centímetro cuadrado de su cuerpo tendría que estar cubierto con lentes especiales UVC y todo. En poco tiempo la luz UVC, al final, los mataría. Nos estamos aproximando rápidamen-te a eso. Si no lo crees, lee el reportaje del *Wall Street Journal* en enero de 1993.

El periódico estaba informando sobre lo que pasaba en el sur de Chile, que está cerca del agujero de ozono del polo sur. Los animales están empezando a quedarse ciegos. Las personas que viven allí tienen una piel gruesa y oscura y han pasado todas sus vidas a la intemperie, pero ahora se están quemando en el curso de su vida diaria. Se está esparciendo desde Chile hacia el norte y comienza a suceder en todas partes. Debido a este aspecto de queso suizo de toda la capa de ozono, muchos lugares en toda la Tierra se están volviendo inseguros. Nunca se sabe dónde estarán estos agujeros porque se mueven sobre la faz de la Tierra de un año a otro. Este problema del ozono está pasando ahora. Está ocurriendo en este mismo minuto. En pocos años más, tendremos un problema realmente serio.

Ellos (el gobierno) conocían el problema del ozono al menos desde que Reagan fue presidente. Cuando las agencias ambientales le preguntaron: "¿Qué haremos sobre este problema del ozono?". Reagan fue muy poco serio al respecto. Dijo algo como: "Oh sí, sólo repartan impermeables y gafas oscuras para resolver el problema". Así como así. ¿Qué demonios? Estamos hablando de nuestras

Fig. 3-6. Subiendo la apuesta.

propias vidas, nuestra misma existencia y los gobiernos continúan como si esto ni siquiera importara.

El efecto invernadero de la edad de hielo

Durante los primeros siete días de su ca go, el presidente Bush fue abordado por 700 grupos ecologistas, –700 de ellos en unidad y de acuerdo–. Le dijeron a Bush: "Tenemos un problema todavía mayor que el ozono y los océanos, el mayor problema que conocemos es el efecto invernadero. Si no se revisa muy pronto, el efecto invernadero va a destruir al planeta". Ellos estaban de acuerdo con esto y creían que era la verdad. Durante un tiempo Gorbachov y los gobiernos mundiales, estuvieron hablando sobre la forma de poner estaciones espaciales ahí arriba para supervisar el medio ambiente y actuar de manera responsable. Gorbachov fue el optimista que promovió todo el plan Gung Ho [*NT*: serie de reglas para trabajar juntos]. Luego supongo que se rindieron, simplemente lo dejaron, aunque todavía están observándolo todo con mucha atención. Es una situación sumamente desesperanzadora.

La fig. 3-7 es una fotografía de satélite de los océanos, tomada sobre Australia. La mancha negra sobre Australia y Nueva Guinea alcanzó la temperatura más alta del océano en toda la historia registrada en 1992. Era de 30° C en ese punto. Esa es agua oceánica a 30° C. Si esto continúa esparciéndose a lo largo del Ecuador, sucederá exactamente lo que predijo John Hamaker. Si están fami-liarizados con Hamaker y sus teorías, él tiene pruebas fehacientes de que si estas aguas se calientan, sucederá algo muy diferente a calentarse el planeta. Se convertirá en un planeta muy *frío*. El doctor Hamaker predice una era de hielo que descenderá sobre nosotros en muy pocos años.

No entraré totalmente en las dinámicas del llamado efecto invernadero, pero una íntima parte de éste, está vinculada con las rocas, los minerales y los árboles. Un acre promedio de árboles contiene 50,000 toneladas de dióxido de carbono. Cuando los árboles se cortan, se queman o simplemente mueren, todo el dióxido de carbono se libera hacia la atmósfera y cuando la atmósfera contiene cierto nivel de dióxido de carbono, se activa el inicio de una era de hielo. Hamaker encontró pruebas de que fue esto lo que detonó las últimas edades de hielo en este planeta. Él encontró sus

Recuerda que el profesor Einstein no sabía con certeza si en el momento de detonar la primera bomba atómica, la reacción nuclear en cadena se detendría cuando se terminara la muestra original de combustible. Nuestro gobierno sabía que cuando explotara esta primera bomba, podría ser el fin del mundo, toda la vida en cuestión de minutos. ¡Pero lo hicimos de todas formas! ¡Esto es incompetencia espiritual!

Estamos enfrentando otro momento en la historia en donde nuestro gobierno ha decidido arriesgar nuestras vidas otra vez. Cuando se activó el HAARP en la primavera de 1997, no sabían seguro si la atmósfera iba a ser destruida. Todavía no saben cuáles serán los efectos a largo plazo, así como no lo sabían

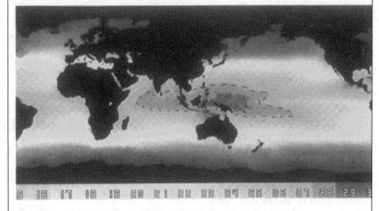

The Heat Is On

A hot spot in the sea could mean global warming is finally here

THE RED BLOTCH ABOVE AUSTRALIA AND NEW GUINEA in this satellite image, released last week, represents the ocean's hottest water, at 30°C (86°F). That's unusually steamy, and it may be partly a result of the global warming that scientists think is on its way. The good news: NASA reports that the ozone hole feared over northern latitudes this spring never showed up, but only because the winter was warmer than usual. A cooler season next year, which is quite possible, and goodbye ozone. ∎

Fig. 3-7. Los océanos más calientes de la historia.

durante la Segunda Guerra Mundial con el Proyecto Manhattan.

¿Qué significa HAARP? Necesitan saberlo. HAARP proviene de High-Frecuency Active Auroral Research Project (Proyecto de Investigación de la Aurora Activa de Alta Frecuencia). Es un arma masiva más poderosa que la bomba atómica. Ellos tenían la intención de transmitir más de 1.7 gigawatts (billones de watts) de poder radiado hacia la ionósfera y hacer hervir de hecho la atmósfera superior, con el fin de crear un espejo y/o una antena artificial, para transmitir enormes cantidades de poder hacia cualquier área específica de la Tierra. Esta energía será usada para manipular el clima mundial, dañar o destruir ecosistemas, dejar fuera de combate nuestra comunicación electrónica y cambiar nuestro humor y estados mentales. Sin mencionar que podría usarse para destruir o manipular la nueva Red Crística alrededor del mundo. Lee Angels Don't Play This HAARP (Los ángeles no juegan este HAARP), de Jeane Manning y el doctor Nick Begich. Aprenderás más.

•

En 1995 y 1996, el gobierno secreto explotó seis bombas atómicas en un área cerca de la isla Morea, parte de las islas tahitianas francesas. Francia, junto con otros países, colocó bombas dentro de un lugar sagrado físico del cuerpo de la Madre Tierra. Si le hubieran hecho esto a tu madre, lo hubieras llamado una violación brutal. Éstas eran bombas de neutrones, que no destruyen estructuras, sino "solamente" destruyen toda la vida en la región.

pruebas principalmente, del estudio de muestras del núcleo tomadas de antiguos lechos de lagos. Las muestras del núcleo revelan, observando simplemente el recuento de polen, que la Tierra durante millones de años tuvo un ciclo de 90,000 años de hielo, seguidos por un período templado de 10,000 años, seguido por 90,000 años de hielo, seguido por 10,000 años templados. Este ciclo particular ha continuado durante mucho tiempo.

Hamaker ha descubierto además –y otras personas lo han verificado– que el período de tiempo necesario para pasar desde una edad cálida hacia una edad de hielo ¡es de sólo 20 años! Las personas que han estado estudiando esto durante mucho tiempo, creen que llevamos ahora 16 ó 17 años dentro de ese período de 20 años, pero por supuesto nadie lo sabe realmente. Dicen que cuando se alcance el final de esos 20 años más o menos, *en un solo día*, menos de 24 horas, todo habrá terminado. Las nubes se extenderán sobre la Tierra, la temperatura promedio caerá a cerca de 50° bajo cero y la mayor parte de las áreas del mundo no verán el Sol otra vez durante 90,000 años. Si estos tipos tienen razón, sólo tenemos unos pocos años más de luz del Sol. Continuará volviéndose más caliente y más caliente y más caliente hasta que llegue ese día, entonces ¡toma! Todo se habrá terminado. No voy a dar todos los detalles del trabajo de Hamaker, pero sugiero que lo investigues si quieres saber sobre el tema. Él tiene pruebas evidentes. Estudia lo que tiene que decir. Su libro se llama *The Survival of Civilization* (*La supervivencia de la civilización*).

De la edad de hielo al calentamiento, un cambio rápido

Los científicos acaban de descubrir otra sorpresa, que tiene a varios de ellos impactados y apenas son capaces de creerlo. Pensaban que cuando se alejaba una edad de hielo, se requerían miles de años para volver al calentamiento. Pero ahora tienen pruebas de que sólo tarda *tres días*, como dice en un artículo escrito en la revista *Time*. Se requieren 20 años para pasar de lo caliente a lo frío y tres días desde lo frío hasta lo caliente. Por lo que el efecto invernadero es un problema importante y serio. Nadie conoce la respuesta, pero lo que asusta es que están intentando instigar suposiciones que no han sido probadas. Están luchando para ver de quién es la mejor respuesta y quién va a hacer qué, pero nadie lo *sabe*. Es como el ozono, tienen alrededor de 15 ideas diferentes sobre qué hacer para arreglar la capa de ozono y quizá nadie pueda mejorarlo, o empeorarlo. Nadie sabe qué harán todas estas cosas, porque nunca antes las hemos aplicado. Parece que estamos deseosos de experimentar con nosotros mismos para descubrir si vamos a lograrlo o no.

Bombas atómicas subterráneas y CFC

Por encima de esto, están ocurriendo todo tipo de problemas. Algunas cosas son tan alarmantes que los gobiernos tienen miedo de decirlas. No dirán sobre una cosa de la que simplemente tengo que hablar, porque es tan importante ¡que alguien tiene que decir algo! Sé que no quieres que hable sobre esto, pero no creo que me detengas.

Estamos encontrando CFC en la atmósfera superior. Ahora, las "autoridades" en el gobierno han estado diciendo que los productos CFC como el freón, flotarán porque son más ligeros que el aire. Pero adivinen qué –y los que tengan un perfil científico pueden revisar esto–: los CFC no son más ligeros que el aire, sino cuatro veces más pesados. Se hunden, ¡no se elevan! ¿Entonces cómo llegaron allá arriba? Deben haber sido las 212 bombas atómicas que nuestros gobiernos han explotado por el mundo. Mucha gente sospecha que así es como todos esos CFC llegaron allí en primer lugar y que no fuimos realmente nosotros los que causamos la mayor parte del problema con nuestros aires acondicionados. Fueron los gobiernos atómicos del mundo.

En algún momento todos fueron al subsuelo con sus bombas, y nosotros pensamos: "Está bien, están bombardeando bajo tierra; nada sucederá ahora". No está bien, amigo. Es probablemente lo más peligroso que está sucediendo ahora en el mundo, incluso más que HAARP [NT: Proyecto de Investigación de la Aurora Activa de Alta Frecuencia] y todavía lo están haciendo. No puedo probar lo que voy a decir a continuación, así que no lo crean hasta que puedas comprobarlo.

Adam Trombly, un famoso científico que ha llevado a cabo un importante trabajo en la ciencia, ha estado supervisando el bombardeo atómico subterráneo alrededor del mundo. Probablemente sabe más sobre esto que cualquier otra persona en el mundo, incluso los gobiernos lo reconocen. Trombly explica lo que sucede cuando esas bombas atómicas estallan bajo tierra. La energía no se queda allí simplemente; tiene que ir a alguna parte, así que sale disparada a través de la Tierra y va rebotando en su interior, desgarrando las placas y provocando increíbles daños mientras sigue rebotando por todos lados como una pelota de ping pong. Este efecto de rebote dentro de la Tierra continúa casi durante 30 días después de la explosión.

Trombly, al igual que Jacques Cousteau y otros, tiene ahora una teoría que predice que sucederán todo tipo de cosas, –¡y están sucediendo ahora!–. Cosas como el océano Índico descendiendo siete metros durante un período muy corto de tiempo, fue predicho por Trombly hace al menos 10 años, tal como Jacques Cousteau ha predicho la muerte del mar Mediterráneo en 10 años. Muchas personas brillantes están denunciando su verdad, pero pocas personas están escuchando. Si Trombly está en lo cierto, estamos sólo a unas cuantas bombas de que el planeta literalmente se parta en pequeños pedazos. Los gobiernos de todo el mundo han estado en alerta roja desde 1991 aproximadamente, debido a los cambios que le están ocurriendo a la Tierra y que fueron predichos por Trombly. Están muertos de miedo. Pero creo que China acaba de estallar otra, ¡y los Estados Unidos están hablando de explotar otra sólo porque China lo hizo!

De todos modos la vida sigue. Es bueno que haya otros niveles para nuestro espíritu además del físico. Si no fuera por los Maestros Ascendidos y nuestro aspecto superior, estaríamos en una situación desesperada. Pero debido al trabajo de otras grandes almas, tú y la humanidad están

Si la Tierra fuera una mujer, el área donde colocaron deliberadamente la bomba, sería su perineo. Yendo en línea recta a través de la Tierra desde allí, estaría el chakra de la corona de la Tierra, que resulta ser la región de la Gran Pirámide en Egipto. Éste se convirtió en el foco de atención, ya que el gobierno secreto cerró toda la Gran Pirámide, sin permitir que nadie se acercara durante tres días, para poder analizar los resultados en la conciencia del planeta. Estaban intentando destruir un campo específico de energía que ha crecido para abarcar la Tierra. Podrían llamarlo uno de los bancos de memoria de la Tierra. Tú y yo lo llamamos Conciencia Crística. Ellos, el gobierno secreto (que también somos tú y yo), estaban temerosos de esta nueva conciencia, pero creo que ahora ha sido mayormente resuelto. Las polaridades de la Tierra se están fundiendo lentamente. En el momento de esta transcripción en 1993, estábamos viviendo un período de un despertar planetario. Ahora, en 1997, estamos al borde de la unidad planetaria basada en la comprensión. La gran prueba sigue enfrente, especialmente si el gobierno secreto decide usar el HAARP para destruir la Red Crística.

Por el lado positivo, los doctores en la UCLA [NT: siglas para la Universidad de California en Los Ángeles] comenzaron a examinar hace cinco años a un niño pequeño que había nacido con SIDA. Él había sido revisado al nacer, a los seis meses y de nuevo al año. Todavía tenía SIDA. No fue revisado otra vez hasta que tuvo cinco años. Cuando lo revisaron, habían desaparecido todos los indicios del virus del SIDA. Era como si nunca hubiera contraído SIDA. No sabían cómo se había vuelto inmune su sistema; todo lo que sabían era que así sucedió. Revisaron todo lo que pudieron concebir, incluyendo su ADN. Fue allí donde encontraron un cambio. ¡Este niño no tenía ADN humano!

Nosotros tenemos 64 codones en nuestro ADN, pero en los humanos normales, sólo 20 de estos codones están funcionando. El resto son inertes o no están en uncionamiento, excepto tres, que son los programas de detención y arranque. Este niño pequeño tenía 24 codones activos, él había encontrado una forma para mutar que lo hizo inmune al SIDA. De hecho, cuando le estaban haciendo exámenes, encontraron que era inmune a todo. Descubrieron que su sistema inmune era 3,000 veces más fuerte que el de los humanos normales.

Entonces encontraron otro niño con la misma situación, saliendo del SIDA y con los mismos 24 codones, volviéndose inmune al VIH, y otras enfermedades. Encontraron 100, luego 10,000. La UCLA cree ahora que el 1% del mundo ha hecho este cambio. Creen ahora que 55 millones de niños y adultos ya no son humanos, por definición del ADN. Existen tantas personas haciendo esto ahora, que la ciencia cree que

justo empezando a vivir. Pronto nacerán hacia otro mundo nuevo, limpio y hermoso, gracias a Dios y no hay a nadie más que agradecerle sino a Dios. Vamos a estar bien a lo largo de todo esto. Pero aún así continuaré...

El memorando de Strecker sobre el SIDA

Aquí hay un último drama. De hecho, existen otras situaciones peligrosas (podría continuar durante horas), pero sólo te daré esta última sobre el SIDA. Te sugiero que intentes encontrar el material del memorando de Strecker si no lo has leído o no has visto el video. Los gobiernos están realmente intentando suprimirlo. El doctor Strecker hizo un memorando en video de lo que creyó que sucedió con el SIDA. Él es una persona brillante. Ha trabajado con virus retroactivos y es un experto en este tema. Mostró el video en televisión y los gobiernos lo amenazaron. Presuntamente mataron a su hermano y al senador que lo estaba patrocinando. Pero no tocaron a Strecker —eso habría sido demasiado obvio, supongo—. El doctor Strecker ha distribuido muchos de sus videos. Los sacó al mundo, aunque ya no se escuche sobre esto.

El doctor Strecker muestra en su película cómo las Naciones Unidas estaban intentando resolver un problema ambiental. Sabían que el mayor problema ambiental en todo el mundo era la población humana y que al paso que iba, el mundo doblaría su población para 2010 ó 2012. Pero debido a lo que hicieron los chinos, permitiendo sólo un hijo por pareja y otros extenuantes trabajos por el mundo, lo redujeron. Pero creen que todavía va a suceder. Se estima ahora que en algún punto alrededor del 2014, la población mundial se habrá duplicado. Si eso sucede, los modelos computacionales han mostrado que toda la vida en la Tierra morirá o deseará haber muerto, de acuerdo con las Naciones Unidas, porque escasamente podemos sostenerlo con casi 6,000 millones de personas. ¿Podrías imaginarte cómo sería con 11,000 ó 12,000 millones de personas en el mundo? Simplemente no hay forma, al menos en el sistema actual.

Entonces, si *tú* estuvieras en las Naciones Unidas y supieras que este desastre potencial iba a suceder y tuvieras que tomar una decisión, ¿qué harías? No estoy juzgando a las personas que hicieron esto —sólo ponte en su posición de gran poder—. Ven que la Tierra está llegando a una pared sólida, que será totalmente destruida si no se cambia algo. Así que tomaron una decisión, y el doctor Strecker mostró el memorando justo en televisión. Las Naciones Unidas decidieron que, en lugar de llegar al tope de 11,000 millones de personas, iban a crear un virus o una enfermedad que mataría específicamente a tres cuartas partes de las personas en la Tierra. En otras palabras, en lugar de *aumentar* nuestro número a 11,000 millones, querían *reducir* la población actual en un 75%. Él mostró el documento real de las Naciones Unidas que planeaba eliminar a tres cuartas partes de la población del mundo.

El doctor Strecker mostró científicamente, de forma exacta, cómo lo hizo la ONU. Tomaron un virus de una oveja y un virus de una cabra y los mezclaron en cierta forma para crear el virus del SIDA. Pero antes de siquiera distribuirlo, también hicieron la cura para éste. Los gobiernos tienen la cura en este momento, según Strecker. Las personas que estaban haciendo esto –y la his-toria lo verificará– obviamente tenían claros prejuicios, porque señalaron dos grupos: los negros y los homosexuales.

En Haití había una epidemia de hepatitis B esparciéndose a través de la comunidad homosexual y todos necesitaban la vacuna contra esa enfermedad. Entonces los agentes de la ONU tomaron el virus del SIDA, lo pusieron en la vacuna de la hepatitis B y se lo inyectaron a todos. Así es como se inició el virus, de acuerdo con el doctor Strecker. La otra evidencia de que esto es verdad, es que en el resto del mundo, el virus *no se le dio* exclusivamente a los homosexuales. En África, donde al menos 75 millones de personas tienen SIDA, el rango de infección de hombres y mujeres es exactamente la mitad desde el principio hasta ahora. Sólo en Haití y al final en los Estados Unidos, se esparció casi exclusivamente a través de la población homosexual. Si observan las cifras en este país, las mujeres están contagiándose de SIDA más rápido que nadie. Pronto la naturaleza lo equilibrará y verán exactamente lo mismo que ven en todas partes alrededor del mundo: igual número de hombres y mujeres tienen SIDA. Ésta no es una enfermedad homosexual en absoluto, –no tiene nada que ver con esto–. Tiene que ver con los prejuicios de las personas que lo crearon.

Para el doctor Strecker, la Organización Mundial de la Salud, que ha contribuido decisivamente en la creación de esta enfermedad, también ha estado preocupada por otras enfermedades, y también lo están doctores en casi todas partes. Por ejemplo, veamos el cáncer: los doctores han estado preocupados de que algún día el cáncer se volverá contagioso, no por la contaminación o los alimentos o cosas como esas, sino que se volverá aeróbico o transmitido por el agua, como la gripe. Con sólo caminar al lado de alguien con cáncer te contagiarás. Pero el número de diferentes tipos de virus del cáncer es tan pequeño, que las probabilidades de que esto suceda alguna vez son muy remotas. Todavía podría suceder, pero no es probable. Pero para el SIDA *existen 9,000 a la cuarta potencia o 6,561 billones de tipos totalmente diferentes de virus del SIDA*, ese es un número enorme. Cada vez que alguien se contagia de SIDA, se crea un tipo de virus totalmente nuevo, uno que nunca ha sido visto antes, jamás. Esto significa que es *inevitable*, matemáticamente hablando, –es sólo cuestión de tiempo– que el SIDA se esparza con rapidez, tal como una gripe, por el mundo.

Existe una historia acerca de que la Organización Mundial de la Salud cree que esta rápida difusión del SIDA puede haber comenzado ya. Alrededor de 1990 ó 1991 la OMS revisó a una tribu africana de 1,400 miembros, incluyendo a todos, desde bebés pequeños hasta personas mayores, quienes, desde luego, tienen todas diferentes prácticas sexuales (como saben, los bebés no tienen este tipo de prácticas) y encontraron que *cada miembro*, sin excepción, tenía SIDA. Fue entonces cuando la OMS anunció en secreto que el virus probablemente ahora era aeróbico o transmitido por el agua y que finalmente podría esparcirse como un reguero de pólvora,

está naciendo una nueva raza humana en este tiempo y parece que ha surgido del SIDA. Es casi imposible que estas personas se enfermen. También es interesante que en noviembre de 1998, fue anunciado que en 1997 el SIDA se redujo 47%, que es la reducción más grande en la historia para cualquier enfermedad importante. ¿Podría ser ésta una de las razones?

Más aún, en el libro Cracking the Bible Code (Descifrando el Código de la Biblia), de Jeffrey Satinover, cuando corrieron la palabra "AIDS" [NT: siglas en inglés de SIDA] dentro del código, encontraron todas las palabras normales asociadas. Vieron las palabras: en la sangre, muerte, aniquilación, en forma de virus, la inmunidad, el VIH, destruido y muchas más. Sin embargo, había ciertas palabras que no tenían sentido para esos investigadores, pero que pueden ser comprendidas hoy bajo la luz de la información previa. Ellos encontraron las palabras, "el fin de todas las enfermedades". Éste es quizás hoy el suceso aislado más importante en el mundo.

como una gripe común. Puede haber un retraso de pocos años como en cualquier otra nueva enfermedad. Si esto sucediera, ¿sabrían que están a salvo? Necesitas conocer la verdad, –¡eres más de lo que sabes!–.

Una perspectiva sobre los problemas terrestres

Si no fuéramos seres multidimensionales, si sólo fuéramos cuerpos físicos conectados a la Tierra y no tuviéramos a dónde ir, estaríamos en una situación muy seria. Pero debido a quiénes somos, lo que está a punto de suceder en la Tierra puede convertirse en un vehículo enorme de crecimiento. Recuerda, la vida es una escuela. ¡Maya es maya!

Pero aún, si nos damos cuenta de la situación tan peligrosa en la que estamos, podemos despertar a quiénes somos. La única razón por la que estoy diciendo estas palabras y no lo guardo en secreto, es porque estamos todos en el mismo barco, y el barco se hunde. Tiene un gran agujero y el agua está entrando. *No es momento para sentarnos allí y jugar o hacer negocios como siempre y pensar de la forma habitual.* Si no supieras la verdad sobre nuestro medio ambiente, podrías haber seguido con tu vida sin actuar.

No estoy sugiriendo actuar ecológicamente, aunque eso no está mal. Lo que más me preocupa es una forma interna de actuar, una meditación que te reconecte conscientemente con toda la vida en todas partes. Es lo que dicen los taoístas: *la forma de hacer es ser.* No hay nada malo en actuar externamente, pero existe otro tipo de actuación que se requiere aquí, según creo. Requiere un estado mental donde nos demos cuenta de la situación, comencemos a tomarla en serio y trabajemos de tal forma que podamos hacer cambios reales en nuestra conciencia. Esta cosa interna en la que necesitamos centrarnos y comprender, se revelará despacio conforme continuemos. Quien comprenda la otra cara de la moneda de la vida, se dará cuenta de que estos problemas ambientales no son un problema real cuando la conciencia superior entra en el mundo tridimensional, aunque desde un punto de vista tridimensional, esto parece el fin de la vida.

La historia del mundo

Vamos a abrir un nuevo tema: la historia del mundo y cómo se relaciona con el presente. Cada una de estas piezas del rompecabezas amplían la visión. La situación en la que nos encontramos en este mundo no se desarrolló al azar. Ocurrieron sucesos que necesitamos recordar. Muchos estuvimos aquí en vidas pasadas y tenemos estos recuerdos dentro de nosotros. Pero eso es aparte. Necesitamos saber exactamente lo que ocurrió, para comprender cómo llegamos a la situación actual. Esta historia, por supuesto, no se encuentra en los libros de historia, porque los libros de historia de la "civilización" humana se remontan sólo a 6,000 años atrás y necesitamos retroceder unos 450,000 años para empezar.

Esta información me la dio Thot alrededor de 1985. Después de que

Thot se fue en 1991, oí sobre Zecharia Sitchin, leí sus trabajos y descubrí que la información de Sitchin y la de Thot eran casi idénticas, encajaban en forma tan *perfecta* que no podía ser una coincidencia. Su similitud era asombrosa. Muchas cosas que Thot había mencionado, –como gigantes en la Atlántida, que no explicó más a fondo–, estaba explicado en los libros de Sit-chin. Muchas cosas que Sitchin parece haber pasado por alto, habían sido explicadas detalladamente por Thot. Así pues la combinación de esas dos fuentes brinda un punto de vista muy interesante. No tienes que aceptar este punto de vista; puedes simplemente escucharlo como una leyenda, pensar en ello y ver si funciona para ti. Si sientes algo que no es verdad, entonces, por supuesto, no lo aceptes. Pero creo que es lo máximo que pueda acercarme a la verdad y te lo ofrezco. Recuerda, tuve que traducir las imágenes geométricas y los jeroglíficos de Thot al inglés. Algo puede haberse perdido, pero siento que se acerca lo suficiente para detonar tus recuerdos.

Primero debes darte cuenta de algo sobre la historia escrita. Alguien tiene que sostener la pluma y escribirla; así que la historia escrita es siempre bajo punto de vista de la persona, o personas, que la escribieron. La historia escrita comenzó sólo en los últimos 6,000 años, pero ¿sería esa historia la misma si hubiera sido escrita por personas diferentes? Considera que en la mayoría de los casos fueron los ganadores de las guerras los que escribieron los libros de historia. Quienquiera que ganó una guerra dijo: "Esto es lo que sucedió". Los perdedores no pudieron dar su opinión. Observa cualquiera de las guerras importantes, especialmente la Segunda Guerra Mundial, que fue una guerra muy emocional. Si Hitler hubiera ganado la Segunda Guerra Mundial, nuestros libros de historia serían completamente diferentes. Estaríamos examinando una serie totalmente diferente de "hechos". Seríamos los malos y ellos habrían mostrado buenas razones para lo que le hicieron a los judíos, etcétera. Pero ganamos nosotros, y lo escribimos desde nuestra perspectiva.

Bueno, todo es así en la historia. Nadie habla jamás sobre este tema, pero es obvio. Incluso Thot era muy consciente de ello; dijo: "Te estoy dando mi punto de vista. He visto pasar los siglos, pero soy sólo una persona. Esto es lo que creo que es verdad, pero debes darte cuenta que otra persona puede tener distintos puntos de vista en la historia". Así que ni él estaba diciendo: "Esto es así, tómalo o déjalo". Teniendo en cuenta esta observación, seguimos.

Sitchin y Sumeria

Voy a empezar primero con el trabajo de Zecharia Sit-chin. Si todavía no has leído sus libros, tienes un gran regalo en reserva, si deseas leer sobre esto de primera mano. Su libro principal es *The 12th Planet* (*El doceavo planeta*) aunque yo recomiendo otros dos, *The Lost Realms* (*Los reinos perdidos*) y *Genesis Revisited* (*Génesis vuelto a visitar*) (en ese orden). Él escribe sobre muchas ciudades que eran descritas en la Biblia cristiana, como Babilonia, Accad y Erech, que durante mucho tiempo se pensó que eran mitos, porque nadie podía probar su existencia. No había siquiera el más ligero indicio de que existieron. Finalmente encontraron una ciudad, que condujo a otra, que los dirigió a otra, que los guió a otra. Al final encontraron todas las ciudades mencionadas en la Biblia.

Date cuenta de que todas estas ciudades antiguas han sido descubiertas en los últimos 120 años, la mayoría de ellas más o menos recientemente. Conforme han excavado dentro de las capas de estas antiguas ciudades, han sacado miles de tabletas cilíndricas de arcilla, sobre las que está registrada la historia de Sumeria y la historia de la Tierra en gran detalle, retrocediendo cientos de miles de años. Su lenguaje escrito se denomina cuneiforme. Lo que diré no es sólo la interpretación de Sitchin. Muchos otros eruditos saben ahora cómo leer escritura cuneiforme y según van traduciendo esto, nuestro punto de vista sobre el mundo, de lo que creemos que es verdad, está cambiando –igual que el trabajo de John Antohy West con la Esfinge también está influyendo el pensamiento moderno sobre la historia humana–.

Vamos a recorrer todo el círculo más tarde para explicar cómo recibieron los sumerios su información. Los registros sumerios son los registros más viejos en el planeta, 5,800 años, pero describen cosas que sucedieron hace miles de millones de años y con gran detalle, ocurridas después de 450,000 años. Ya sea que estén usando conocimiento científico o el de Thot, nuestra raza tiene cerca de 200,000 años. Sitchin dice que es algo más de esa cifra, quizá 300,000 años, pero los registros y Thot no dicen eso, ni tampoco los Melchizedek. Hemos estado aquí poco más de 200,000 años, pero existieron civilizaciones en la Tierra, –mucho antes de este ciclo y mucho antes que los nefilim–, que eran mucho más avanzados que los nefilim o cualquier cosa que hayamos visto desde entonces. Se fueron sin dejar rastro. Al final de este libro comprenderás por qué no quedó nada cuando partieron. Éste es el pasado de la Tierra. Es parte de lo que somos, en cierto modo. Tenemos acceso a toda esta información. Existe un componente dentro de cada uno de nosotros, que tiene registrada toda esta información. Es algo accesible, pero la mayoría de nosotros simplemente no está consciente de esto.

Normalmente le damos mayor credibilidad a la fuente más antigua de un evento histórico, porque está más cerca en el tiempo que un escriba que estuvo fuera del evento. Éstos son los escritos más antiguos que tenemos, con la posible excepción del lenguaje geométrico que pre-cede a los jeroglíficos egipcios. Los antiguos sumerios nos estaban contando una historia que es muy difícil de aceptar, debido a nuestra certidumbre de que lo que sabemos sobre el pasado es correcto. La historia es tan extravagante en tantos niveles, que los científicos tienen dificultades para aceptarla, aunque saben que debe ser verdad. ¡Es la fuente más antigua! Si no fuera tan extravagante, la habríamos aceptado como valor nominal hace tiempo, porque proviene de una fuente muy antigua.

Por el otro lado, si estaban locos, inventando historias sin ningún conocimiento real, ¿cómo explicamos que supieran tantos hechos sobre la naturaleza que, desde nuestro punto de vista en la historia, habría sido imposible que conocieran? Por ejemplo, no sólo los dogones sabían sobre todos los planetas exteriores, sino también los sumerios ¡desde el mismísimo principio de su cultura! La cultura conocida más antigua en el mundo, los sumerios, que vivieron hace 3800 a. C., sabían muy bien cómo se veía el aproximarse a nuestro sistema solar desde el espacio exterior. Sabían acerca de todos los planetas externos y los contaban de afuera hacia dentro, como si llegaran desde fuera del sistema solar, tal como los dogones lo mostraban en la pared de la cueva, los sumerios describieron los tamaños relativos de diferentes planetas y los describieron en detalle, como si estuvieran pasando realmente a través de ellos por el espacio, –cómo se veían, el agua que había, el color de las nubes–. ¡Toda la experiencia fue descrita con detalle 3800 a. C.! Esto es un hecho. ¿Cómo es posible? ¿O es desconocido para nosotros nuestro verdadero origen?

Antes de que la NASA enviara nuestra sonda espacial hacia el espacio exterior para pasar por los planetas, Sitchin les envió una descripción sumeria de todos los planetas vistos desde el espacio. Cuando el satélite los alcanzó uno por uno, las descripciones sumerias eran exactamente ciertas. Otro ejemplo: *sabían sobre la precesión de los equinoccios desde el mismo principio de su existencia como cultura.* Sabían que la Tierra estaba inclinada sobre su eje 23° con relación a su plano orbital alrededor del Sol y que giraba en un círculo que tardaba unos 25,920 años en completarse. Ahora, esto es muy difícil de comprender para un historiador convencional, especialmente de tipo científico, que sabe que se requieren 2,160 años de continua observación del cielo nocturno, para saber siquiera que la Tierra oscila. El tiempo mínimo es de 2,600 años, pero los sumerios supieron esto el día uno de su civilización.

¿Cómo lo supieron? Hay evidencias extraordinarias saliendo de estas tabletas de arcilla que el pensamiento general no absorbe demasiado rápido. Según me enseñaron en la escuela y entendí, Moisés escribió el *Génesis* alrededor de 1250 a. C., que es hace unos 3,250 años. Eso es lo que siempre he leído. Pero existen tabletas sumerias que fueron escritas al menos 2,000 años antes de que viviera Moisés y tienen el mismo relato que el primer capítulo de la Biblia casi palabra por palabra. Estas tabletas incluso tienen a Adán y Eva y los nombres de sus hijos e hijas, todo el espectro de eventos descritos en el *Génesis*. *Todo fue escrito antes de que Moisés siquiera lo recibiera.* Esto prueba que Moisés no fue el autor del *Génesis*. Obviamente, esta verdad será difícil de aceptar por la comunidad cristiana, pero es verdad. Puedo comprender por qué se necesita tanto tiempo para que este conocimiento se asiente en nuestra cultura moderna, porque es una enorme desviación de la historia aceptada de la Tierra y esta verdad menor/mayor sobre Moisés, es sólo una pequeña parte de toda la verdad.

Tiamat y Nibiru

Aún más profunda que cualquiera de estas piezas de información excepcionales e imposibles que conocían (y hay mucho más), es la historia real que escribieron los sumerios sobre los inicios de la raza humana antes de Adán y Eva. Están hablando sobre un tiempo muy anterior. La historia comienza hace varios miles de millones de años cuando la Tierra era muy joven. Entonces era un gran planeta llamado Tiamat y

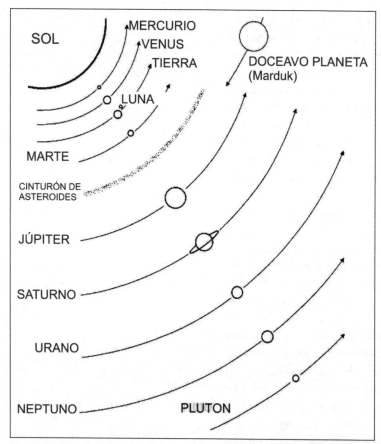

Fig. 3-8. Sistema solar incluyendo
Marduk/Nibiru y los remanentes
de Tiamat (el cinturón de asteroides
y la Tierra).

giraba alrededor del Sol, entre Marte y Júpiter. La antigua Tierra tenía una luna muy
grande, que sus registros dicen que estaba
destinada a convertirse en un planeta algún
día en el futuro.

Según los registros, había un planeta más
en nuestro sistema solar del que sólo somos
vagamente conscientes en estos tiempos modernos. Los babilonios lo llamaban Marduk,
pero el nombre sumerio era Nibiru. Era un
enorme planeta que giraba al revés comparado con los otros planetas. Estos últimos
estaban moviéndose en una dirección en
un plano más o menos llano, pero Nibiru se
mueve en la otra dirección y cuando se acerca
a los otros planetas, pasa a través de la órbita
de Marte y Júpiter [fig. 3-8].

Decían que pasaba a través de nuestro sistema solar cada 3,600 años y cuando llegaba,
era generalmente un gran acontecimiento
en nuestro sistema solar. Después se dirigía
hacia los planetas exteriores y desaparecía
de nuestra vista. La NASA, por cierto, probablemente ha encontrado este planeta. Al
menos es lo más probable. Usaron dos saté-
lites y lo localizaron a una distancia enorme del Sol. Está definitivamente
allí, ¡pero los sumerios lo sabían hace miles de años! Entonces, de acuerdo
con los registros, el destino que pudo haber tenido es que al pasar por la
órbita Nibiru se acercó tanto, que una de sus lunas golpeó Tiamat (nuestra
Tierra) y arrancó cerca de la mitad, partió este planeta justo por la mitad.
Conforme a los registros sumerios, este gran pedazo de Tiamat, junto con su
luna principal, se salieron de curso y fueron a la órbita entre Venus y Marte,
y se convirtió en la Tierra tal como la conocemos. La otra parte se rompió
en 1,000 pedazos y se convirtió en lo que los registros sumerios llaman "el
brazalete amartillado", y nosotros lo llamamos el cinturón de asteroides
entre Marte y Júpiter. Éste es otro punto con el que se han maravillado los
astrónomos. ¿Cómo supieron acerca del cinturón de asteroides, si no puede
apreciarse a simple vista?

Para que vean al tiempo tan atrás que se remontan los registros sumerios.
Los registros continúan hablando sobre eventos más recientes, hasta que
hablan más sobre Nibiru. Estaba habitado por seres conscientes llamados
los nefilim. Los nefilim eran muy altos, las mujeres miden entre 3 y 3.5
metros y los hombres alrededor de 4 y 4.5 metros. No eran inmortales,
pero su período de vida es de cerca de 360,000 años terrestres, de acuerdo
con los registros sumerios. Luego morían.

El problema atmosférico de Nibiru

Según los registros sumerios, hace aproximadamente 430,000 –a lo mucho 450,000 años–, los nefilim empezaron a tener un problema en su planeta. Era un problema atmosférico muy similar al problema de ozono que estamos teniendo ahora. Sus científicos optaron por una solución similar a lo que han considerado *nuestros* científicos. Nuestros científicos han considerado poner partículas de polvo dentro de la capa de ozono, para filtrar los rayos dañinos del Sol. La órbita de Nibiru lo lleva tan lejos del Sol, que necesitaban contener dentro el calor, entonces decidieron poner partículas de oro dentro de su atmósfera superior, lo que reflejaría la luz y la temperatura como un espejo. Planearon obtener grandes cantidades de oro, pulverizarlo y suspenderlo en el espacio sobre su planeta. Sí, es verdad que hablaron sobre temas que parecen contemporáneos, humanos antiguos hablando sobre extraterrestres y ciencia sofisticada. Esto no es *Star Trek* (*Viaje a las estrellas*) o ciencia ficción, es real. Lo que dijeron es verdaderamente asombroso y por eso se ha ido revelando muy despacio al conocimiento público.

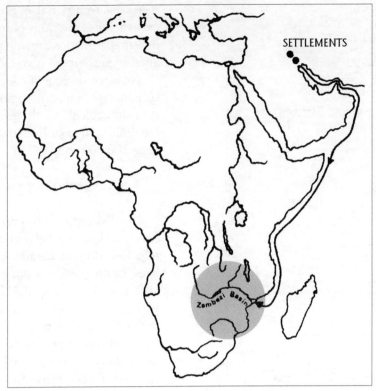

Fig. 3-9. Poblaciones originales nefilim y minas de oro.

Los nefilim tenían la capacidad de viajar en el espacio, aunque en aquella época no estaban mucho más avanzados de lo que estamos ahora, aparentemente. Los registros sumerios los muestran en sus naves espaciales con llamas saliendo por detrás, –cohetes espaciales–. Esto es viaje espacial elemental, no sofisticado. De hecho, eran tan primitivos que tenían que esperar hasta que Nibiru se acercara lo suficiente a la Tierra, antes de poder siquiera viajar entre los dos planetas. No podían despegar en cualquier momento, sino que tenían que esperar a estar cerca. Creo que debido a que los nefilim no podían abandonar el sistema solar, buscaron a través de todos los planetas que había aquí y encontraron que la Tierra tenía grandes cantidades de oro. Entonces enviaron un equipo hace unos 400,000 años con un único propósi-to: extraer oro. Los nefilim que vinieron a la Tierra es-taban comandados por 12 miembros que eran como jefes, cerca de 600 trabajadores que iban a extraer el oro y alrededor de 300 que permanecieron en órbita en su nave nodriza. Primero fueron al área que hoy es Irak y comenzaron a establecerse y a construir sus ciudades, pero no fue allí donde extrajeron el oro [fig. 3-9]. Para el oro, fueron a un valle específico en el sureste de África.

Uno de los 12, cuyo nombre era Enlil, era el líder de los mineros. Ellos excavaron a gran profundidad dentro de la Tierra y extrajeron grandes cantidades de oro. Entonces cada 3,600 años, cuando Nibiru/Marduk regresaba, transportaban el oro a su planeta natal. Luego continuaban sus excavaciones mientras Nibiru recorría nuevamente su órbita. Según los registros su-merios cavaron durante mucho tiempo, de 100,000 a 150,000 años, y que después tuvo lugar la rebelión nefilim.

No estoy de acuerdo del todo con las fechas de Sitchin sobre cuándo sucedió esto. Lo obtuvo, no directamente a través de los registros sumerios, sino calculando lo que *pensó* que podría ser. Según su resultado, la rebelión tuvo lugar hace unos 300,000 años. Creo que fue más cercana a hace 200,000 años.

La rebelión de los nefilim y el origen de nuestra raza

En algún momento entre hace 200,000 y 300,000 años, los trabajadores nefilim se rebelaron. Los registros sumerios escribieron sobre esta rebelión con gran detalle. Los trabajadores se rebelaron en contra de sus jefes; ya no querían seguir excavando en las minas. Pueden imaginarse a los trabajadores diciendo: "Hemos estado cavando durante 150,000 años y estamos cansados. Ya no vamos a hacerlo más". Yo hubiera aguantado probablemente un mes.

La rebelión representó un problema para los jefes, así que los 12 líderes se unieron para decidir qué hacer. Decidieron tomar una forma de vida que ya existía en este planeta, que era, según entiendo, un tipo de primate. Entonces tomarían la sangre de los primates, la mezclarían con arcilla, después tomarían el esperma de uno de los hombres jóvenes nefilim y mezclarían estos tres elementos. La tableta realmente los muestra con lo que parecen matraces químicos, vertiendo algo desde un matraz a otro, para crear esta nueva forma de vida. Su plan era usar el ADN de los primates y su propio ADN, para crear una raza más avanzada de las que tenía la Tierra en ese tiempo, así los nefilim podrían controlar a esta nueva raza –creada con el único propósito de extraer oro–.

Si vemos los registros sumerios originales, fuimos creados para ser mineros, esclavos para extraer oro. Ese era nuestro único propósito. Cuando extrajeran todo el oro que necesitaban para salvar su propio planeta, su intención era destruir nuestra raza e irse. Ni siquiera nos iban a permitir vivir. Ahora, la mayoría de las personas que escuchan esto pensarán: "Esos no pudimos ser nosotros; somos demasiado nobles para algo como eso". Pero eso es lo que declaran como verdad los registros escritos más antiguos en la Tierra. Recuerda, el sumerio es el lenguaje conocido más antiguo en el mundo, mucho más antiguo que obras como la Sagrada Biblia y el Corán. Ahora parece que la Sagrada Biblia nació de las cenizas de Sumeria.

Lo que la ciencia ha descubierto es casi igual de interesante. En el lugar exacto donde los registros sumerios dicen que extrajimos oro, los arqueólogos han encontrado minas de oro. Estas antiguas minas de oro son de hace 100,000 años. Lo que realmente es increíble es que los *homo sapiens* (nosotros), estuviéramos extrayendo oro en esas minas. Nuestros huesos fueron encontrados allí. Esas minas de oro fueron trabajadas cuando menos hace 100,000 años y han fechado que hubo humanos en esas minas hasta hace 20,000 años. Ahora, ¿qué diablos hacíamos extrayendo oro hace 100,000 años? ¿Por qué necesitábamos *nosotros* oro? Es un metal blando, no es algo que pudiéramos usar como otro tipo de metales. No fue encontrado muy a menudo en artefactos antiguos. ¿Entonces por qué lo estábamos haciendo y a dónde se iba el oro?

Fig. 3-10. Rastreando la descendencia humana hasta una Eva genética.

¿Surgió Eva de las minas de oro?

Así que existe la tan nombrada teoría de Eva, que las personas han estado tratando de rebajar durante mucho tiempo. Los científicos tomaron cierto componente en la molécula del ADN y lo solaparon para mostrar cuál fue primero y descubrieron que la primera persona de la humanidad vivió en algún momento entre 150,000 y 250,000 años atrás. Esa primera persona, que ellos llamaron Eva, ¡sucede que provino del valle exacto donde los sumerios aseveran que estuvimos extrayendo oro! [fig. 3-10]. Desde entonces un científico ha descartado esta teoría, porque existen muchas otras formas de observar los orígenes del ADN. Pero todavía encuentro extraordinario que esta teoría resulta apuntar al mismo valle donde los registros sumerios dicen que todo comenzó.

La versión de Thot
sobre el origen de nuestra raza

Ahora, veamos lo similar que es la versión de Thot. Él concuerda con la tradición Melchizedek en que nuestra raza particular no se inició hace 350,000 años como dice Sitchin, sino hace exactamente 200,207 años (desde 1993) ó 198,214 a. C. Dijo que la gente original de nuestra raza fue colocada en una isla localizada en la costa de África del Sur, llamada Gondwana.

No sé si es la forma correcta de Gondwana [fig. 3-11]; no es importante, pero era en esa área. Los colocaron allí, principa mente, para poder controlarlos y que no se fueran. Cuando evolucionaron lo suficiente para ser útiles para los nefilim, los transportaron al área de extracción en África y a otras diversas partes, donde los usaron para extraer oro y desarrollar otros servicios. Por tanto, esta raza original, nuestros ancestros, se desarrollaron y evolucionaron allí en la isla de Gondwana durante 50,000 a 60,000 años más o menos.

Fig. 3-11. Gondwana.

En este mapa se puede ver cómo las diversas masas de tierra podrían haber encajado juntas en un momento dado y esto es lo que los científicos sospechan ahora como verdad. Ellos denominan a este bloque de tierra, antes de que se dividiera, Gondwana. Sacaron el nombre de las historias de la creación de las tribus de África Occidental. Si lees las historias de la creación de esas tribus, todas tienen ideas diferentes sobre cómo tuvo lugar, pero todas tienen un hilo común. Todos dicen que llegaron del oeste, de una isla en la costa oeste de África y que se llamaba Gondwana. Todos están de acuerdo con esa información, con la única excepción conocida de los zulúes, que afirman que han venido del espacio.

Los registros sumerios representan incluso humanos, como de un tercio de la altura de los nefilim. Los nefilim eran definitivamente gigantes comparados con nosotros. Tenían entre 3 y 4.5 metros de alto, si creen los registros. No veo ninguna razón para que mintieran. Thot dijo que había gigantes en la Tierra, pero no dijo quiénes eran o cualquier otra cosa sobre ellos. La Biblia dice lo mismo. Aquí está, en el capítulo seis del *Génesis*:

"Entonces sucedió, cuando los hombres comenzaron a multiplicarse en la faz de la Tierra y les nacieron hijas", esa es una declaración importante, "cuando los hombres *comenzaron* a multiplicarse" (hablaré de esto en un momento) los "hijos de Dios" (piensa en esto por un momento; está diciendo los "hijos de Dios", plural) "vieron a las hijas de los hombres, vieron que ellas eran justas; y ellos (los 'hijos de Dios') tomaron por esposas a las que eligieron entre todas ellas. El Señor dijo: 'Mi espíritu no permanecerá siempre con el hombre, porque él también es carne'" (esto indica que "el Señor" también es carne), pero sus días serán de 120 años. Había *gigantes* en la Tierra en aquellos días y también después de eso; cuando los hijos de Dios llegaron a las hijas del hombre y ellas les dieron hijos, los mismos poderosos que desde la antigüedad fueron hombres legendarios.

Esa parte de la Biblia ha sido interpretada de muchas formas. Pero cuando se mira a la luz de lo que dicen los registros sumerios, adquiere un aspecto completamente diferente, especialmente cuando se leen las Biblias más antiguas que dicen cómo eran llamados los gigantes. Eran llamados los "nephilim" en la Biblia cristiana, exactamente el mismo sonido de la palabra de los registros sumerios. Existen más de 900 versiones de la Biblia en el mundo y casi todas ellas hablan sobre gigantes, un gran porcentaje los llaman específicamente los nefilim.

Concepción de la raza humana: el papel de Sirio

Thot dice que había gigantes aquí en la Tierra. Eso fue todo lo que dijo. No dijo cómo llegaron aquí o de dónde venían. Dijo que cuando fue creada nuestra raza, esos gigantes se convirtieron en nuestra madre. Dijo que siete de ellos se unieron, dejaron sus cuerpos muriendo conscientemente y formaron un patrón de siete esferas de conciencia entrelazadas, exactamente como el patrón del *Génesis* [que aprenderán en el capítulo cinco]. Esta unión creó una llama blanquiazul, que los antiguos llamaron la Flor de la Vida y colocaron esta llama dentro del útero de la Tierra.

Los egipcios llaman a este útero los Salones de Amenti, que es un espacio de cuarta dimensión, que está localizado tridimensionalmente a unos 1,600 kilómetros debajo de la superficie de la Tierra, y está conectado con la Gran Pirámide a través de un pasaje de cuarta dimensión. Uno de los usos principales de los Salones de Amenti es la creación de nuevas razas o especies. Dentro hay una habitación, basada en proporciones Fibonacci, hecha de lo que parece ser piedra. En medio de la habitación hay un cubo y sobre el cubo está la llama que crearon los nefilim. Esta llama que tiene 1.20 ó 1.50 metros de alto y como 90 centímetros de diámetro, tiene una luz blanquiazul. Esta luz es prana puro, conciencia pura, que es el "óvulo" planetario creado para que comenzáramos este nuevo sendero evolutivo que denominamos humano.

Thot dice que si hay una madre, tiene que haber un padre en algún lado. La naturaleza del padre –el esperma del padre– debe provenir desde fuera del sistema o cuerpo. Así que cuando los nefilim estaban montando sus matraces y se estaban preparando para desarrollar esta nueva raza, otra raza de seres de una estrella distante –del tercer planeta desde Sirio B– se estaban preparando para viajar a la Tierra. Había 32 miembros de esta raza, 16 hombres y 16 mujeres que estaban casados en una sola familia. También eran gigantes de la misma altura que los nefilim. Aunque los nefilim eran principalmente seres de tercera dimensión, los sirianos eran principalmente de cuarta dimensión.

Treinta y dos personas casadas entre sí, probablemente puede sonar extraño. En la Tierra, un hombre y una mujer se casan porque están reflejando la luz de nuestro Sol. Nuestro Sol de hidrógeno, que tiene un protón y un electrón. Duplicamos ese proceso del hidrógeno y es la razón por la que nos casamos como lo hacemos, uno a uno. Si visitaras planetas que tienen soles de helio, que tienen *dos* protones, *dos* electrones y *dos* neutrones, entonces encontrarías dos hombres y dos mujeres uniéndose para tener hijos. Cuando vas a un Sol antiguo como Sirio B, que es una enana blanca y altamente evolucionada, tienes un sistema de 32 (germanio).

Entonces los sirianos llegaron aquí y sabían exactamente qué hacer. Entraron directamente dentro de la matriz de los Salones de Amenti, justo dentro de la pirámide y ante la llama. Estos seres tenían la comprensión de que todas las cosas son luz. Entendían la conexión entre el pensamiento y el sentimiento. Así que simplemente crearon 32 losas de cuarzo rosa que tenían como 76 centímetros de alto, unos 91 centímetros o 1.20 metros de ancho y más o menos cinco o seis metros de largo. Las crearon de la nada –absolutamente nada– alrededor de la llama. Luego se acostaron sobre estas losas, alternando hombre y mujer, boca arriba, con sus cabezas hacia el centro alrededor de la llama. Los sirianos concibieron, o se fusionaron con la llama u óvulo de los nefilim. En el nivel tridimensional, los científicos nefilim colocaron los huevos humanos, creados en laboratorio, en los úteros de siete mujeres nefilim, donde nació

al final el primer ser humano. La concepción en términos humanos sucede en menos de 24 horas, el proceso básico hasta las primeras ocho células. Pero la concepción a nivel planetario es muy diferente. De acuerdo con Thot, ellos yacieron allí sin moverse durante aproximadamente 2,000 años, concibiendo con la Tierra esta nueva raza. Finalmente, después de 2,000 años, los primeros seres humanos nacieron en Gondwana, en las costas occidentales de África del Sur.

La llegada de Enlil

Ahora, la parte de la historia donde los sirianos son el padre, no parece coincidir completamente con lo que dicen los registros sumerios, al menos de acuerdo con la historia proporcionada por Zecharia Sitchin, hasta que tenemos en cuenta una secuencia de eventos que Sitchin pareció no comprender. Enlil, que fue el primero en venir a la Tierra y era el jefe en África del Sur, no aterrizó en *tierra firme* cuando llegó a la Tierra. Aterrizó en las aguas. ¿Por qué se fue a las aguas? Porque era allí donde estaban los delfines y las ballenas. Los delfines y las ballenas eran el nivel más alto de conciencia en este planeta y todavía lo son. En simples términos galácticos, Enlil tenía que ir al océano para tener permiso para vivir y extraer oro en la Tierra. ¿Por qué? Porque este planeta pertenecía a los delfines y las ballenas y la ley galáctica dice que se debe de tener permiso concedido, antes de que una raza externa al planeta pueda entrar a un sistema de conciencia diferente. De acuerdo con los registros sumerios, Enlil permaneció con ellos mucho tiempo y cuando finalmente decidió ir a tierra, ¡era *mitad humano y mitad pez*! En determinado momento, Enlil se volvió totalmente humano. Esto estaba descrito en los registros sumerios.

Verán, el tercer planeta desde Sirio B que algunos llaman Oceanía, resulta ser el planeta natal de los delfines y las ballenas. Peter Shenstone, líder del movimiento de los delfines en Australia, ha canalizado un libro inusual, *The Legend of the Golden Dolphin* (*La leyenda del delfín dorado*) que vino de los delfines y describe exactamente cómo llegaron de otra galaxia, cómo llegaron a la pequeña estrella alrededor de Sirio B y cómo viajaron a la Tierra. El planeta entero allí es casi completamente agua; existe una isla del tamaño de Australia y otra del tamaño de California y eso es todo. En esas dos masas de tierra hay seres tipo humano, pero no muchos. El resto del planeta, que es todo de agua, es cetáceo. Existe una conexión directa entre los seres tipo humano y los cetáceos, así cuando Enlil (un nefilim) llegó aquí, primero conectó con los delfines (sirianos) para recibir su bendición. *Después* se fue a tierra y comenzó el proceso que condujo a la creación de nuestra raza.

Madres nefilim

Para recapitular y aclarar: después de la rebelión, cuando se decidió crear una nueva raza aquí en la Tierra, fueron los nefilim los que se convirtieron en el aspecto materno. Los registros sumerios dicen que siete mujeres dieron un paso al frente. Entonces los nefilim tomaron arcilla de la tierra, sangre del primate y esperma de hombre joven nefilim, lo mezclaron y lo pusieron dentro de los úteros de las jóvenes mujeres nefilim que fueron elegidas para ello. Tuvieron bebés humanos. Por tanto siete de nosotros nacimos al mismo tiempo, no sólo un Adán y una Eva, de acuerdo con las historias originales, *y éramos estériles*. No podíamos reproducirnos. Los nefilim continuaron procreando pequeños humanos, formando un ejército de pequeños seres –nosotros– colocándolos en la isla de Gondwana. Si quieres creer esta historia, que es en parte de un registro sumerio y en parte de Thot, la raza de nuestra madre son los nefilim y la raza de nuestro padre, los sirianos. Ahora, si no fuera por los registros sumerios referentes a los nefilim, todo esto parecería absolutamente extravagante, –y todavía lo parece–. Pero existe una cantidad tremenda de evidencia científica de que esto es verdad si leen los registros arqueológicos, –no sobre el padre siriano, pero sí definitivamente sobre la madre nefilim–.

La ciencia no comprende cómo llegamos aquí. Estarán al tanto de que existe un "eslabón perdido" entre los últimos primates y nosotros. Parece que hemos salido de la nada. Ellos saben que tenemos entre 150,000 y 250,000 años de antigüedad, pero no tienen idea de dónde venimos o cómo nos desarrollamos. Simplemente pasamos a través de algún portal místico y llegamos.

Adán y Eva

Otra parte interesante de los registros sumerios fue tras extraer oro durante un tiempo en África, las ciudades del norte (cerca del actual Irak) se volvieron muy cuidadas y extremadamente hermosas. Estaban en selvas tropicales y tenían grandes jardines en sus alrededores. Finalmente se decidió, dicen los registros sumerios, traer a algunos de los esclavos de las minas del sur a las ciudades, para hacerlos trabajar en los jardines. Evidentemente éramos muy buenos esclavos.

Un día el hermano menor de Enlil, Enki (cuyo nombre significa *serpiente*), se acercó a Eva, –y los registros usaron ese nombre, Eva–, y le dijo que la razón por la que su hermano no quería que los humanos comieran del árbol del centro del jardín, era porque los haría como los nefilim. Enki estaba intentando vengarse de su hermano por una disputa que tenían (la historia completa es mucho más compleja, pero puedes leerla en los registros). Entonces Enki convenció a Eva para que comiera de la manzana del árbol, el árbol del conocimiento del bien y del mal, el cual, de acuerdo con los registros, incluía algo más que sólo un punto de vista dual. Le dio el poder de procrear, de dar nacimiento.

Entonces Eva encontró a Adán y comieron de este árbol y tuvieron hijos, cada uno de los cuales estaba apuntado por nombre en las tabletas sumerias. Ahora, piensen en la historia de Adán y Eva de aquí en adelante –ambas historias: la de los registros sumerios y la que está en la Biblia–. Dios camina a través del jardín –está *caminando*, está en un cuerpo, en carne, lo que fue sugerido en el *Génesis*–. Está caminando a través del jardín llamando a Adán y a Eva. No sabe dónde están. Él es Dios, pero no sabe dónde están Adán y Eva. Los llama y ellos vienen. No sabe que comieron del árbol hasta que los ve tratando de esconderse porque están avergonzados. Entonces se da cuenta de lo que han hecho.

Aquí hay otra cosa: la palabra para Dios, *Elohim*, en la Biblia original –de hecho en todas las Biblias– no era singular sino plural. ¿El Dios que creó a la humanidad era en sí una raza de seres? Cuando Enlil se dio cuenta que Adán y Eva habían hecho esto, estaba furioso. No quería que comieran especialmente de otro árbol, del Árbol de la Vida, porque no sólo serían capaces de procrear, sino que se volverían inmortales (no sabemos si estos son árboles reales o no. Podría ser algo simbólico vinculado con la conciencia). Por lo tanto, en ese momento Enlil sacó a Adán y a Eva de su jardín. Los puso en algún otro lado y los observó. Tuvo que haberlos observado porque escribió los nombres de todos los hijos e hijas; sabía todo lo que sucedía en toda la familia. Todo estaba escrito más de 2,000 años antes de que fuera escrita la Biblia.

Desde el tiempo de Adán y Eva, nuestra raza se desarrolló en dos ramas: una que podía procrear y era libre (aunque estaba supervisada) y la otra que no podía tener hijos y era esclava. Para los científicos modernos, esta última rama continuó extrayendo oro hasta hace 120,000 años como mínimo. Los huesos de esta segunda rama que fueron encontrados en las minas, eran idénticos a los nuestros; la única diferencia es que no podían tener hijos. Esta rama fue completamente destruida en la era del Gran Diluvio, más o menos hace 12,500 años (hay mucho más sobre este tema, que abordaremos en el momento adecuado).

Hablaremos sobre cuatro cambios de polos en este libro: cuando se hundió Gondwana, cuando se hundió Lemuria, cuando se hundió la Atlántida (que es el Gran Diluvio) y del que está a punto de suceder ahora. Esta nota es importante para comprender: según Thot, el grado de inclinación del eje de la Tierra y el grado del cambio de polo, que sucede en bases muy regulares, de acuerdo con la ciencia, tienen una relación directa con el cambio en la conciencia del planeta. Por ejemplo, la última vez que cambió el polo en el tiempo del Gran Diluvio, el polo norte estaba en Hawai (me doy cuenta que esto es debatible) –al menos era ahí donde estaba el polo *magnético*– y ahora está prácticamente a 90° de allí. Ese es un gran cambio. No fue un cambio positivo, sino uno negativo, caímos en conciencia, no ascendimos.

El nacimiento de Lemuria

Afirma Thot que después de Adán y Eva hubo un cambio importante en el eje, lo que sumergió a Gondwana. Thot dice que cuando Gondwana se hundió, otra masa de tierra surgió en el océano Pacífico: Lemuria y los descendientes de Adán y Eva fueron llevados de su tierra natal a Lemuria.

La fig. 3-12 no es exactamente como Lemuria, pero se acerca en cierto modo. Se extendía desde las islas hawaianas hasta la isla de Pascua. No

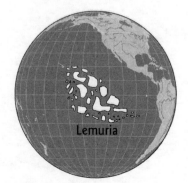

Fig. 3-12. Lemuria.

era una masa sólida, sino miles de islas que estaban muy vinculadas entre sí. Algunas de ellas eran grandes, algunas pequeñas y había muchas más de las que muestra esta ilustración. Era como un continente que apenas estaba sobre el agua, un continente de agua.

La raza de Adán fue llevada allí y se le permitió desarrollarse por sí sola sin la interferencia de los nefilim, según sé. Permanecimos en Lemuria entre 65,000 y 70,000 años. Mientras estuvimos en Lemuria fuimos muy felices. Tuvimos muy pocos problemas. Nos estábamos acelerando en nuestro sendero evolutivo y nos desenvolvíamos muy bien. Hicimos muchos experimentos en nosotros mismos e implementamos muchos cambios físicos en nuestros cuerpos. Estábamos cambiando nuestra estructura ósea, trabajando mucho en la base de nues-tra columna, trabajando en el tamaño y la forma de nuestro cráneo. Éramos mayormente cerebro derecho, de naturaleza femenina. Un ciclo evolutivo tiene que elegir si será masculino o femenino, tal como lo hiciste cuando viniste a la Tierra. Tienes que tomar esa decisión. Entonces nuestra raza se estaba volviendo femenina. Para cuando se hundió Lemuria, como raza equivaldríamos a una niña de 12 años más o menos.

Las exploraciones de Lemuria en 1910

El hecho de que probablemente existió Lemuria, se estableció en nuestra sociedad en 1910. No recordamos mucho sobre este descubrimiento, porque en 1912 sucedió algo que cambió nuestro curso de evolución. En 1912 se llevaron a cabo experimentos que eran similares a los experimentos Filadelfia de 1942 y 1943, de los que hablaremos más tarde. Ellos realmente hicieron el experimento en 1913, pero resultó ser una gran catástrofe y personalmente creo que este experimento es lo que causó la Primera Guerra Mundial en 1914. Después de eso nunca fuimos los mismos.

Antes de la Primera Guerra Mundial el patrón de crecimiento espiritual en los Estados Unidos era muy similar a lo que está sucediendo ahora. La gente estaba extremadamente interesada en el trabajo espiritual y psíquico, en la meditación, en la comprensión del pasado antiguo y en cualquier otra cosa de esa naturaleza. Personas como el coronel James Churchward y Augustus Le Plongeon de Francia, estaban estudiando la Atlántida y Lemuria y había muchos patrones de pensamiento similares a los del presente. Entonces llegó la Primera Guerra Mundial, caímos dormidos y no empezamos a despertar otra vez hasta los sesenta. Pero la prueba que tenían en 1910 sobre la existencia de Lemuria era bastante importante y tenía que ver con el coral. El coral puede crecer debajo de la superficie del agua, a una profundidad de 46 metros solamente. En 1910, sospecho que el fondo del Pacífico estaba más elevado de lo que está ahora, porque eran capaces de ver anillos de coral en la superficie del fondo del océano, en dirección a la isla de Pascua, hasta una gran distancia.

Por cierto, el fondo del océano se eleva y se sumerge. Puede que no lo sepas, pero el océano Atlántico se elevó más de tres kilómetros en diciembre de 1969; puedes revisar esto en la publicación de enero de 1970 de la revista *Life*. En el área de las Bermudas muchas islas de pronto

El 23 de mayo de 1998, Aarón Du Val, presidente de la Sociedad de Egiptología en Miami, Florida, anunció que la antigua Atlántida ha sido encontrada cerca de Bimini y que puede ser probado más allá de toda duda. Han encontrado una inmensa pirámide submarina y han abierto cámaras selladas herméticamente, para exponer los registros que confirman lo que dijo Platón sobre la Atlántida en la antigua Grecia. El señor Du Val dijo que presentará su evidencia al mundo antes de finales de 1998 o poco tiempo después.

empezaron a emerger a la superficie. Algunas todavía están allí, pero la mayoría se volvieron a hundir. El fondo del océano tenía tres kilómetros más de profundidad antes de ese momento.

Cuando Platón describió la Atlántida y el océano Atlántico, los griegos tenían problemas para que sus barcas navegaran por el océano Atlántico fuera del Estrecho de Gibraltar, porque el agua en esa área tenía sólo 3 ó 4.5 metros de profundidad, algunas veces incluso menos. Ahora el agua es profunda otra vez.

Los anillos de coral que descubrieron en el Pacífico, se estimaba que estaban a 550 metros de profundidad. Esto significaba que los anillos tenían originalmente islas en medio, porque el coral tenía que estar cerca de la superficie para crecer. Si los anillos estaban a 550 metros de profundidad, significaba que debido a que el coral no puede crecer por debajo de 46 metros, los anillos se hundieron muy lentamente. En 1910 la gente podía ver esos anillos extendiéndose en la distancia, así que sabían que debieron de existir muchas islas allí en alguna época. Es probablemente más importante, que si siguen la flora y la fauna de las islas hawaianas, encuentran las mismas características en toda una serie de islas, a lo largo de un arco desde Hawai hasta la isla de Pascua. Esas islas están separadas por grandes distancias, pero si lo miras en un mapa, lo verás como una larga hilera. Esa hilera solía correr a lo largo de las costas occidentales de Lemuria. Todas esas islas, incluyendo Tahití y Morea, eran parte de Lemuria. Todas las islas en la hilera tienen exactamente la misma fauna y flora, —no en cualquiera de las otras islas, sólo en la hilera—, los mismos árboles, las mismas aves, abejas, insectos, bacterias, lo mismo de todo. La ciencia puede explicar este fenómeno, sólo si en algún momento hubo puentes de tierra mucho más cercanos entre esas islas.

Ay y Tiya y el inicio del tantra

Esta nueva civilización en Lemuria se estaba desarrollando muy bien; todo estaba progresando maravillosamente. Pero, finalmente, la mayor parte de Lemuria se hundió. Miles de años antes de que se hundiera, había allí dos personas: Ay y Tiya. Esta pareja hizo algo que nadie había hecho antes, al menos en nuestro ciclo evolutivo. Descubrieron que si hacían el amor de cierto modo y si respiraban de cierta manera, obtenían diferentes resultados cuando se tiene un hijo. Por medio de la concepción de ese tipo distinto de nacimiento, los tres —la madre, el padre y el niño— se volvían inmortales. En otras palabras, al tener un hijo de determinada forma, la experiencia te cambia para siempre.

Ay y Tiya sospecharon que se habían vuelto inmortales, estoy seguro, debido a su experiencia. Según fue pasando el tiempo todos los demás comenzaron a morirse, pero ellos seguían vivos, y la gente empezó a darse cuenta de que, ciertamente, ellos tenían algo. Así que, al final, crearon una escuela. Hasta donde sé, ésta fue la primera escuela de misterios en la Tierra en este ciclo. Era la Escuela de Misterio Naacal o Naakal, donde ellos simplemente intentaron enseñar lo que llamamos resurrección o ascensión a través del tantra. *Tantra* es la palabra hindú para yoga o unión con Dios a través de las prácticas sexuales (tenemos mucho que repasar antes de que podamos comprender exactamente lo que estaban haciendo). De todas formas, ellos lo hicieron y empezaron a enseñar a otros.

Antes de que Lemuria se hundiera, habían enseñado a unas 1,000 personas, lo que significa que unas 333 familias de tres miembros cada una, eran capaces de comprender lo que estaban haciendo y lo demostraron. Eran capaces de hacer el amor de una forma inusual. No se tocaban en realidad. De hecho, no necesitaban siquiera estar en la misma habitación. Era hacer el amor interdimensionalmente. Le enseñaron a otros cómo hacerlo y estaban llegando a un lugar, donde en otros pocos miles de años habrían transformado, probablemente, la raza entera en una conciencia nueva.

Pero evidentemente Dios dijo que no era el momento adecuado. Acababan de empezar cuando Lemuria se hundió. Lemuria, como dije, era femenina y los lemurianos eran muy psíquicos. Sabían que Lemuria se iba a hundir con mucha antelación. Lo sabían con absoluta certeza; no era siquiera materia de discusión. Por tanto se prepararon con mucha anticipación. Llevaron todos sus artefactos hacia el lago Titicaca, monte Shasta y otros lugares. Incluso se llevaron el gran disco dorado de Lemuria. Sacaron todo lo de valor fuera de la tierra y se prepararon para el final. Cuando Lemuria se hundió finalmente, estaban fuera de las islas. Se habían reestablecido desde lago Titicaca, a través de América Central y México hasta el monte Shasta, que quedaba bastante lejos al norte.

Lemuria se hunde y surge la Atlántida

Conforme a lo que dice Thot, el hundimiento de Lemuria y el surgimiento de la Atlántida ocurrieron al mismo tiempo, durante otro cambio del eje. Lemuria descendió y se elevó lo que sería la Atlántida.

La Atlántida era un continente muy grande, como se muestra aquí [fig. 3-13]. La parte sureste de los Estados Unidos no estaba allí; Florida, Louisiana, Alabama, Georgia, Carolina del Sur, Carolina del Norte y parte de Texas estaban bajo el agua. No sé si la Atlántida era así de grande o no, pero era muy grande. Consistía en este continente y nueve islas: una al norte, una al este, una al sur y seis al oeste, que se extendían hasta donde está ahora Florida.

Fig. 3-13. Atlántida.

La malograda evolución de conciencia y creación de la Red Crística

Cómo desarrollaron los lemurianos la conciencia humana

Los seres inmortales de Lemuria "volaron" desde su tierra natal, hacia una pequeña isla al norte del recién emergido continente de la Atlántida. Esperaron durante mucho tiempo en la isla que llamaron Udal; luego comenzaron a recrear su ciencia espiritual. Si los hubieras observado, no hubieras sabido qué diablos estaban haciendo; hubieras pensado que estaban locos. Para describir lo que estaban haciendo, necesito contarte primero algo más.

La estructura del cerebro humano

Este círculo [fig. 4-1] representa la cabeza humana vista desde arriba. Allí está la nariz (N). El cerebro humano está dividido en dos componentes, el hemisferio izquierdo y el hemisferio derecho. En la fig. 4-2, el lado izquierdo es masculino y el lado derecho es femenino y están unidos por el cuerpo calloso. Según Thot, ésta es la naturaleza: el izquierdo, el componente masculino, ve todo absolutamente de forma lógica –tal como es, podrías decir–. El derecho, el componente femenino, está mucho más preocupado en *experimentar* algo que en comprenderlo. Las percepciones masculina y femenina, son imágenes especulares una de otra –como si hubiera un espejo entre ellas–. Si tuvieran la palabra *love* (amor) escrita en el componente masculino, él lo vería tal como se muestra. Pero el femenino observa su imagen especular, también como se muestra. Cuando el masculino observa la forma femenina de percibir, dice: "No hay lógica aquí". Ella lo mira a él y dice: "¿Dónde está el sentimiento?".

El cerebro, más adelante, se divide en cuatro lóbulos mediante una fina separación. El lado masculino del cerebro tiene un componente detrás de éste que refleja el frente como en un espejo, así se muestra en la fig. 4-3. Hay otra imagen especular detrás del lado femenino que refleja lo que está en frente. El componente lógico masculino tiene un componente que se basa totalmente en la experiencia detrás de éste y el componente experiencial femenino tiene un componente totalmente lógico detrás. Es como si hubiera cuatro espejos reflejándose entre sí de estas cuatro formas posibles. Cuando observemos más tarde las geometrías, verás que la parte frontal en el cerebro masculino, el componente lógico, está basado en el triángulo y el cuadrado (en dos dimensiones) o el tetraedro y el

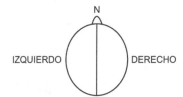

Fig. 4-1. Los dos hemisferios del cerebro humano.

Fig. 4-2. Dinámicas de los dos hemisferios reflejándose lado a lado.

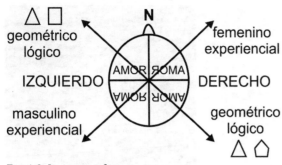

geométrico lógico △ □

N

femenino experiencial

AMOR ЯOMA
AMOЯ ROMA

IZQUIERDO　**DERECHO**

masculino experiencial

geométrico lógico △ ⌂

Fig. 4-3. Las áreas reflectoras, del frente hacia atrás.

cubo (en tres dimensiones). La parte frontal en el cerebro femenino, el componente experiencial, está basado en el triángulo y el pentágono (en dos dimensiones) o el tetraedro, el icosaedro y el dodecaedro (en tres dimensiones). También existen líneas diagonales conectando el frontal izquierdo lógico con el trasero derecho lógico y el frontal derecho experiencial con el trasero izquierdo experiencial. De este modo la cualidad del espejo refleja de lado a lado, del frente hacia atrás y diagonal con diagonal. Así es como estamos constituidos, según Thot.

El intento de dar nacimiento a una nueva conciencia en la Atlántida

Cuando el tiempo fue propicio, los naacales de Lemuria crearon una representación espiritual del cerebro humano, en la superficie de su isla atlante. Su propósito era dar nacimiento a una nueva conciencia, basada en lo que habían aprendido durante el tiempo de Lemuria. Ellos creían que el cerebro tenía que ser lo primero, antes de que emergiera el cuerpo de la nueva conciencia de la Atlántida. Con la imagen de Thot en mente sobre el cerebro humano, pueden comenzar a encontrarle sentido a sus acciones. Primero construyeron un muro en medio de la isla como de 12 metros de alto y seis metros de ancho, lo que aisló una parte de la isla de la otra. Literalmente, tenían que pasar por agua para llegar al otro lado. Luego hicieron un muro más pequeño perpendicular al primero, lo que dividió la isla en cuatro partes.

Entonces la mitad de esas 1,000 personas, que pertenecían a la Escuela de Misterios de Naacal, se fueron a un lado y la otra mitad permaneció en el otro, dependiendo de su naturaleza. Eso podía significar que todas las mujeres permanecieron de un lado y todos los hombres se fueron al otro lado, pero como yo lo entiendo, el lugar a donde iba una persona no dependía del cuerpo físico, sino de su tendencia hacia un lado u otro del cerebro. De esta forma, aproximadamente la mitad se convirtió en el componente masculino del cerebro y la otra mitad se volvió el componente femenino.

Pasaron miles de años en este estado físico hasta que se sintieron listos para el siguiente paso. Se seleccionaron tres personas para representar el cuerpo calloso, la parte del cerebro que conecta los hemisferios izquierdo y derecho. El padre de Thot, Thome, fue uno de ellos. Él y otras dos personas fueron los únicos con permiso para ir a cualquier parte de la isla. Por lo demás, los dos lados tenían que permanecer completamente separados entre sí. Entonces los tres comenzaron a alinear sus energías, pensamientos y sentimientos y todos los aspectos de su humanidad, en un cerebro humano formado por cuerpos humanos, no por células humanas.

El siguiente paso fue proyectar sobre la superficie de la Atlántida la forma de un Árbol de la Vida. Usaron la forma que está aquí [fig. 4-4] con 12 círculos en lugar de 10, pero los círculos 11 y 12 estaban fuera de

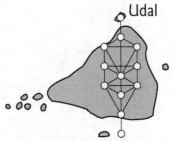

Udal

Fig. 4-4. El Árbol de la Vida en la Atlántida.

la isla; uno de los puntos estaba en Udal y otro estaba en el agua hacia el sur. Entonces había 10 componentes en la isla principal, que es la configuración con la que estamos familiarizados. Aunque se extendía cientos de kilómetros sobre la superficie de esta tierra, lo proyectaron con la precisión de un solo átomo, según Thot. Hay un indicio de que incluso las esferas del Árbol de la Vida fueron usadas para designar el tamaño y la forma de las ciudades de la Atlántida. Platón dice en su libro *Critias*, que la ciudad principal de la Atlántida estaba conformada por tres anillos de tierra separados por agua, como se muestra en este dibujo [fig. 4-5]. También dice que la ciudad estaba construida con piedras rojas, negras y blancas. Esta última afirmación tendrá sentido en cuanto hablemos sobre la Gran Pirámide.

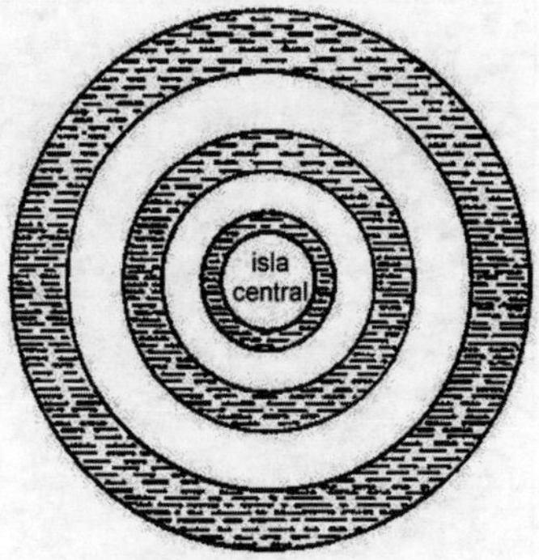

Fig. 4-5. La ciudad atlante de Poseidón.

Los hijos de Lemuria
son llamados a presentarse

De pronto, en un solo día, el cerebro de la Atlántida, la Escuela de Misterios de Naacal, infundió vida al Árbol de la Vida en la superficie de la Atlántida. Esto creó vórtices de energía que giraban en cada uno de los círculos del Árbol de la Vida. Una vez que se establecieron los vórtices, el cerebro de la Atlántida pidió a los hijos de Lemuria que se presentaran físicamente. Millones y millones de lemurianos, que hasta entonces se habían establecido a lo largo de la costa oeste de Norte y Sudamérica y otros lugares, comenzaron a ser atraídos hacia la Atlántida. Comenzó una gran migración y gente corriente de la Lemuria hundida comenzó a avanzar hacia la Atlántida. Recuerda, eran seres de cerebro derecho femenino y la comunicación interna era fácil. Sin embargo, el cuerpo de conciencia de Lemuria había alcanzado sólo la edad de 12 años, como nivel de conciencia planetaria. Todavía eran como un niño y algunos de sus centros todavía no estaban funcionando; habían trabajado con esas energías, pero sólo habían alcanzado la maestría en ocho de las 10. Por lo que cada lemuriano migratorio era atraído por uno de esos ocho centros de la Atlántida, dependiendo de la naturaleza del individuo. Allí se establecieron y comenzaron a construir ciudades.

Esto dejó dos vórtices que nadie estaba usando, ni una sola persona. Esos dos vórtices estaban atrayendo vida hacia ellos y en la vida, simplemente, no se puede dejar un espacio vacío. La vida encontrará la forma de llenarlo. Por ejemplo, si están conduciendo por una autopista siguiendo a otro automóvil y se quedan muy atrás, alguien va a ocupar el espacio, ¿cierto? Si dejan vacío un espacio, la vida entrará en él para llenarlo. Eso fue exactamente lo que sucedió en la Atlántida.

Aunque los lemurianos se establecieron en sólo ocho de los vórtices, los registros mayas afirman claramente que había 10 ciudades en la Atlántida cuando cayó. De hecho, pueden ver esos registros en el *Códice Trojano*, que ahora está localizado en el Museo Británico. Se estima que este documento tiene al menos 3,500 años de antigüedad y describe en detalle el hundimiento de la Atlántida. Es maya y contiene un relato auténtico del cataclismo, de

acuerdo a Le Plongeon, el historiador francés que lo tradujo. Esto es lo que dice: "En el año 6 Kan, en el décimo primer Muluc, en el mes de Zak, ocurrieron terribles terremotos que continuaron sin interrupción hasta el 13º Chin. El país de las colinas de Mud, la tierra de Mu, fue sacrificada, se convulsionó dos veces. De pronto desapareció durante una noche, la cuenca geográfica fue sacudida continuamente por fuerzas volcánicas. Al estar confinada, la Tierra se hundió y se elevó varias veces en distintos lugares. Al final la superficie sucumbió y 10 países fueron partidos en pedazos y diseminados, incapaces de soportar las fuerzas de las convulsiones. Se hundieron con sus 64 millones de habitantes".

Los 10 países mencionados se refieren a los 10 puntos del Árbol de la Vida. Cuando observan este documento, muestra una ciudad extremadamente sofisticada, con volcanes que emergen dentro y a todo su alrededor, las pirámides y todo lo demás destruyéndose y la gente subiéndose a los botes y tratando de escapar. Esto describe el incidente en el lenguaje maya, que utiliza imágenes.

La evolución malograda

Dos vórtices vacíos
atrajeron razas extraterrestres

Para llenar esos dos vórtices vacíos, afirma Thot, intervinieron dos razas extraterrestres. No una, sino dos razas completamente diferentes. La primera raza eran los hebreos, que llegaron desde nuestro futuro. Thot dice que vinieron desde fuera del planeta, pero no sé de dónde específicamente. Los hebreos eran casi como un niño que hubiera suspendido el quinto grado y tuviese que repetir el año otra vez.

No se habían graduado en el siguiente nivel de evolución, por lo que tenían que repetir ese curso. En otras palabras, eran como un niño que ya había estudiado matemáticas. Sabían muchas cosas que nosotros todavía no conocíamos. Tenían permiso legal del Comando Galáctico para intervenir en nuestro sendero evolutivo en ese momento. Ellos trajeron consigo, de acuerdo con Thot, muchos conceptos e ideas de las que todavía no teníamos conocimiento, porque no habíamos entrado en esos niveles de conciencia. Esta interacción realmente benefició nuestra evolución, según creo. No había problema con su llegada y establecimiento. Probablemente no hubiera habido ningún problema si sólo hubiera llegado esta raza.

La otra raza que intervino en ese momento ocasionó grandes problemas. Estos seres vinieron del cercano planeta Marte (sé que esto puede sonar extraño, pero sonó todavía más extraño cuando lo dije en 1985, antes de que personas como Richard Hoagland empezaran a hablar claro). Se ha vuelto evidente, debido a la situación que se ha desarrollado en el mundo, que esta misma raza todavía está causando grandes problemas. El gobierno secreto y los trillonarios del mundo, son de extracción marciana o tienen en su mayoría genes marcianos y un poquito o nada de cuerpo emocional.

Marte después de la rebelión de Lucifer

Thot asegura que Marte se parecía mucho a la Tierra hace poco menos de un millón de años. Era hermoso. Tenía océanos, agua, árboles y era simplemente fantástico. Pero entonces, le ocurrió algo que tenía que ver con una "rebelión de Lucifer" anterior.

Desde el mismo principio de este experimento en el que estamos –y toda la creación de Dios es un experimento– se han intentado experimentos similares a la rebelión de Lucifer cuatro veces (si desean llamarlas rebeliones). En otras palabras, otros tres seres además de Lucifer, intentaron hacer lo mismo y cada vez resultó el caos completo en todo el Universo.

Hace más de un millón de años, los marcianos se unieron a la tercera rebelión, la tercera vez que la vida decidía intentar este experimento. El experimento falló dramáticamente. Fueron destruidos planetas por todas partes, y Marte fue uno de ellos. La vida intentó crear una realidad separada de Dios, que es lo mismo que está sucediendo ahora. En otras palabras, una porción de la vida intentó separarse a sí misma de toda la otra vida y crear su propia realidad separada. Debido a que todo es Dios de todas formas, esto está bien –se puede hacer–. Lo único, es que nunca ha funcionado hasta ahora. Sin embargo, volvieron a intentarlo.

Cuando alguien intenta separarse de Dios, rompe su conexión de amor con la realidad. Así que cuando los marcianos (y muchos otros) crearon una realidad separada, cortaron el vínculo de amor –desconectaron el cuerpo emocional– y al hacerlo, se volvieron puramente masculinos, con un poco o nada de femenino dentro de ellos. Eran seres puramente lógicos sin emociones. Como el doctor Spock en *Star Trek* (*Viaje a las estrellas*), eran sólo lógicos. Lo que pasó en Marte y en miles y miles de otros lugares, fue que terminaron peleando todo el tiempo porque no había compasión, no había amor. Marte se convirtió en un campo de batalla que simplemente seguía y seguía, hasta que, finalmente, se hizo evidente que Marte no iba a sobrevivir. Al final volaron su atmósfera y destruyeron la superficie de su planeta.

Antes de que Marte fuera destruido, construyeron enormes pirámides tetraédricas, que vas a ver en las fotografías del segundo volumen. Después construyeron pirámides de tres, cuatro y cinco lados, construyendo finalmente un complejo que era capaz de crear un Mer-Ka-Ba sintético. Como ves, pueden tener un vehículo espacio-temporal que parece una nave, o pueden tener otras estructuras que hacen lo mismo. Construyeron una estructura desde donde eran capaces de ver el futuro y el pasado, hasta distancias y períodos de tiempo tremendos.

Un pequeño grupo de marcianos intentó salir de Marte antes de que fuera destruido, por lo que se trasladaron hacia el futuro y encontraron un lugar perfecto para restablecerse antes de que se destruyera Marte. Ese lugar era la Tierra, pero estaba a unos 65,000 años en nuestro pasado. Vieron ese pequeño vórtice allí en la Atlántida sin nadie en él. No pidieron permiso. Como parte de la rebelión, no siguieron el procedimiento normal. Simplemente dijeron: "Está bien, hagámoslo". Se establecieron en ese vórtice y al hacerlo, se unieron a nuestro sendero evolutivo.

Los marcianos violan la conciencia del niño humano y toman el poder

Fueron sólo unos pocos miles de estos marcianos los que usaron el edificio o la máquina de conciencia de tiempo-espacio-dimensión. Lo primero que hicieron cuando llegaron aquí a la Tierra, fue intentar tomar el control de la Atlántida. Querían declarar la guerra y apoderarse de ella. Sin embargo, eran vulnerables debido a su reducido número y quizás a otras razones, por lo que no pudieron hacerlo. Finalmente fueron sometidos por los atlantes-lemurianos. Fuimos capaces de evitar que nos conquistaran, pero no pudimos enviarlos de vuelta. Para cuando esto sucedió dentro de nuestro sendero evolutivo, teníamos el desarrollo de una niña de 14 años. Así que lo que teníamos aquí era similar a una niña de 14 años de la que se apodera un hombre mucho mayor, un hombre de 60 ó 70 años, que simplemente la toma por la fuerza. En otras palabras, fue una violación. Fuimos violados, no tuvimos otra opción. Los marcianos se inmiscuyeron y dijeron: "Les guste o no estamos aquí". No les importó lo que pensamos o sentimos al respecto. En realidad no fue diferente a lo que nosotros en América le hicimos a los nativos americanos.

Una vez que se terminó el conflicto inicial, se acordó que los marcianos intentarían comprender esta parte femenina de la que carecían, este sentimiento emocional del que no tenían nada en absoluto. Las cosas más o menos se asentaron durante un período considerable. Pero los marcianos comenzaron poco a poco a implementar su tecnología de cerebro izquierdo, misma que los lemurianos desconocían. Todo lo que conocían los lemurianos era tecnología de cerebro *derecho* y en la actualidad sabemos muy poco de ella. Las máquinas psicotrónicas, las varas para encontrar agua y ese tipo de cosas, son tecnologías de cerebro derecho. Muchas tecnologías femeninas de cerebro derecho los asombrarían si las vieran en acción. Pueden hacer absolutamente cualquier cosa que puedan imaginar con la tecnología de cerebro derecho, tal como lo pueden hacer con la tecnología de cerebro izquierdo, si son llevadas a su pleno potencial. Pero no necesitamos ninguna de estas dos, ¡ese es el gran secreto que hemos olvidado!

Los marcianos siguieron produciendo estos inventos de cerebro izquierdo, uno tras otro, hasta que cambiaron la polaridad de nuestro sendero evolutivo porque comenzamos a "ver" a través del cerebro izquierdo y cambiamos de femeninos a masculinos. Cambiamos la naturaleza de quienes éramos. Los marcianos obtuvieron el control poco a poco, hasta que al final controlaron todo sin una batalla. Tenían todo el dinero y todo el poder. La animosidad entre los marcianos y los lemurianos –y estoy poniendo a los hebreos junto a los lemurianos– nunca disminuyó, ni siquiera en el mismo final de la Atlántida. Se odiaban entre sí. Los lemurianos, el aspecto femenino, estaban básicamente rebajados y eran tratados como inferiores. No era una situación muy amorosa. Era un matrimonio que no le gustaba al aspecto femenino, pero no creo que a los marcianos masculinos realmente les importara si les gustaba o no. Esto continuó así durante mucho tiempo, hasta hace unos 26,000 años, cuando lentamente comenzó la siguiente fase.

Cambio menor del polo y la discusión subsiguiente

Fue hace como 26,000 años cuando tuvimos otro cambio menor en los polos y un pequeño salto en conciencia. Este cambio de polos tuvo lugar al mismo tiempo que la oscilación polar, llamada la precesión de los equinoccios, a la que ahora hemos regresado [ve el óvalo inferior menor en A en la fig. 4-6]. No fue muy grande, aunque ha sido registrado por la ciencia. Los dos óvalos pequeños en el ciclo, están donde tienen lugar estos cambios y justo ahora estamos de vuelta en el punto A una vez más. En el momento de este cambio de polos, un pedazo de la Atlántida, quizá como la mitad de Rhode Island, se hundió en el océano. Esto generó mucho miedo en la Atlántida, porque pen-saron que iban a perder todo el continente, como sucedió en Lemuria. En aquel tiempo habían perdido la mayor parte de su habilidad para ver el futuro. Estuvieron temblando de miedo durante mucho tiempo, simplemente porque no sabían con seguridad qué iba a pasar. Todavía tenían miedo 100 años después, hasta que este miedo comenzó a aminorar. Les tomó más de 200 años sentirse a salvo otra vez.

La Atlántida estaba un poco más lejos del óvalo inferior en A, cuando por fin relajaron su miedo sobre los cambios de la Tierra. Pero el recuerdo seguía allí. Progresaron mucho durante un tiempo, entonces de la nada, hace aproximadamente de 13,000 a 16,000 años, un cometa se aproximó a la Tierra. Cuando este cometa todavía estaba en el espacio profundo, los atlantes supieron de su existencia, porque estaban más avanzados tecnológicamente de lo que estamos ahora. Ellos presenciaron su acercamiento.

Comenzó a darse un gran conflicto en la Atlántida. Los marcianos, que eran minoría aunque tuvieran el control, querían destruirlo con su tecnología láser. Pero había un gran movimiento entre la población le-muriana en contra del uso de la tecnología de cerebro izquierdo de los marcianos. El aspecto femenino dijo: "Este cometa está en orden divino y nosotros deberíamos permitir que esto suceda naturalmente. Dejemos que choque con la Tierra. Eso es lo que se supone que debe suceder".

Por supuesto los marcianos respondieron: "¡No! Vamos a destruirlo en el espacio. Tenemos muy poco tiempo, o todos seremos aniquilados". Después de muchas discusiones, finalmente, los marcianos aceptaron con renuencia permitir que el cometa golpeara a la Tierra. Cuando llegó, entró gritando en la atmósfera, zambulléndose dentro del océano Atlántico,

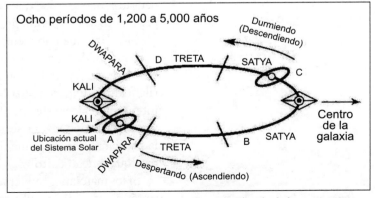

Fig. 4-6. El ciclo de la precesión de los equinoccios; A es el punto del cambio de polos.

justo en la costa oeste de la Atlántida cerca de donde es ahora Charleston, Carolina del Sur, sólo que estaba bajo el océano en ese entonces. Los remanentes de ese cometa están ahora dispersos en cuatro estados. La ciencia ha determinado definitivamente que chocó allí hace entre 13,000 y 16,000 años atrás. Todavía están encontrando pedazos. Aunque la mayoría de los fragmentos se centraron cerca de Charleston, uno de los dos pedazos más grandes golpeó el cuerpo principal de la Atlántida en su área sudoeste. Esto dejó dos grandes agujeros en el suelo del océano Atlántico y pudo haber sido la verdadera causa del hundimiento de la Atlántida. El hundimiento real no sucedió en ese entonces, sino que ocurrió al menos cientos de años más tarde.

La decisión fatídica de los marcianos

Los pedazos del cometa que chocaron en el área sudoeste de la Atlántida, cayeron justo donde estaban viviendo los marcianos, matando gran parte de su población. Los marcianos fueron los que más daños sufrieron al consentir que se les permitiera entrar al cometa. Bueno, eso era demasiado humillante y doloroso para ellos. Éste fue el principio de una pérdida de conciencia para la Tierra. Lo que estaba por suceder, era la semilla de un árbol amargo, el mismo árbol con el que vivimos hoy. Los marcianos dijeron: "Se acabó. Nos divorciamos de ustedes. De ahora en adelante vamos a hacer lo que queramos. Pueden hacer lo que quieran, pero vamos a dirigir nuestras vidas y a intentar controlar nuestro destino. No vamos a volver a escucharlos nunca más". Ya conocen todo este numerito. Lo hemos visto en familias divorciadas en todo el mundo. ¿Y los niños? ¡Observen nuestro mundo! ¡Nosotros somos los niños!

Los marcianos decidieron dominar la Tierra, por supuesto. El control, el primer punto de contacto mariano con la realidad para reunirse con su ira. Comenzaron a crear un complejo de construcciones similar al que habían construido hacía mucho en Marte, para crear un Mer-Ka-Ba sintético de nuevo. Lo único es que ya habían pasado alrededor de 50,000 años desde que habían creado uno y no recordaban con precisión cómo hacerlo –pero pensaron que sí–. Así que construyeron edificaciones y empezaron el experimento. Ese experimento está directamente vinculado a una cadena de Mer-Ka-Bas, que había empezado con los experimentos marcianos hacía poco menos de un millón de años. Más tarde, se hizo uno aquí en la Tierra en 1913, otro en 1943 (llamado el Experimento Filadelfia), otro en 1983 (llamado el Experimento Montauk) y otro más que, según creo, están intentando hacer este año (1993) cerca de la isla Bimini. Estas fechas son ventanas de tiempo que se abren y que están ligadas con los armónicos de la situación. Los experimentos deben ser programados con estas ventanas para que tengan éxito.

Si los marcianos hubieran tenido éxito implementando un Mer-Ka-Ba sintético armónico, hubieran tenido el control absoluto del planeta, si hubiera sido su intención. Hubieran sido capaces de lograr que cualquiera en el planeta hiciera lo que ellos quisieran, aunque al final hubiera significado su propio fracaso. Ningún ser de un orden superior tomaría este tipo de control sobre otro, si comprendiera verdaderamente la realidad.

Fracaso del intento Mer-Ka-Ba
de los marcianos

Los marcianos erigieron las construcciones en la Atlántida, montaron todo el experimento, y activaron el interruptor para iniciar el flujo de energía. Casi enseguida perdieron el control del experimento, como si cayeran a través del espacio y del tiempo. El grado de destrucción fue más horrible y pecaminoso de lo que puedo describir. En esta realidad, no se puede cometer un error más grande que crear un Mer-Ka-Ba sintético fuera de control. Lo que hizo el experimento fue comenzar a rasgar los niveles dimensionales inferiores de la Tierra –no los niveles dimensionales altos sino los inferiores–. Para mostrar una analogía, el cuerpo humano tiene membranas entre diferentes partes, como en el corazón, el estómago, el hígado, los ojos y demás. Si tomaras un cuchillo y abrieras tu estómago, sería como si desgarraras los niveles dimensionales de la Tierra. Varios aspectos están separados de otros aspectos del espíritu, por medio de estas membranas dimensionales y no fueron creados para mezclarse. Se supone que no tienes que tener sangre en el estómago, sino en las arterias. El propósito de una célula sanguínea es diferente al de una célula estomacal.

Estos marcianos hicieron algo que casi mata a la Tierra. El desastre ambiental que estamos experimentando ahora, no es nada en comparación, aunque los problemas que tenemos son un resultado directo de lo que hicimos hace tanto tiempo. Con la comprensión verdadera y suficiente amor, el ambiente podría ser reparado en un solo día. Pero si este experimento de los marcianos hubiera continuado, habría destruido para siempre a la Tierra. Nunca más habríamos podido usar a la Tierra como base para plantar semillas de nuevo.

Los marcianos cometieron un error muy grave. Este campo Mer-Ka-Ba fuera de control, primero que nada, liberó un gran número de espíritus de una dimensión más baja dentro de los planos dimensionales superiores de la Tierra. Estos espíritus fueron forzados a entrar a un mundo que no comprendían ni conocían y estaban totalmente aterrorizados. Tenían que vivir –tenían que tener cuerpos– por lo que entraron en las personas, cientos de ellos dentro de cada persona en la Atlántida. Los atlantes no podían evitar que entraran a sus cuerpos. Finalmente, casi todas las personas en el mundo estaban poseídas por estos entes de otra dimensión. Estos espíritus eran en realidad terrícolas como nosotros, pero muy diferentes, no provenían de este nivel dimensional. Fue una catástrofe total, presumiblemente la catástrofe más grande que haya visto la Tierra.

Aquellos de ustedes que creen que estaremos fuera de esta dimensión antes del 2012, probablemente estén en lo cierto. La corrección de este campo atlante será completada en ese año tridimensional, aunque la Tierra esté probablemente en la cuarta dimensión, al menos, para entonces, de acuerdo con Thot.

Una herencia nociva: el Triángulo de las Bermudas

El intento de los marcianos de controlar el mundo tuvo lugar cerca de una de las islas atlantes, en el área que ahora llamamos el Triángulo de las Bermudas. Existe una construcción real sobre el suelo del océano, que contiene tres campos electromagnéticos en forma de estrella tetraédrica, girando sobrepuestos uno sobre el otro, creando un enorme Mer-Ka-Ba sintético que se extiende sobre el océano hasta el espacio profundo. Este Mer-Ka-Ba está completamente fuera de control. Se llama Triángulo de las Bermudas porque el vértice de uno de los tetraedros –el fijo– sale de la superficie del agua en esa parte. Los otros dos campos están contrarrotando y el más rápido algunas veces se mueve a favor de las manecillas del reloj, lo que es muy peligroso (cuando decimos en sentido de las manecillas del reloj, nos referimos a la *fuente* del campo, no al campo mismo. El campo parecería estar girando en contra de las manecillas del reloj). Comprenderás esto cuando aprendas más sobre el Mer-Ka-Ba. Cuando el campo más rápido gira *en contra de las manecillas del reloj* (desde su fuente), todo está bien; pero cuando el más rápido se mueve *como las manecillas del reloj* (desde su fuente), es cuando tienen lugar las distorsiones en el espacio y el tiempo. Muchos de los aviones y barcos que han desaparecido en el Triángulo de las Bermudas se han ido, literalmente, a otros niveles dimensionales, debido al campo fuera de control que hay allí.

Una causa primordial de mucha de la distorsión en el mundo –la distorsión entre los humanos, como las guerras, los problemas matrimoniales, los trastornos emocionales, etcétera–, es ese campo desequilibrado. Ese campo no sólo está causando distorsiones en la Tierra, está causando problemas mucho más lejos en áreas remotas del espacio, debido a la forma de cómo está construida la realidad. Esa es una de las razones por las que esta raza de seres llamados los grises y otros seres extraterrestres, de los que hablaremos en su momento, están intentando corregir lo que sucedió aquí hace tanto tiempo. Éste es un gran problema que se extiende mucho más allá de la Tierra. Lo que hicieron en la Atlántida fue en contra de toda ley galáctica. Fue ilegal, pero lo hicieron de todas formas. Se solucionará, pero no antes del año 2012. No hay mucho que los extraterrestres puedan hacer mientras tanto, pero probablemente seguirán intentándolo. Finalmente tendrán éxito.

La solución: una Red de Conciencia Crística

Los Maestros Ascendidos ayudan a la Tierra

En el momento del fracaso del Mer-Ka-Ba sintético, había alrededor de 1,600 Maestros Ascendidos en la Tierra, e hicieron todo lo que pudieron para tratar de sanar la situación. Intentaron sellar los niveles dimensionales y sacar de las personas a tantos espíritus como pudieron, para llevarlos de vuelta a sus propios mundos. Hicieron todo lo posible a todos los niveles que pudieron. Al final sacaron a la mayoría de los espíritus y sanaron entre un 90 y 95% o más de la situación, pero la gente todavía encontraba muchos de estos seres inusuales viviendo en sus cuerpos.

La situación en ese momento comenzó a deteriorarse extremadamente rápido. Todos los sistemas en la Atlántida, financieros, sociales y todos los conceptos sobre cómo debía ser la vida, se degeneraron y colapsaron. El continente de la Atlántida y toda su gente enfermó. Comenzaron a contraer enfermedades extrañas. El continente entero cayó en un estado de supervivencia intentando simplemente sobrevivir cada día. La situación empeoraba continuamente. Durante mucho tiempo fue el infierno en la Tierra, horrible. Si no lo hubieran frenado los Maestros Ascendidos, habría sido verdaderamente el fin de este mundo.

Los Maestros Ascendidos (los niveles más elevados de nuestra conciencia en ese tiempo) no sabían qué hacer para devolvernos a un estado de gracia. Quiero decir que *realmente* no sabían qué hacer. Eran como niños comparados con los acontecimientos a los que se veían forzados a enfrentarse y no tenían idea cómo manejar la situación. Así que rezaron. Llamaron a los niveles superiores de conciencia. Invocaron a todo el que pudiera escuchar su plegaria, incluyendo al gran Comando Galáctico. Rezaron y rezaron. Así que muchos niveles superiores de vida examinaron el problema.

Sucesos similares han sucedido antes en otros planetas; ésta no era la primera vez. Así que antes de que realmente sucediera, nuestros Maestros Ascendidos y amigos galácticos, sabían que íbamos a perder el estado de gracia, lejos del nivel superior de conciencia que estábamos experimentando en ese tiempo. Sabían que íbamos a caer muy bajo en el espectro de la vida. Su preocupación era encontrar la forma de devolvernos al camino después de la caída y sabían que tenía que hacerse rápidamente. Estaban buscando una solución que sanara a toda la Tierra, tanto a la oscuridad como a la luz. No estaban interesados en una solución donde sólo los marcianos sanaran o sólo los lemurianos, o sólo *parte* de la Tierra. Estaban buscando una solución que sanara a toda la Tierra y sus habitantes.

Los niveles superiores de conciencia no están de acuerdo con el punto de vista "nosotros y ellos". Sólo existe *una* conciencia moviéndose por toda la vida y ellos estaban intentando devolvernos a todos a un estado de amor y respeto. Sabían que la única forma de hacerlo era llevarnos de vuelta a una Conciencia Crística, un nivel del ser donde podemos ver la unidad y sabían que desde allí continuaríamos con amor y compasión. Sabían que si íbamos a regresar al camino, teníamos que estar en la Conciencia Crística como planeta para finales del ciclo de 13,000 años, –eso es ahora–. Si no teníamos Conciencia Crística para entonces, no lo lograríamos. Nos destruiríamos. Aunque el espíritu es eterno, las interrupciones de vida pueden ser una pérdida temporal.

El único problema era que no podíamos volver a la Conciencia Crística por nosotros mismos, al menos no en poco tiempo. Una vez que caímos a este nivel llevaría mucho tiempo antes de que fuéramos capaces de volver naturalmente. Por tanto, el problema, realmente, era el tiempo. Éramos parte de una conciencia mayor que nos amaba, y a través del amor deseaba ayudarnos a volver hacia la inmortalidad consciente tan pronto como fuera posible. Sería como tener un hijo que se golpea muy fuerte la cabeza, y tiene una conmoción cerebral. Querían que volviera a estar consciente enseguida.

Al final se decidió intentar un procedimiento estándar que generalmente funciona en estas situaciones, aunque no siempre. En otras palabras, era un experimento. La gente de la Tierra serían sujetos de un proyecto experimental galáctico que esperaban pudiera ayudarnos. Íbamos a experimentar en nosotros mismos. No fue hecho por extraterrestres ni nada por el estilo; ellos tan sólo nos mostraron cómo hacerlo. Se nos dieron instrucciones sobre cómo proceder con este experimento y de hecho lo llevamos a cabo... con éxito.

¿Qué pasó con los sirianos? Nuestros ayudantes creían con sinceridad que lo lograríamos, aunque sabían que estaríamos cerca de no conseguirlo. De hecho, el Comando Galáctico no les habría dado permiso para el experimento, si no hubieran creído que lo lograríamos. No se le puede mentir al Comando Galáctico.

Una red planetaria

Aquí, para que comprendas el procedimiento que decidieron, necesito hablar sobre redes. Una red planetaria es una estructura etérea cristalina que envuelve al planeta y que sostiene la conciencia de cualquier especie de vida. Sí, tiene un componente electromagnético asociado con la tercera dimensión, pero también tiene un componente de un nivel dimensional superior apropiado para cada dimensión.

La ciencia descubrirá finalmente, que existe una red para cada especie en el mundo. Al principio había 30 millones de redes alrededor de la Tierra, pero ahora hay entre 13 y 15 millones y están disminuyendo rápidamente. Si sólo hay dos bichos en el planeta y están en algún lugar de Iowa, tienen una red que se extiende alrededor del planeta entero, o no podrían existir. Simplemente funciona así.

Cada una de estas redes tiene su propia geometría y es única; no existe otra igual. Tal como el cuerpo de una especie es único, su punto de vista para interpretar la realidad también lo es. La Red de Conciencia Crística sostiene la Conciencia Crística del planeta y si esa red no está allí, no podemos alcanzar la Conciencia Crística. La red estaba allí durante los tiempos atlantes, aunque éramos muy jóvenes y estaba comenzando a funcionar en ciertos momentos durante la precesión de los equi-noccios. Ellos sabían que las acciones de los marcianos la dejarían en estado pasivo, así que decidieron activar sintéticamente la Red de Conciencia Crística alrededor de la Tierra. Sería una red viva, pero habría sido creada sinté-ticamente —como crear un cristal sintético a partir de una célula viva de un cristal vivo–. Entonces en el momento correcto, con suerte antes de que nos matáramos a nosotros mismos, estaría completa la nueva red y podríamos ascender a nuestro nivel anterior una vez más. Un ejemplo del efecto de una red demuestra en la teoría del centésimo mono (o mono 100).

El concepto del centésimo mono
(o mono 100)

Probablemente han leído el libro *The Hundredth Monkey* (*El centésimo mono*), de Ken Keyes Jr., o quizá el libro anterior de Lyall Watson, *Lifetide: The Biology of the Unconscious* (*La biología del inconsciente*), que describe un proyecto de investigación científica de 30 años del mono japonés, macaco fuscata. La isla de Koshima en Japón alberga una colonia salvaje y los científicos les estaban dando camotes (papas dulces) que les lanzaban a la arena. A los monos les gustaban los camotes, pero no la arena y la tierra. Una hembra de 18 meses a la que llamaron "Imo", se dio cuenta de que podía resolver el problema lavando los camotes. Ella le enseñó su truco a su madre. Sus compañeros de juegos también aprendieron esta nueva forma y se la enseñaron a su vez a sus madres. Pronto todos los monos jóvenes lavaban sus camotes, pero sólo los adultos que imitaron a sus hijos aprendieron este comportamiento. Los científicos registraron estos casos entre los años 1952 y 1958.

Después, de pronto, en el otoño de 1958, los pocos monos que hacían esto en la isla de Koshima llegaron a una masa crítica, que el doctor Watson colocó arbitrariamente en el número 100 ¡y bingo!, casi todos los monos en la isla comenzaron a lavar sus camotes sin ninguna influencia posterior. Si sólo hubiera pasado en esa isla, probablemente habrían pensado que existía alguna forma de comunicación y la hubieran buscado. Pero al mismo tiempo, los monos en las islas de alrededor también empezaron a lavar sus camotes. Incluso en la isla principal de Japón, en Takasakiyama, los monos estaban lavando sus camotes. No había modo de que estos monos hubieran podido comunicarse de alguna forma que sea conocida. Fue la primera vez que los científicos observaron algo como esto. Ellos postularon que debía haber algún tipo de campo morfogenético que se extendía a través de estas islas y a través del cual los monos podían comunicarse.

El centésimo humano (o humano 100)

Muchas personas pensaron sobre el fenómeno del centésimo mono. Unos pocos años después un equipo científico de Australia e Inglaterra, se preguntó si los seres humanos poseían una red similar a la de los monos. Hicieron un experimento. Hicieron una fotografía que tenía cientos de rostros humanos en ella, pequeños y grandes, caras en los ojos. Todo estaba formado por estos rostros, pero cuando se miraba por primera vez, sólo podían ver seis o siete. Había que entrenarse para ver las otras. Generalmente alguien tenía que mostrarles primero dónde estaban.

Estas personas llevaron su fotografía a Australia y allí realizaron un

En la película *Stargate*, no se le dio a Ra el debido respeto. Él fue realmente uno de los Maestros Ascendidos y un ser de luz, no de maldad.

estudio. Seleccionaron cierto número de personas de un espectro de población, entonces le mostraron la fotografía a cada una, dándoles cierto tiempo para observarla. Les sostenían la fotografía y alguien decía: "¿Cuántas caras ves en esta fotografía?". Durante el tiempo que se les daba a los sujetos, por lo común lograban ver seis, siete, ocho, nueve o quizá 10 caras. Pocas personas vieron más. Cuando ya tenían unos cuantos cientos de personas como muestra básica y habían registrado con precisión lo que habían observado, algunos de los investigadores fueron a Inglaterra –al otro lado del planeta– y mostraron la fotografía en un circuito cerrado de televisión de la BBC que sólo se transmite en Inglaterra. Ellos mostraron detalladamente dónde estaban todas las caras, cada una de ellas. Entonces, *pocos minutos después*, otros investigadores repitieron el experimento original con nuevos sujetos en Australia. De repente las personas podían ver fácilmente la mayoría de las caras.

Desde ese momento, supieron con certeza que había algo sobre los humanos que no se había sabido. Ahora bien, los aborígenes de Australia han sabido sobre esta parte "desconocida" de nosotros durante mucho tiempo. Sabían que había un campo de energía conectando a las personas. Incluso en nuestra sociedad, hemos observado que alguien en una parte del planeta inventa algo muy complicado, al mismo tiempo que alguien en el otro lado de la Tierra inventó la misma cosa, con los mismos principios e ideas. Cada inventor dice: "Tú me lo robaste a mí. Era mío. Yo lo hice primero". Esto ha sucedido muchas veces, y desde hace mucho tiempo. Así que después de este experimento australiano, comenzaron a darse cuenta de que *algo* indudablemente nos conecta a todos.

El descubrimiento de la red por parte del gobierno y la carrera para conseguir el control

A principios de los sesenta, los gobiernos estadounidense y soviético habían descubierto estos campos electromagnéticos o redes, que se extendían alrededor del mundo. Redes humanas, –sí, existe más de una– están muy alto sobre la Tierra, como a 97 kilómetros o más.

¿Recuerdas que te hablé sobre los cinco niveles de conciencia en la Tierra, que se corresponden con diferente número de genes y distintas alturas? Bueno, sólo existen tres niveles de conciencia que la Tierra esté experimentando en este momento. Los otros dos están muy lejos en este momento. El primer nivel es primario, el segundo nivel es nuestra conciencia actual y el tercer nivel es el Crístico o Conciencia de Unidad, al que estamos a punto de entrar. Después de la caída, hace como 13,000 años, sólo había dos redes humanas activas alrededor del planeta, el primero y segundo niveles. Los aborígenes de Australia estaban en el primer nivel, por ejemplo, y nosotros, los mutantes, estábamos en el segundo nivel (por eso nos llaman mutantes, porque mutamos hacia donde estamos ahora). La ciencia ha investigado mucho sobre los aborígenes australianos, por lo que nuestros países no se han dado cuenta de su red. Pero los gobiernos han investigado mucho sobre nosotros y descubrieron exactamente cómo se ve nuestra red: está basada en triángulos y cuadrados. Es una red muy masculina que se extiende alrededor de todo el planeta. Ahora, tenemos una tercera red allá arriba, a la que llamamos la Red de Conciencia de Unidad, o simplemente "el siguiente paso". Ha estado allí, completa, desde el 4 de febrero de 1989. Sin esa red, todo se habría terminado para nosotros. Pero está allí.

Los gobiernos fueron conscientes de nuestra red de segundo nivel tal vez desde los cuarenta. Me doy cuenta de que esta afirmación se contradice con lo que mencioné arriba. Pero sin embargo, creo que la red fue descubierta incluso antes de que saliera la teoría del centésimo mono. Debido a la Segunda Guerra Mundial, los gobiernos empezaron a colocar bases militares en todo el mundo en cualquier tipo de lugares solos y distantes, en islas recónditas como Guam. ¿Por qué seleccionaron estos lugares particulares para sus bases? Probablemente no fue por las razones que dijeron. Cuando extiendes la red y las bases militares sobre el globo, en especial las de Rusia y los Estados Unidos, bueno, las bases están *casi siempre* localizadas justo en los puntos nodales de la red –exactamente sobre la parte superior o en pequeñas espirales que provienen de los puntos nodales–. No podía ser una coincidencia que hayan extendido su imperio de bases militares en esos lugares precisos. Estaban intentando tomar el control de esta red, porque si podían controlarla, sabían que podían controlar lo que pensamos y sentimos. Se estaba llevando a cabo una guerra imperceptible entre estos dos gobiernos. Sin embargo, la guerra cambió por completo su naturaleza en 1970, aunque tengo que explicar eso más tarde. Por supuesto, detrás de los Estados Unidos y la Unión Soviética estaba el gobierno secreto, que controlaba las apariencias externas y el momento adecuado para este conflicto.

Cómo y dónde se construyó la red

Ahora que tenemos los antecedentes necesarios, podemos volver al drama de la Atlántida. El proyecto para reconstruir la red lo iniciaron tres hombres: Thot, un ser llamado Ra y un ser llamado Araragat. Estos hombres volaron hacia un lugar en lo que ahora es Egipto, al área llamada hoy la meseta de Giza. Por aquel entonces no era un desierto, sino una selva tropical y se llamaba la Tierra de Khem, que significa la tierra de los bárba-ros peludos. Los tres hombres fueron a ese lugar particular, porque el eje de la vieja Red de Conciencia de Unidad se extendía por la Tierra desde ese punto. Iban a reconstruir una nueva red sobre el viejo eje, de acuerdo con las instrucciones que les dieron las conciencias superiores.

Tenían que esperar el momento correcto, –hasta que la precesión de los equinoccios pasara el punto bajo en la conciencia–, antes de poder actuar y este punto bajo todavía estaba lejos en su futuro. Después de esto, tendrían poco menos de la mitad de un ciclo, unos 12,900 años más o menos, para completarlo todo para finales del siglo XX. No podíamos tardar más, o nos destruiríamos a nosotros y al planeta.

Primero tenían que completar la red en las dimensiones superiores, luego tenían que construir físicamente los templos en esta dimensión, antes de que se pudiera manifestar la nueva red de unidad. Una vez manifestada y equilibrada, nos ayudarían a comenzar a movernos conscientemente hacia los mundos superiores del ser y a empezar de nuevo nuestro sendero hacia casa, con Dios.

Por lo tanto Thot y sus amigos fueron al punto donde salía el vórtice de la Conciencia de Unidad en la Tierra. Este punto estaba como a casi 1,600 metros de donde se encuentra ahora la Gran Pirámide en el desierto, pero entonces estaba en medio de la nada, en medio de una selva tropical. Crearon un agujero, centrado justo sobre el ápice de este vórtice, que iba a unos 1,600 metros de profundidad dentro de la Tierra, alineándolo con ladrillos. Esto sólo tomó unos cuantos minutos, porque eran seres de sexta dimensión y cualquier cosa que pensaban siempre sucedía. Era así de simple.

Una vez que se creó el agujero alineado con el eje de unidad, trazaron un mapa con las 10 espirales de proporción áurea que emergieron desde el agujero y se extendieron sobre la Tierra. Usaron el hoyo como eje, comenzando muy abajo y trazaron el mapa de las espirales de energía, conforme subían y salían del agujero extendiéndose hacia el espacio. Una de las espirales salía de la Tierra no muy lejos de la Gran Pirámide. Una vez que la encontraron, construyeron un pequeño edificio de piedra frente al agujero; ese edificio es la clave de todo el complejo de Giza. Luego construyeron la Gran Pirá-mide.

De acuerdo con Thot, la Gran Pirámide fue construida por él mismo, no por Keops. Thot dice que se completó cerca de 200 años antes del cambio de los ejes. El ápice de la Gran Pirámide yacía exactamente en la curva de la espiral, si la piedra coronaria estuviera en su lugar. Ellos alinearon el centro del agujero con la cara sur del edificio de piedra y la cara norte de la Gran Pirámide. Esto ha asombrado a los topógrafos que lo han observado. Aunque estas estructuras están a 1,600 metros una de la otra, la cara sur del edificio de piedra y la cara norte de la Gran Pirámide, están en perfecta alineación. No creen que pudiéramos hacerlo mejor ahora, incluso con nuestra tecnología moderna.

Más tarde también se construyeron las otras dos pirámides directamente sobre esa espiral. De hecho, así es como se descubrió el agujero, por medio de fotografía aérea. Se dieron cuenta de que las tres pirámides estaban situadas en una espiral logarítmica. Entonces trazaron la espiral de vuelta a su fuente y llegaron a ese punto y allí estaban el agujero y el edificio de piedra. Ese descubrimiento se hizo, según creo, a principios de los ochenta. Fue registrado en la investigación por Rocky Mc Collum que se completó en 1984.

He visto el agujero del eje y el edificio con mis propios ojos. Lo considero el lugar más importante de Egipto y también lo es para Edgar Cayce ARE. Existe también otro agujero como a una manzana de edificios de distancia de la primera espiral y esta segunda espiral empieza de modo un poco diferente, pero después, lentamente, asintóticamente, se sobrepone sobre la primera espiral. Para poder construir alrededor de este agujero en este patrón espiral, los urbanistas tenían que tener una comprensión muy sofisticada de la vida (también lo explicaré más tarde). Así que estas dos espirales completas definían el eje de lo que se convertiría finalmente en la Red de Conciencia de Unidad de la Tierra.

Sitios sagrados

Después de iniciar la nueva red sobre la existente red colapsada y de poner una pirámide en la línea de la espiral, Thot, Ra y Araragat trazaron un mapa donde se curvaban estas dos líneas de energía y se cruzaban entre sí en más de 83,000 lugares en la superficie de la Tierra. En la cuarta dimensión, una dimensión más arriba que ésta, construyeron una red completa de edificios y estructuras sobre todo el planeta, colocándolos en los nodos de esta matriz de energía. Todas estas estructuras se ubicaron de acuerdo con las proporciones, ya sea de la espiral de proporción áurea, o las espirales Fibonacci y todo se remite matemáticamente a ese único punto en Egipto, llamado ahora la Cruz Solar.

La ubicación de los sitios sagrados del mundo no es accidental. Fue una sola conciencia la que creó cada uno de ellos, –desde Machu Picchu hasta Stonehenge y Zaghouan–, elijan el que quieran, todos ellos. Casi todos (con unas pocas excepciones) fueron creados por una sola conciencia. Nos estamos volviendo más conscientes de eso ahora. Richard Hoagland lo adelantó en su trabajo, aunque no fue el primero. Ellos muestran cómo un sitio sagrado está extrapolado desde otro, después otro y otro más. Estos sitios van más allá del tiempo, porque todos fueron construidos en distintos momentos y van más allá de cualquier cultura particular o ubicación geográfica. Obviamente fueron hechos por una conciencia que coordinaba todo el proyecto. Al final, los investigadores verán que este punto en Egipto, es el lugar desde el cual fueron calculados todos los otros sitios sagrados.

Esta área egipcia es el polo norte de la Red de Conciencia de Unidad. Al otro lado del planeta, allá en el Pacífico Sur en las islas tahitianas, hay una pequeña isla llamada Morea, donde se localiza el polo sur de esta red. Para los que han estado en la cima de Wayna Picchu observando la vista, Machu Picchu, a unos 2.5 kilómetros en las montañas peruanas, parece estar rodeado de un círculo perfecto de montañas. Es como un círculo femenino rodeando un falo que se eleva en el medio. Bueno, la isla de Morea es similar a ésta, sólo que tiene forma de corazón. Cada casa en Morea tiene un corazón con el número de la casa en él. La montaña moreana fálica en el centro del corazón, es mucho más grande que Wayna Picchu en Perú, pero verán el mismo anillo de montañas rodeando este polo de la Tierra. Éste es el polo sur preciso de la Red de Conciencia de Unidad entera. Si atravesaran una línea recta a través de la Tierra desde Morea, saldrían en Egipto. Está desviada sólo un poquito, hay una ligera curva, lo que es natural. El polo de Morea es negativo o femenino y el polo egipcio es positivo o masculino. Todos los sitios sagrados están conectados con el polo egipcio y están entrelazados a través del eje central que conduce a

Fig. 4-7. La Gran Pirámide.

Morea. Es un tubo Toro: forma geométrica basada en la esfera similar a una dona, por supuesto.

La plataforma de aterrizaje de la pirámide y la nave debajo de la Esfinge

Ésta es la Gran Pirámide [fig. 4-7]. Tiene una "cúpula o piedra coronaria" perdida y existen todo tipo de especulaciones acerca de esto. Según Thot, la piedra coronaria faltante real tiene 14 centímetros de alto y es de oro sólido; es una imagen holográfica de toda la pirámide. En otras palabras, tiene todas las pequeñas habitaciones dentro de ella y cada proporción y está ubicada en el Salón de los Registros. Las otras dos pirámides continúan hasta terminar en un punto; sólo la Gran Pirámide tiene una superficie plana en la parte de arriba. Esa pieza faltante no es pequeña, tiene alrededor de 15 metros de base. Si subes hasta arriba, es una plataforma enorme. Esta área plana es realmente una plataforma de aterrizaje para una nave muy especial que existe en la Tierra.

La Esfinge no está muy lejos de la Gran Pirámide. Según *Las tablas esmeralda* y Thot, la Esfinge tiene mucho más de los 10,000 ó 15,000 años estimados por John Anthony West. Un factor que muchos investigadores actuales se han negado a considerar, es que la Esfinge ha estado bajo la arena durante la mayor parte de su existencia reciente. De hecho, cuando Napoleón fue a ver la Esfinge, ni siquiera supo que estaba allí porque todo lo que vio fue su cabeza. Estaba completamente enterrada y ha estado enterrada durante la mayor parte de los últimos siglos al menos. Teniendo en cuenta ese factor, que podría ser muy importante, el desgaste causado por la lluvia y el viento, hubiese llevado mucho más tiempo de lo que están considerando actualmente.

La Esfinge, según Thot, se remonta al menos 5.5 *millones* de años atrás. Creo que esto al final se planteará, porque hasta ahora no se ha equivocado en nada. Incluso John Anthony West, sospecha secretamente que tiene una antigüedad mayor de 10,000 ó 15,000 años. Él no estaba preocupado en hacer especulaciones de millones de años; sólo quería que pasara la marca de 6,000 años, porque eso rompería nuestra historia de la Tierra previamente aceptada. Él y su equipo ya lo han hecho y más tarde, según creo, intentarán empujar más la fecha hacia el pasado cuando presenten más pruebas.

Según Thot, a 1,600 metros aproximadamente debajo de la Esfinge, hay una habitación circular con un suelo y un techo planos. Dentro de esta habitación está el objeto sintético más antiguo en el mundo –más viejo que cualquier otro material fabricado conscientemente–. De acuerdo con Thot, aunque ni él puede probarlo, este objeto se remonta a 500 millones de años cuando comenzó "aquello que condujo a la vida humana". El objeto mide como dos manzanas de edificios; es redondo como un disco y tiene una base y una tapa planos. Es inusual en cuanto a que su superficie sólo tiene entre tres y cinco átomos de grosor. Sus caras superior e inferior tienen un cierto patrón que se muestra en la fig. 4-8.

El patrón en sí mismo es de cinco átomos de espesor; en todas las demás partes tiene sólo tres átomos de grosor. Es transparente, puedes ver a través de él, casi como si no estuviera allí. Es una nave, pero no tiene motores ni alguna forma visible de energía. Aunque la interpretación de *Las tablas esmeralda* de Doreal afirma que esta nave tiene motores atómicos, para Thot no es así. Doreal tradujo *Las tablas esmeralda* en Yucatán en 1925 y no podía entender la descripción sobre la forma en que la nave obtenía su energía. La idea de los motores atómicos fue la idea más remota en la que pudo pensar para una fuente de energía. Pero realmente está propulsada por los pensamientos y los sentimientos, y está diseñada para conectarse y extender el propio Mer-Ka-Ba viviente de la persona que suba a ella. Esta nave está conectada directamente con el espíritu de la Tierra y en *Las tablas esmeralda* se la denomina buque de guerra. Era el protector de la Tierra.

La vulnerabilidad de este período y la aparición de una heroína

Cada vez que alcanzamos ese punto vulnerable en la precesión de los equinoccios, cuando nuestros polos hacen estos pequeños cambios, los extraterrestres han intentado dominar al planeta, de acuerdo con *Las tablas esmeralda*. Esto ha venido sucediendo durante millones y millones de años y todavía ocurre. Cuando leí eso en *Las tablas esmeralda*, todavía no sabía sobre los grises ni ninguno de estos seres y pensé: "¿Alguien que llega desde otra parte para dominar a la Tierra? No, ¡es una tontería!". Pero incluso hoy, esto mismo está sucediendo. Nunca termina, solamente continúa. Se llama, simplemente, la batalla de la oscuridad y de la luz.

Cuando parece inminente una ocupación, siempre ha habido una persona muy pura que averigua cómo pasar al siguiente nivel de conciencia y entonces encuentra la nave y la eleva hacia el cielo. La Tierra y el Sol se conectan dentro de esa persona y le dan gran poder, entonces lo que sea que esa persona piense y sienta sucederá. Así es como esta nave es un buque de guerra: cualquier raza que esté intentando dominar la Tierra, esta persona simplemente piensa que se van –piensa una situación que los fuerza a irse–. Esto mantiene nuestro proceso evolutivo sin ningún tipo de interferencia externa o influencia. Al menos eso es lo que se *supone* que debe pasar.

Hasta ahora hemos sido indudablemente manipulados. Esa persona pura ha aparecido y ese suceso ya ha ocurrido aquí en la Tierra. Por esto los grises se están yendo. Los problemas que están teniendo se deben a una sola mujer, una mujer de 23 años de Perú (ella tenía 23 años en 1989 cuando lo hizo). Realizó el primer proceso de ascensión hasta la nueva red y se conectó con ella, se conectó con la Tierra, encontró la nave y la elevó al cielo. Primero hizo algunas conexiones básicas en la Tierra que

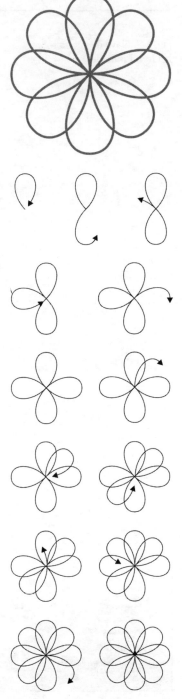

Fig. 4-8. El patrón del disco debajo de la Esfinge.

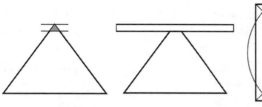
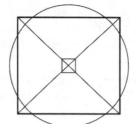

Fig. 4-9. Nave de guerra sobre la Gran Pirámide.

se tenían que hacer con cristales, después desarrolló la programación que tenía que ser recalculada. Lo siguiente que hizo fue *pensar* que los grises y otros relacionados con este intento de conquista de la Tierra enfermarían si permanecían aquí y no habría cura.

En un lapso de un mes, todos los grises comenzaron a enfermar y todo el proceso que ella había visualizado, empezó a ocurrir. Los grises han sido forzados a dejar la Tierra. Sus bases han sido abandonadas y se han visto obligados a alterar sus planes. La presencia de este ejército completo de seres del espacio ha sido reducido a casi nada, todo debido a una mujer pequeña pero bendita. Es asombroso. Nosotros los hombres sabemos cómo es esto, yo he sido reducido a la nada por mi esposa muchas veces.

Esperando la catástrofe atlante

Thot y sus compañeros terminaron el complejo en Egipto para ayudar a reconstruir la red. Después lo abandonaron en medio de la selva tropical y regresaron a la Atlántida a prepararse. Este complejo permaneció allí durante 200 años, porque sabían que en el punto crítico de la precesión de los equinoccios, los polos cambiarían. Sabían que la Atlántida se hundiría, así que esperaron.

Un día finalmente sucedió. La catástrofe realmente sólo tomó una noche. La ciencia ha probado que cuando cambian los polos, toma cerca de 20 horas. Esto sucede así como así. Se despiertan un día normal y esa noche es un mundo totalmente diferente. El proceso completo toma cerca de 3.5 días, pero el cambio de polos sucede en unas 20 horas. Todos vamos a experimentar este enorme cambio, cuando empecemos a ver grandes pedazos de los Estados Unidos cayendo dentro del agua, entonces sabrán que es cierto. Existen señales tempranas que avisan de que el cambio está a punto de ocurrir. Cuando reciban la suficiente información, les recordaré lo que ya contienen en sus recuerdos.

Cuando vieron los primeros signos del cambio que se avecinaba, Thot, Ra y Araragat regresaron a la Esfinge y elevaron el buque de guerra hacia el cielo. Todo lo que hicieron fue elevar la vibración de las moléculas sólo un sobretono por encima del que existe en la Tierra. Esto les permitió a ellos y a la nave pasar a través de la Tierra hacia el cielo. Entonces fueron a la Atlántida, bajaron la nave a la superficie y recogieron a la gente de la Escuela de Misterios de Naacal, que incluía a los inmortales originales de Lemuria, así como los que se habían convertido en seres iluminados durante el tiempo de la Atlántida (para aquel entonces otras 600 personas habían ascendido). Por tanto los 1,000 originales de Lemuria más los 600 de la Atlántida, habían incrementado el número de maestros en cerca de 1,600, fueron los únicos ocupantes de la antigua nave.

Ahora bien, las personas de esta nave no eran sólo pasajeros, estaban creando un Mer-Ka-Ba de grupo viviente que rodeaba la nave, con un

campo muy grande con la forma de un platillo volador –la misma forma que está alrededor de la galaxia y alrededor de tu cuerpo cuando tu Mer-Ka-Ba está girando–. Tenían un campo de protección muy poderoso a su alrededor mientras se dirigían a Khem, que pronto sería el nuevo Egipto. Thot dijo que se habían elevado unos 400 metros sobre la superficie del planeta, con los miembros de la Escuela de Misterios a bordo, cuando vieron hundirse la isla Udal. Éste fue el último trozo de la Atlántida que desapareció en el agua, con la excepción de muy pocas islas pequeñas. Después llevaron la nave a Egipto y aterrizaron en la parte superior de la Gran Pirámide. Vista de lado se observaba como en el dibujo de en medio de la fig. 4-9.

Si extendieras la Gran Pirámide hasta donde terminaría naturalmente la cúpula o piedra coronaria, te darías cuenta que la nave y la pirámide fueron construidas una para la otra. Si vieras esto desde arriba, se vería como la figura del lado derecho. El círculo es la nave y el cuadrado es la Gran Pirámide. El perímetro de la Gran Pirámide y de la circunferencia de la nave son iguales. Es discutible si esto es posible o no, pero se puede aproximar mucho. Cuando se da esta relación matemática, aparece la vida. Ésta es la relación básica de la vida a través del Universo (pronto lo explicaremos por geometría). Si los Maestros Ascendidos no hubieran tenido campos Mer-Ka-Ba giratorios a su alrededor, no estarían aquí ahora (y probablemente nosotros tampoco), porque sus Mer-Ka-Bas los protegieron de todo lo que sucedió después.

Después de aterrizar en la pirámide, los polos comenzaron a cambiar y la conciencia humana de la Tierra comenzó a desplomarse. Simultáneamente, los campos electromagnéticos y magnéticos de la Tierra se colapsaron y toda la vida en este planeta entró en el Gran Vacío, los 3.5 días de absoluta oscuridad descritos por muchas culturas alrededor del mundo.

Los 3.5 días del Vacío

Las tablas esmeralda dicen que cada vez que pasamos alrededor de la precesión de los equinoccios y nuestros polos sufren estos cambios, nos deslizamos a través de un espacio vacío durante 3.5 días. Los mayas describen el Vacío en el *Códice Trojano*. En un punto de la historia, se pintan de negro 3.5 piedras. Esto se refiere al tiempo cuando pasamos a través de lo que ahora llamamos *la zona electromagnética nula*. En el cambio de polos, tiene lugar un fenómeno (discutiremos esto con detalle más adelante) donde 3.5 días estamos en la oscuridad (puede ser entre 2 ó 2.5 días hasta poco más de cuatro días). La última vez, evidentemente fueron 3.5 días. Es más que sólo oscuridad; no es nada, es el vacío. Por cierto, cuando estén en el vacío se darán cuenta de que tú y Dios son uno, no hay ninguna diferencia en absoluto. Hablaremos nuevamente del Vacío en el momento adecuado.

Memoria, campos magnéticos y el Mer-Ka-Ba

Si las personas que estaban en el buque de guerra no hubieran estado protegidas por el Mer-Ka-Ba durante el cambio, hubieran perdido por completo sus recuerdos. Verás, nuestra memoria se sostiene principalmente por un campo magnético que existe alrededor del cerebro, dentro del cráneo y alrededor de la cabeza. Ese campo está también conectado con cada célula en el cerebro, por medio de campos magnéticos individualizados dentro de cada célula. La ciencia encontró primero las partículas magnéticas internas dentro de cada célula y después encontró el campo externo más grande. Éste fue el primer nuevo descubrimiento en la fisiología humana en los últimos 300 años. La memoria depende de un campo magnético estable y vivo, muy parecido a una computadora. Su conexión con el campo magnético de la Tierra no es comprendido por la ciencia en este momento. Si no tienes un medio para proteger su memoria, será borrada. Es como desconectar una computadora en medio de un proceso. Simplemente se borra. Eso fue exactamente lo que le pasó a los atlantes y a otros que sobrevivieron a la catástrofe pero que no tenían Mer-Ka-Bas rotatorios. Esas personas tan sofisticadas, que eran más avanzadas que tú y yo, de pronto se encontraron en una situación en la cual no sabían nada. Tenían cuerpos de alta tecnología y mentes de alta tecnología, pero era como tener una computadora muy buena sobre la mesa, pero sin ningún programa (*software*), nada allí.

Entonces la población que sobrevivió, y fueron pocos, tuvo que volver a empezar nuevamente. Tuvieron que empezar de cero y averiguar cómo permanecer abrigados, cómo hacer fuego, y así sucesivamente. Esta pérdida de memoria fue el resultado de haber olvidado cómo respirar, haber olvidado sus Mer-Ka-Bas, haber olvidado todo, —cayendo a través de las dimensiones, llegando hacia un estado totalmente desprotegido y terminando en este mundo tan denso—, tuvieron que alimentarse otra vez y hacer todo tipo de cosas que no habían sido parte de nuestra experiencia durante mucho tiempo. Quedaron atrapados en un aspecto muy denso del planeta y tuvieron que aprender a sobrevivir otra vez. Todo esto fue a consecuencia del experimento del Mer-Ka-Ba sintético que se llevó a cabo en la Atlántida.

Sin ese pequeño grupo de Maestros Ascendidos, no habríamos sobrevivido en absoluto, hubiéramos dejado la experiencia humana definitivamente. Todo el experimento en la Tierra se habría terminado para siempre. Pero mantuvieron el campo (Mer-Ka-Ba) vivo, escasamente, mientras todo lo demás se colapsaba a su alrededor. Además de los Maestros Ascendidos, también hubo otros dos grupos en la Tierra que tenían campos Mer-Ka-Ba intactos en aquella época. Los nefilim y los sirianos, nuestra madre y nuestro padre, mantuvieron vivos sus campos. No sé hacia dónde se retiraron los nefilim dentro de los mundos dimensionales de este planeta, pero los sirianos permanecieron en los Salones de Amenti, dentro de la Tierra. Ambos grupos todavía están aquí en el planeta, escondidos dentro de los mundos dimensionales.

Lo que hizo el grupo de Thot
cuando la luz volvió

Después de los 3.5 días de oscuridad, la Tierra reapareció, la luz volvió, los campos se estabilizaron y estábamos aquí abajo en este mundo tridimensional donde estamos ahora. Todo era nuevo y diferente. Había cambiado todo a nivel de experiencia. Cuando consideramos el continente de la Atlántida, los atlantes, en realidad, habían interpretado esa masa continental desde un nivel muy superior. No lo experimentaron como nosotros. Fue experimentado de una forma totalmente distinta que es muy difícil de explicar desde nuestro punto de vista tridimensional.

Después de que aterrizaron en la cima de la Gran Pirámide, Ra y aproximadamente un tercio de las personas de la nave, bajaron por un túnel que va a una sala que queda a unos dos tercios del nivel, algún día será descubierta (han descubierto cuatro nuevas habitaciones en la Gran Pirámide sólo en los últimos años). Cuando se descubra esta habitación, se darán cuenta de que está hecha con piedras rojas, negras y blancas, que eran los colores arquitectónicos primarios de la Atlántida, eso es lo que Thot me indicó que dijera. Desde esta habitación sale un canal, que usaron para descender hasta una ciudad o un templo muy por debajo de la pirámide, que construyeron Thot y sus amigos cuando edificaron la pirámide. Fue diseñada para albergar aproximadamente a 10,000 personas, porque sabían que un gran número ascendería durante los siguientes 13,000 años, hasta el Día de la Purificación.

Después de que se estabilizaron los campos y un tercio siguió a Ra hacia la habitación hecha de piedras rojas, negras y blancas, entraron a una ciudad subterránea y dieron origen a las raíces de nuestra civilización actual. Al mismo tiempo otra parte de las raíces estaba formando en Sumeria (otra historia). También al mismo tiempo, los 1,067 Maestros Ascendidos restantes despegaron en la nave de la Gran Pirámide y volaron hasta lo que hoy llamamos lago Titicaca, donde aterrizaron en la isla del Sol (en Bolivia). Thot se bajó allí junto con un tercio de la gente. Luego despegaron otra vez y volaron hacia las montañas del Himalaya, donde Araragat se bajó con el tercio restante de la gente. Sin embargo, siete personas permanecieron en la nave, volaron de vuelta a la Esfinge y la dejaron en esa sala donde había permanecido durante los últimos 13,000 años, hasta que recientemente la joven mujer de Perú la elevó de nuevo hacia los cielos azules de la atmósfera de la Madre Tierra.

Sitios sagrados en la red

Egipto se convirtió en el componente masculino de la red. Allí fue donde se ubicaron las estructuras masculinas. Casi no hay nada femenino allí, comparado con las áreas femeninas del mundo. Por supuesto, existe la polaridad de la masculinidad –Isis es esa contraparte– pero el flujo general es masculino. Sudamérica, especialmente Perú, Centroamérica y también partes de México, se convirtieron en el componente femenino de la red.

Sin embargo, finalmente el aspecto femenino entero de la red se centró en el complejo de Uxmal, en Yucatán, donde encontraron refugio muchos supervivientes de la Atlántida.

Empezando por Uxmal, hay siete templos localizados en espiral, probablemente una espiral Fibonacci y son los siete templos principales del componente femenino de la red. Éstos son centros chakra, igual que los centros chakra que están a lo largo del Nilo. Esos centros femeninos comienzan con Uxmal, después Labná, luego Kabah, pasando a Chichen Itzá, luego hacia Tulum cerca del océano, después hacia abajo cerca de Belice a Kohunlich, regresando a tierra hacia Palenque. Esos siete lugares crearon la espiral primaria del aspecto femenino de la red creada para nuestra nueva Conciencia Crística y a la que sólo ahora somos capaces de acceder.

Desde Palenque, el aspecto femenino de la red se separa en norte y sur. Aquí vemos otra polarización de la energía. El componente femenino de la espiral femenina de la red, se dirige hacia el sur y salta sobre Tikal en Guatemala y eso da inicio a una nueva octava. Cuando nos relacionamos con la música, el séptimo lugar crea un puente para la octava nota, o el principio de la siguiente octava de la próxima espiral. La espiral continúa hacia el sur a través del componente femenino de la red. Finalmente pasa por lugares como Machu Picchu y Sacsayhuamán cerca de Cuzco, Perú. Una de las espirales principales termina en Chavín, en Perú, que era el centro religioso principal del imperio inca. Desde allí llega hasta el lago Titicaca a un lugar que está como a 800 metros de la isla del Sol en Bolivia. Después hace un ángulo de 90° y se dirige hacia la isla de Pascua y finalmente hacia Morea donde se ancla dentro de la Tierra.

Dirigiéndose hacia el norte desde Palenque, está el componente masculino del aspecto femenino de la red. Pasa por las ruinas aztecas y sube a través de las pirámides indias americanas (los indios americanos hicieron pirámides físicas, algunos remanentes pueden ser vistos dentro y alrededor de Albuquerque, Nuevo México). Después la espiral continúa hasta el lago Azul cerca de Taos, Nuevo México, que es la contrapartida del lago Titicaca. Ésta es una de las áreas más importantes en los Estados Unidos, protegida durante mucho tiempo por los indios taos. De nuevo hay un giro de 90° en el lago Azul. Desde allí la espiral cruza las montañas con rumbo a la montaña Ute (en la parte de Nuevo México de la frontera con Colorado) y pasa a través de muchas montañas y estructuras construidas.

Junto con los sitios sagrados, los creadores también usaron montañas por sus vórtices de energía. Finalmente, antes de que la espiral deje la costa de California, pasa a través de los lagos Tahoe, Donner y Pirámide.

Desde allí pasa a través de complejos montañosos subacuáticos, hasta que alcanza las islas Hawai. El cráter Haleakala es uno de los componentes principales; después se dirige al sur nuevamente. Pasa a través de la cadena de las islas hawaianas, que se conectan durante miles de kilómetros hasta Morea.

Por tanto, es un enorme círculo abierto que rodea a la Tierra, comenzando en Uxmal y conectándose en el polo sur de la Red Crística. El aspecto femenino de la red es un círculo enorme de complejos. Tengan en cuenta que entre cada uno de los sitios principales mencionados arriba, existen literalmente cientos de sitios menores: iglesias y templos de muchas religiones, sitios sagrados de la naturaleza como cimas de montañas y cordilleras, lagos, cañones y demás. Si pudieran ver el plano mayor, se darían cuenta de que forman espirales perfectas, moviéndose primero en sentido de las manecillas del reloj, después moviéndose en contra, hasta que alcanzan su destino, Morea, en el Pacífico del Sur.

Las pirámides construidas en las montañas del Himalaya eran principalmente de naturaleza cristalina, lo que significa que fueron construidas usando cristales tridimensionales en las esquinas, con la intención de formar una pirámide. También construyeron pirámides físicas allí —un montón de ellas–. La mayoría no son conocidas, aunque hay algunas que sí. La pirámide más grande conocida en el mundo hasta ahora, está en las montañas occidentales del Tíbet. Es una pirámide sólida blanca que está casi en perfectas condiciones, una enorme piedra coronaria de cristal sólido. Al menos dos equipos de científicos han estado allí; también ha sido fotografiada desde el aire. Es visible sólo tres semanas al año, cuando su cúpula de cristal se asoma desde la profunda nieve, para ver el valle desierto desde hace mucho de cualquier tentativa humana.

Hablé con el líder del equipo que fue a esta pirámide. Dijo que se ve como una pirámide nueva y que no hay nada escrito en las paredes. Es blanca, lisa y dura, como de mármol. Cuando entraron, bajaron a lo largo de un túnel donde encontraron una gran habitación en el centro. No hay escritura en ninguna parte, no tiene diseños, no hay nada, excepto que en medio, arriba sobre una pared, hay una sola inscripción: ¡la Flor de la Vida! Eso es todo. Si quieren decirlo todo, lo que tienen que hacer es poner eso en una pared. Eso lo dice todo. Al final del libro comprenderán por qué.

Todos los sitios sagrados en la Tierra, con pocas excepciones, fueron planeados por conciencias superiores, en un nivel de cuarta dimensión y por ahora la mayoría tienen contrapartidas tridimensionales conectadas a ellos –en otras palabras, edificios reales en lugares reales–. Sin embargo, todavía hay algunos sitios muy importantes que *sólo* tienen estructuras en cuarta dimensión. Esas pirámides de cuarta dimensión representan sobre todo la energía neutra o del niño de la Red Crística. En total hay tres aspectos de la Red Crística que rodea a la Tierra: Madre, Padre e Hijo. El Padre está en Egipto, la Madre está en Perú-Yucatán-Pacífico Sur y el Hijo está en el Tíbet.

Los cinco niveles de la conciencia humana y sus diferencias en los cromosomas

Según Thot, existen cinco niveles diferentes posibles de conciencia humana en la Tierra. Éstas son personas que tienen diferente ADN, cuerpos muy distintos y formas diversas de percibir la realidad. Cada nivel de conciencia surge de la anterior, hasta que, al final, en el quinto nivel, la humanidad aprende cómo transformarse en una manera completamente nueva de expresar vida, dejando la Tierra para siempre.

Fig. 4-10. Busto de Tiya.

La diferencia visual principal entre estos niveles es su altura. En el primer nivel de personas miden entre 1.20 y 1.80 metros de alto. En el segundo nivel de personas miden entre 1.5 y 2 metros, que es donde estamos ahora. En el tercer nivel están entre los tres y los cinco metros de altura, que es en lo que nos vamos a transformar. Los seres de cuarto nivel están entre nueve y 10 metros de alto y el último mide entre 15 y 18 metros. Estos últimos dos niveles son para el futuro.

Esto puede parecer extraño en un principio, pero ¿no comenzamos como un huevo microscópico y nos hacemos más y más grandes hasta que nacemos? Entonces continuamos creciendo hasta que somos adultos. Esta teoría sostiene que el humano adulto no es el fin de nuestro patrón de crecimiento. Continuamos dando pasos en nuestro ADN hasta que llegamos a los 15 ó 18 metros de altura, Metatrón, el arcángel hebreo que es la perfección, en lo que se supone que se convertirá la humanidad ¡mide 16.76 metros de alto! ¿Recuerdas a los gigantes que vivieron aquí en la Tierra a los que se refiere el capítulo seis del *Génesis*? Según los registros sumerios, medían entre tres y cinco metros de estatura. Cuando vemos a un niño de tres años y a uno de 10, sabemos que tienen diferentes niveles de conciencia y emitimos este juicio basándonos principalmente en su altura.

De acuerdo con Thot cada nivel de conciencia tiene un ADN diferente; sin embargo, la diferencia principal es el número de cromosomas. Usando esta teoría, estamos ahora en el segundo nivel y tenemos 44 + 2 cromosomas. Un ejemplo del primer nivel son ciertas tribus aborígenes en Australia que tienen 42 + 2 cromosomas. En el tercer nivel, donde estamos a punto de llegar, la gente tiene 46 + 2 cromosomas. Los siguientes niveles tienen 48 + 2 y 50 + 2 respectivamente.

Discutiremos esto a fondo en el segundo volumen de este libro y veremos la Geometría Sagrada que rodea este conocimiento, para hacerlo más claro.

Las pruebas en Egipto
para una nueva visión de la historia

Vamos a centrarnos ahora en Egipto, porque Egipto resulta ser el lugar donde estaba localizada la Escuela de Misterios más importante y donde todavía existen evidencias de los distintos tamaños de humanos y de los niveles de conciencia, aunque en general no sea reconocido. Egipto fue el lugar que escogieron para, finalmente, restablecer nuestra conciencia y era el área principal donde se encontraban los supervivientes de la Atlántida y los Maestros Ascendidos. Podríamos discutir la historia de esas otras áreas y lo haremos un poco, pero el enfoque de este trabajo estará en el Padre, porque la información primordial del Mer-Ka-Ba se debe recordar a través del Padre.

Ésta es una estatua egipcia de Tiya [fig. 4-10]. Tiya y su esposo Ay fueron los primeros dos en crear un bebé interdimensionalmente conectándose a través del tantra sagrado, que los condujo a la inmortalidad a los tres, al padre, a la madre y al hijo. Si la observas, puedes hacerte una muy buena idea de cómo eran los lemurianos. Ella y su esposo todavía están vivos y en el planeta después de decenas de miles de años. Son dos de los seres más antiguos del mundo y dos de los más respetados por los Maestros Ascendidos por todo lo que han hecho por la conciencia humana.

Gigantes en la Tierra

Esto es Abu Simbel [fig. 4-11] en Egipto, está localizado en la base de la columna del sistema de chakras del aspecto masculino de la Red Crística. Fíjate lo altas que son estas

Fig. 4-11. Abu Simbel.

estatuas; ¡esa era la *altura real* de esos seres! Compárenla con la estatura de los turistas que están es la esquina derecha de la foto. Si estos amigos de piedra se levantaran, estarían en el rango de 18 metros de altura, lo que indica que estaban en el quinto nivel de conciencia.

Estos seres [fig. 4-12], en un muro diferente en Abu Simbel, medirían como 10 metros de altura, representando el cuarto nivel de conciencia. Ellos construyeron habitaciones para estas diferentes estaturas. Esta puerta está hecha por venusianos, la raza hator, que está en el tercer nivel de conciencia. Te contaré más sobre los hators más adelante.

Estos seres del tercer nivel [fig. 4-13] tienen como cinco metros de altura, indicando que son hombres, ya que las mujeres de esta raza medían entre 3 y 3.5 metros de altura. En su sección del edificio las habitaciones tienen unos seis metros de alto, con techos y vigas en proporción a seres de tres a cinco metros de estatura. Al lado de esa habitación pasando por una pequeña puerta (no se puede ver aquí) que parece estar hecha para nosotros, hay una habitación pequeña con un techo mucho más bajo. Los egipcios no hicieron estas estatuas arbitrariamente, nunca hicieron *nada* arbitrariamente. No hay una sola raspadura en piedra alguna; no hay ni siquiera una cosa, según creo, que haya sido hecha inconscientemente. Existía una razón y un propósito para todo. Casi siempre era creado en muchos niveles diferentes. *Las tablas esmeralda*, por ejemplo, están escritas en 100 niveles de conciencia. Dependiendo de quién seas, comprenderás algo totalmente diferente a otras personas. Si haces un cambio de conciencia, regresa y vuelve a leer nuevamente *Las tablas esmeralda*. No creerás que es el mismo libro, porque te hablará en una forma diferente, dependiendo de tu comprensión.

Éstos son seres terrestres [fig. 4-14] pasando a través de varios niveles de conciencia. En esta foto ves a un enorme ser de 17 metros de estatura,

Fig. 4-12. Abu Simbel y la puerta hator.

Fig. 4-13. Dentro de Abu Simbel; seres del tercer nivel.

con una estatua de nuestro tamaño junto a su pierna. Éstos son el rey y la reina. Los arqueólogos no saben cómo interpretar esto, por lo que sólo dicen que los reyes eran más importantes que las reinas y por eso la hicieron chiquita. Pero no tenía nada que ver con eso. Las estatuas están mostrando los cinco niveles de conciencia. Cada rey y faraón que vivió en Egipto tenía cinco nombres, representando los cinco niveles de conciencia.

Fig. 4-14. Rey y reina en diferentes niveles de conciencia.

Algunos de los reyes y reinas eran capaces de cambiar a los diferentes niveles con el fin de guiar a la población hacia los reinos espirituales. Todavía existe un ejemplo especial de esto. En Egipto existe una antigua casa redonda. No llegué a verla, pero me la describió el famoso arqueólogo Ahmed Fayhed, por lo que sé que es real. Ésta fue la casa de Ay y Tiya durante mucho tiempo (aunque obviamente ya no la están usando ahora). Esta casa redonda tiene un muro en el medio, no se puede pasar de un lado al otro de la casa sin salir afuera, rodearlo y entrar por el otro lado. ¿No suena esto parecido a la isla de Udal en la Atlántida? En un lado del muro de enmedio hay una imagen de Ay, en la que parece muy egipcio con su falda angular, su barba y mucha parafernalia egipcia. Aparece en la estatura normal. Al otro lado de la pared la imagen de Ay mide 4.5 metros de altura. Parece muy distinto, pero se puede ver que su cara es la misma. Tiene un gran cráneo alargado hacia atrás como los de las razas de niveles superiores (enseguida te enseñaré algunas). Estas dos imágenes de Ay muestran que podía moverse entre estos dos niveles diferentes de conciencia, cambiando su conciencia.

Evolución escalonada

Para el conocimiento Melchizedek, tanto los sumerios como los egipcios aparecieron sobre la Tierra casi al mismo tiempo, completos, plenos y perfectos, con su lenguaje totalmente intacto, con todas sus habilidades, su entendimiento y su conocimiento, casi sin ninguna evolución anterior a ese tiempo (al menos ninguna que conozca la ciencia). Simplemente aparecieron en un momento de nuestra historia en su estado más perfecto. El lenguaje que surgió en ese momento era demasiado sofisticado y claro y no ha podido ser mejorado desde entonces. Después de ese impulso inicial, estas culturas se volvieron cada vez menos definidas, hasta que, finalmente, estas avanzadas civilizaciones degeneraron y se perdieron. Uno podía haber pensado que se volverían mejores y más sofisticadas conforme avanzara el tiempo, pero eso no fue lo que sucedió. Esto es un

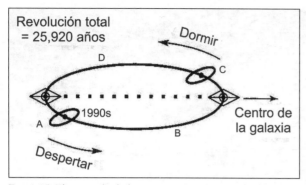

Fig. 4-15. El recorrido de la precesión.

hecho científico. Nadie en la arqueología convencional sabe cómo sucedió esto, ni puede siquiera explicar cómo *pudo* ocurrir. Es un gran misterio.

Egipto y Sumeria están catalogados por los arqueólogos dentro de una categoría especial llamada *evolución escalonada*. Les dieron esta clasificación por la forma en que parece que obtuvieron información y conocimiento. Lo que sucedió fue que un día Egipto obtuvo su lenguaje, pleno y completo, después ese conocimiento se estabilizó; un poco más tarde, sabían todo lo que puedas imaginar, quizá construir cierto tipo de foso o sistema hidráulico. Pasaría un poco más de tiempo y entonces de repente sabían todo sobre la hidráulica. Así continuaría una y otra vez. ¿Cómo obtuvieron esta información los sumerios y los egipcios? ¿Cómo, de pronto, en un día, sabían todo? Te daré la respuesta de Thot.

Primero, necesito aclarar esto en el dibujo de la precesión, repetido abajo [fig. 4-15]: el punto A es donde estamos ahora y el punto C es cuando ocurrió la caída de la Atlántida. El punto C es también cuando cambiaron los polos; la ciencia ha determinado que fue allí donde sucedió. También es el momento del Gran Diluvio de Noé y el derretimiento de los casquetes polares, debido a todos los cambios que estaban ocurriendo en la Tierra. El punto C es el de la destrucción. Recuerda, mencioné antes que había otros dos puntos, B y D, donde el cambio también puede suceder y puede ser asimilado más fácilmente. Durante un lapso de 6,000 años, desde el punto C, donde sucedió la destrucción, hasta el punto D donde se pueden dar nuevas enseñanzas, los Maestros Ascendidos tuvieron que sentarse y esperar mientras que los atlantes, que ahora eran bárbaros peludos en Egipto, regresaban poco a poco al estado en el cual podían aceptar este conocimiento nuevo, aunque antiguo. Estos aproximadamente 1,600 Maestros Ascendidos habían estado viviendo debajo de la Gran Pirámide desde la Caída y tuvieron que esperar 6,000 años antes de poder comenzar a enseñar y a construir la nueva cultura.

La Hermandad Tat

El hijo de Thot, Tat, permaneció en Egipto con Ra después de la Caída. Más tarde, este grupo fue conocido como la Hermandad Tat. Incluso hoy existe una hermandad externa en Egipto llamada la Hermandad Tat, personas físicas que son los protectores y guardianes en los templos sagrados. Escondidos detrás de la Hermandad Tat actual, están los Maestros Ascendidos.

Así que el aspecto inmortal de la Hermandad Tat se sentó allí a esperar y esperar, observando y esperando, hasta que los egipcios pudieran recibir sus conocimientos. Cuando llegó finalmente ese día, que fue el nacimiento de Sumeria y Egipto, la Hermandad Tat observaba hasta encontrar, ya sea a una persona, o a un grupo de egipcios que estuvieran preparados para el antiguo conocimiento. Entonces uno, dos o tres miembros de la

Hermandad se presentaban en cuerpos justamente iguales a los de la gente que estaban a punto de enseñar. Salían a la superficie, se aproximaban a la persona o grupo y les daban la información completa. Llanamente les decían: "Oigan, miren esto. ¿Sabían que si hacen esto y esto y lo otro, pasará esto?". Los egipcios decían: "¡Guau! ¡Miren esto!". Usaban este conocimiento y creaban por lo tanto un nuevo "paso" en su evolución.

Entonces los hombres y mujeres de la Hermandad regresaban bajo la pirámide, los egipcios a los que se les habían proporcionado las enseñanzas las transmitían al resto de la cultura y la cultura ascendía rápido hasta el siguiente paso. Los egipcios asimilaban eso durante un tiempo; entonces la Hermandad buscaba a otro grupo que estaba listo para el tema siguiente. Salían de nuevo a la superficie y decían: "Miren, aquí está todo lo que querían saber sobre esto". Simplemente se lo daban. Los Maestros Ascendidos le daban esta información a la gente durante un período corto y su evolución simplemente se disparó y creció de forma escalonada.

La evolución paralela en Sumeria

Este mismo patrón evolutivo estaba también ocurriendo en Sumeria. Aunque la línea histórica actual dice que Egipto comenzó hacia el 3300 a. C. y que Sumeria comenzó 500 años antes, cerca del 3800 a. C., creo que ambos empezaron casi al mismo tiempo. Pienso que si los historiadores pudieran tener las fechas precisas, descubrirían que tanto Sumeria como Egipto comenzaron con unos pocos años de diferencia. Sin embargo, la evolución en Sumeria fue dirigida por los nefilim, el aspecto materno, y la de Egipto fue conducida por los sirianos, el aspecto paterno. Esa es la diferencia principal. Creo que la madre y el padre estuvieron de acuerdo: "Ya es ahora de que nuestros hijos recuerden". Creo que fue una decisión de los padres y cuando los investigadores observen detalladamente, descubrirán que ambos países comenzaron a florecer al mismo tiempo, y esto está ligado al punto en la órbita de la precesión (punto D) cuando había más probabilidades de tener éxito.

Éste también es el modo del que los sumerios se enteraron de la precesión de los equinoccios. Se tarda 2,160 años en reconocer que existe una precesión de los equinoccios, pero la razón de que los sumerios lo supieran, fue porque los nefilim dijeron: "¿Sabían que existe una precesión de los equinoccios?". Muy simple. No es nada complicado. Ellos simplemente se lo explicaron y la gente lo escribió. Los sumerios sabían sobre acontecimientos que se remontaban a 450,000 años porque se les dio la información. Simplemente la escribieron y la aplicaron.

Pero después de que estas antiguas culturas obtuvieron esta brillante información, degeneraron. ¿Por qué degenerarían en lugar de evolucionar? Porque estaban en el ciclo del *sueño*, en la parte de "quedarse dormidos" de la precesión. Se estaban durmiendo más y más con cada respiración, justo hacia el kali yuga, el momento de sueño más profundo del ciclo. En medio del kali yuga, hace 2,000 años, fue el tiempo de Jesús y los humanos estaban profundamente dormidos y roncando. La gente en el kali yuga que

Fig. 4-16. La pirámide de Sakkara.

lee libros y otros estudios escritos anteriormente, en un período más despierto, tienen problemas para comprender todo lo que se había escrito. ¿Por qué? Porque estaban relativamente inconscientes. Ésta es la razón por la que las culturas en todo el mundo, no sólo en Egipto y Sumeria, degeneraron hasta que terminaron. Justo ahora estamos a punto de despertar completamente y de conocer la verdad sobre el hecho de nuestros seres.

Secretos bien guardados en Egipto, la llave para una nueva visión de la historia

Ésta es Sakkara [fig. 4-16]. Según la creencia de la arqueología, aquí es donde se inició la cultura egipcia. Esta pirámide fue la primera que se construyó en Egipto, en base a sus creencias. Cuando la crearon, estaba cubierta por hermosas piedras blancas. De hecho, toda esta ciudad se extiende durante kilómetros y kilómetros y cientos de metros dentro de la Tierra, incluyendo construcciones y complejos *debajo* de la Tierra. Esto hubiera sido asombroso si pudieran haberlo visto cuando era nuevo –especialmente por-que desde hacía muy poco tiempo en la historia, antes de que fuera construido, todos éramos, supuestamente, bárbaros peludos–. Hubo un salto desde los bárbaros peludos a esta cultura súper sofisticada en sólo un segundo de tiempo arqueológico.

Ésta es una pirá-mide [fig. 4-17] que pienso que destruye la creencia de que Sakkara es el lugar donde todo comenzó. Esta pirámide es al menos 500 años más antigua que Sakkara. Si esto es verdad, los egipcios surgieron en la Tierra al mismo tiempo que los sumerios, y creo que fue exactamente lo que sucedió. Esta pirámide se llama Lehirit (deletreado fonéticamente) y es una de las pocas pirámides sin vigilancia de esta categoría. Existen muchas otras de estas pirámides escalonadas llamadas *mastabas*.

Los egipcios han tomado casi todas estas pirámides que se acercan o exceden los 6,000 años de edad y han puesto bases militares y enormes cercas eléctricas a su alrededor. En algunos casos tienen custodiándolas a soldados armados. Si intentas acercarte a estas pirámides, lo más probable es que intentaran matarte. No quieren que nadie sepa sobre estas pirámides y todavía menos que las examinen. Si tratas de hablar con un egipcio sobre ellas o pides verlas, le quitan importancia.

He pasado por ello. Decían: "Ah, no es importante. Son sólo construcciones de pequeños ladrillos de adobe de gente primitiva. No son nada, nada importante". Yo decía: "Bueno, ¿puedo ir a ver una?". "No, sólo es una pérdida de tiempo. No lo hagas". Tenía que seguir presionando y presionando porque quería ver una. Me llevaron ante varios oficiales gubernamentales y seguí diciendo: "Por favor, ¿puedo sólo ver una?". Ellos decían: "No, no, no". Tuve que dar sobornos para entrar a estos lugares.

Un oficial del gobierno quería 8,000 dólares para dejarme entrar en la noche sin ninguna cámara, sólo para verla durante 15 minutos, y después irme. Así es como vigilan estas estructuras.

Después de un largo suplicio, descubrí una de estas pirámides que no estaba en una base militar, porque había un pequeño pueblo a su alrededor, como a una hora y media de Sakkara. Una vez que me di cuenta que no tenía que atravesar ninguna línea roja del gobierno, finalmente encontré a una persona que tenía conexiones en ese pueblo. Tuve que pagarle mucho dinero, –no fueron miles, pero sí cientos–, para ir allí. Así que viajamos hacia ese pequeño poblado; tuve

Fig. 4-17. La pirámide que destruye la teoría de Sakkara. Uno de los dos bloques del suelo tiene grabada una estrella de David dentro de un círculo (⊚).

que ver al líder para pedirle permiso y también tuve que pagarle. Entonces se me permitió estar allí durante 30 minutos pero sin tomar fotografías. Me las ingenié para sacar esta única fotografía y eso fue todo.

No sólo estaba esa pirámide allí, sino que *había pirámides por todas partes*, alrededor de lo que estimé que serían ¡16 kilómetros a la redonda! En alguna época, éste fue un complejo importante. No están haciendo nada por cuidarlo porque saben que esta pirámide probablemente tenga más de 6,000 años. Entonces descubrí que estas pirámides "sin importancia" no son tan insignificantes después de todo. Las piedras que cubrían esta pirámide, como las inclinadas que se muestran en la fig. 4-17, probablemente pesan entre 60 y 80 toneladas por pieza. Eran muy sofisticadas a pesar de que la parte interior de la pirámide estaba hecha de ladrillos de adobe. En la parte superior de un bloque al lado de la base, había un círculo con una estrella de David –la clave de la experiencia Mer-Ka-Ba–. Baja una rampa como de 60 metros hacia el río que está abajo y la pirámide todavía está funcionando –está bombeando agua–. Las pirámides bombean agua, lo han demostrado en los Estados Unidos ahora. Si construyen una pirámide correctamente, ésta bombeará agua sin partes movibles. Así que esta pirámide se llena de agua y tiene que ser vaciada antes de que alguien pueda entrar. Para rematar todo esto, terminé sentándome al lado de un equipo de lingüistas norteamericanos cuando estaba volando de vuelta a casa (por pura suerte, claro), ¡que justamente habían entrado a esta pirámide! Muy poca gente puede entrar allí, pero éste era un equipo de 30. Uno me contó que la escritura en el interior era definitivamente más antigua que Sakkara. Hay escritura geométrica en todas las paredes. Me hubiera encantado ver eso. Este tipo estaba muy emocionado mientras me decía que este equipo de 30 lingüistas expertos que habían visto el interior, ahora creían que la *clave de todos los idiomas en el mundo, está en esa pirámide. Creo que probablemente tenga razón. Él comprendía la Geometría Sagrada y como pronto descubrirás, la Geometría Sagrada es la raíz de todo lenguaje en el Universo.*

CINCO

El papel de Egipto en la evolución de la conciencia

Introducción de algunos conceptos básicos

Herramientas egipcias y símbolos de resurrección

Los antiguos usaban ciertos símbolos para representar los tres aspectos de la conciencia, que usamos en nuestra estancia aquí en la Tierra. Verás representaciones de estos símbolos por todo el mundo. Estas pinturas contienen un animal que vive bajo la tierra, uno que camina sobre ella y uno que vuela sobre la Tierra. El animal que vive bajo tierra representa el microcosmos, el que vuela representa el macrocosmos, y el que camina sobre la tierra representa el nivel intermedio entre los dos, como nosotros. Existen los mismos símbolos por todas partes. En Egipto verán un buitre a la izquierda, el ojo derecho de Horus en medio y después una cobra a la derecha [fig. 5-1]. En Perú son el cóndor, el puma y la serpiente de cascabel. Para los indios de Norteamérica son el águila, el puma y la serpiente de cascabel. En el Tíbet son un pollo, un cerdo y una serpiente.

Esta fotografía [fig. 5-2] muestra las herramientas y los símbolos de resurrección que usaban los egipcios. El objeto A es una forma acortada de una vara, generalmente de 1.20 metros de largo y tiene un diapasón en un extremo y un ángulo de 45° en el otro. Esto se usaba en la parte posterior de la cabeza para transferir vibración hacia el cuerpo. Junto con eso, usaron el cayado (o cetro) y el flagellum, que veremos en un momento. La flecha B apunta al óvalo, –generalmente es de un color rojo-anaranjado–, que pueden ver sobre las cabezas de los iniciados. Éste era el símbolo para la metamorfosis que tiene lugar cuando pasamos a través de la resurrección o la ascensión, cuando, literalmente, cambiamos la forma y la química de nuestro cuerpo.

La flecha C muestra un generador de poder que usaban algunas veces para incrementar la vibración. Por desgracia, Thot se fue antes de que pudiera comprender plenamente el uso de este objeto. La flecha D muestra el ank, de esto entiendo un poco más, y les diré lo que sé. Es la herramienta más importante de comprensión que poseían. Desde un punto de vista egipcio, es la clave para la vida eterna. La flecha E apunta a un triángulo dentro de otro, que es el jeroglífico egipcio para la estrella

Fig. 5-1. Símbolos que representan los tres aspectos de la conciencia.

Fig. 5-2. Herramientas
de resurrección.

Sirio, el símbolo para Sirio A y Sirio B. El punto F es sólo un nombre, le llaman "cartucho". El ave en la parte superior derecha es un buitre, que es sagrado para los egipcios y está asociado con el movimiento de un nivel de conciencia a otro. No voy a entrar a las otras cosas de la imagen, pero éstas eran algunas de las herramientas que utilizaban los primeros egipcios.

La diferencia entre muerte, resurrección y ascensión

Estas imágenes geo-métricas [fig. 5-3] pro-vienen del Viejo Reinado. Los pequeños patrones de la Flor de la Vida están asociados con Lehirit, la pirámide que yo creo que destruye la teoría de Sakkara.

La fig. 5-4 es una imagen de Osiris (a la izquierda). Está sosteniendo un báculo (A); un cayado de 45° diapasón al final (B); y un flagellum (C), que son los tres instrumentos principales usados para la resurrección. Estas herramientas estaban conectadas con la resurrección, no con la ascensión. Hay una diferencia entre las dos. ¿Cuál? Antes que nada, existe la muerte, un proceso por medio del cual entran al estado de vacío, inmediatamente después de la muerte. Están inconscientes, ignorantes del proceso de muerte, hasta el grado que no tienen control sobre las imágenes. Esta forma de morir los lleva hacia el tercer sobretono de la cuarta dimensión, lo que tiene como resultado un ciclo de retorno a esta existencia terrestre una y otra vez, la reencarnación. Debido a que en este ciclo están inconscientes, no están usando su Mer-Ka-Ba, excepto inconscientemente, por lo que en cuanto llegan al otro lado, no tienen ningún recuerdo de éste. Cuando reencarnan otra vez en la Tierra, no tienen tampoco ningún recuerdo del lugar de donde acaban de llegar. Entonces la reencarnación continúa una y otra vez. Es mucha energía moviéndose muy lentamente. Más tarde la superan, pero es un proceso muy lento.

Cuando pasan a través de la resurrección, son conscientes de su Mer-Ka-Ba, aunque en general no son muy conscientes de él hasta después de morir. Mueren, dejan el cuerpo y entonces se hacen conscientes de su Mer-Ka-Ba. Después recrean su cuerpo y pasan a través de un proceso que los lleva a cualquiera de los sobretonos décimo, undécimo o duodécimo de la cuarta dimensión. Desde allí, no pasan por la reencarnación nunca más. Su memoria nunca vuelve a bloquearse y continúan en la vida eterna.

Existe una gran diferencia entre morir y resucitar, pero existe una diferencia todavía mayor con la ascensión, –que ahora es posible, desde que la red se completó en 1989–. La ascensión era muy rara hasta que se completó esta red. En la ascensión no mueren en absoluto; no hay un proceso de muerte involucrado tal como lo conocemos. Por supuesto, es verdad que ya no están más en la Tierra y desde ese punto de vista, mueren. Lo que sucede es que tú simplemente te haces consciente de tu Mer-Ka-Ba de una u otra forma, ya sea recordándolo por tu cuenta o a través de la enseñanza, o como sea que suceda. Esto significa que te haces consciente de tu cuerpo como luz. Entonces eres capaz de pasar a través del vacío totalmente consciente, desde la Tierra a través del vacío y hacia las dimensiones superiores, consciente en todo momento. De esta forma te sales de esta vida sin pasar por un proceso de muerte, lo que involucra la reconstrucción de tu cuerpo humano. Cuando una persona asciende, él o ella simplemente desaparece de esta dimensión y reaparece en la siguiente, pasando a través del vacío.

Fig. 5-3. Imágenes geométricas del Viejo Reinado.

La ascensión es completamente posible ahora y este libro es un posible juego de instrucciones para saber con exactitud cómo conseguirlo. Tú personalmente puede que no pases a través de la ascensión; puedes incluso morir o pasar a través de la resurrección. No hay mucha diferencia a estas alturas del partido de la vida en el planeta Tierra, porque si mueres de la forma normal, irán al tercer sobretono y pasarán un tiempo en un circuito de espera. Después, cuando el resto de la Tierra pase por el próximo ciclo de cambio, toda la gente que haya en ese tercer sobretono también ascenderá al mismo nivel dimensional que aquellos que resucitaron o ascendieron. Incluso la Biblia se refiere a esto, diciendo que en este tiempo los muertos se levantarán. No existe tal cosa como la muerte; simplemente hay diferentes estados del ser. Es un poco como el agua, que puede ser líquida, sólida (hielo) o gas (vapor), pero sigue siendo agua.

En este momento hay muy pocas reencarnaciones humanas en la Tierra, excepto bajo ciertas condiciones. Ésta es probablemente su última vida, ¡amigos, esto es todo! Por supuesto, existen excepciones a casi todas las reglas, por tanto puede haber unos pocos en esta Tierra que hayan decidido reencarnar. Se está acabando el tiempo. Me asombraría que llegáramos a finales de este siglo. Dudo sinceramente que la tercera dimensión siga disponible para la vida humana en ese momento. Sólo Dios lo sabe con certeza. ¿De dónde están llegando las personas que están naciendo hoy en la Tierra? ¡No son de aquí! Lo explicaré cuando hable sobre los nuevos niños.

Cuando el Sol salió por el oeste

Según Egipto empezó a evolucionar, se desarrollaron dos países, el Alto y el Bajo Egipto. El primero estaba en el sur y el

Fig. 5-4. Resucitando a Osiris.

Fig. 5-5. El zodiaco egipcio, que se muestra yendo en la dirección contraria, a pesar de que esta pintura fue hecha en la era actual.

segundo estaba en el norte. Los egipcios los llamaron Alto y Bajo Egipto de esta forma en cierto modo opuesta, porque en su anterior existencia durante la Atlántida, la Tierra estaba girando en dirección contraria y los polos magnéticos estaban invertidos. Nuestro norte actual era antes el sur y viceversa. No sólo cambiaron de posición los polos después de la Atlántida, sino que la Tierra realmente giraba en la dirección contraria. Thot dijo que él ha pasado por cinco cambios de polos: ha visto el Sol emerger por el este y lo ha visto salir por el oeste, después el este, el oeste y nuevamente el este, ¡cinco veces!

En el techo del templo en Dendera, que es el chakra corazón del aspecto masculino de la Red Crística, hay un zodiaco astrológico que demuestra esta polaridad invertida. El zodiaco gira en la dirección opuesta, como si el Sol saliera por el oeste, en lugar de por el este [fig. 5-5]. El río Nilo fluye de sur a norte, mientras que la mayoría de los demás ríos del mundo fluyen de norte a sur. Esto me indica que los egipcios se mantuvieron en el viejo flujo de energía incluso en la Tierra.

Nosotros somos los creadores de nuestro Universo. Las personas involucradas en el sufismo pueden recordar al sufí Sam, también conocido como el Murshid Sam Lewis. Él fue enterrado, a principios de los setenta, según creo, en la Fundación Lama en Nuevo México. Hay una placa sobre su tumba que dice: "En ese día, el Sol saldrá en el oeste y todos los hombres viendo, creerán". Se estaba refiriendo al tiempo que se aproxima. Cuando cambien los polos esta próxima vez, habrá una inversión en la rotación de la Tierra, por lo tanto también en la forma que nos movemos en relación al Sol.

Osiris, el primer inmortal

Antes de Egipto, durante la Atlántida, existía la Escuela de Misterios de Naacal, encabezada por Ay y Tiya y 1,000 miembros de Lemuria. Se localizaba en la isla de Udal, al norte de la isla principal. Ellos intentaban enseñar a los atlantes cómo volverse inmortales. Lo único fue que, o no eran buenos maestros entonces, o las personas no podían asimilarlo, porque llevó de 20,000 a 30,000 años que una persona finalmente lograra el estado de ser inmortal. La primera persona que lo hizo fue Osiris, que no era egipcio, sino atlante. La historia de Osiris no sucedió en Egipto, aunque habla del Nilo, sino en la Atlántida. Aunque la mayoría conocen esta historia, te la contaré de todos modos, de forma resumida.

Había dos hermanos y dos hermanas de la misma familia. Sus nombres eran Isis, Osiris, Nephtis y Set. Isis se casó con Osiris y Nephtis se casó con Set. Cuando comienza esta historia, Set mató a Osiris. Puso el cuerpo de Osiris en una caja y la dejó flotando por el Nilo, aunque realmente era otro

Akenatón.

río, en la Atlántida. Esta muerte molestó a Isis y ella y su hermana, la esposa de Set, fueron a buscar a Osiris. Encontraron su cuerpo y lo trajeron de vuelta, intentando devolverle a Osiris la vida. Cuando Set se enteró, cortó el cuerpo de Osiris en 14 piezas y las esparció por todo el mundo, para que sus hermanas no pudieran volverlo a la vida. Isis y Nephtis salieron entonces a buscar las piezas para volver a unirlo. Encontraron 13 de las 14 y ensamblaron las piezas, pero nunca encontraron el falo, la pieza 14. Fue Thot (que estuvo en la Atlántida y también en Egipto) quien, por medio de la magia, restauró la pieza 14. Esto restituyó el flujo de energía creadora, trajo de vuelta a la vida a Osiris y además, le dio la inmortalidad.

Akenatón, Nefertiti y sus hijas.

Desde el punto de vista egipcio, la inmortalidad se alcanzaba a través de la energía sexual (recuerden que gracias a la energía sexual, tantra, la inmortalidad echó raíces en Lemuria). Voy a dejar el último elemento de esta historia hasta otro momento apropiado, porque antes se requiere de un entendimiento previo. Pero fíjense en que Osiris estaba vivo primero, caminando en un cuerpo en el primer nivel de conciencia. Después lo mataron y su cuerpo fue cortado en pedazos. Fue separado de sí mismo, –éste era el nivel dos de conciencia, nuestro nivel–. Después volvieron a unir sus piezas y lo completaron nuevamente, lo que lo colocó en el tercer nivel de conciencia, que es la inmortalidad.

Él pasó a través de tres niveles de conciencia. El primero era completo, el segundo era separado de sí mismo y en el tercer nivel todos los componentes se unieron nuevamente. Esto hizo que él estuviera completo otra vez y también lo volvió inmortal; ya no moriría más. Cuando Osiris pasó finalmente por todo esto, regresó como un ser inmortal, el primer maestro resucitado de la Atlántida. Entonces usaron la comprensión de Osiris sobre la inmortalidad, como un patrón para que otras personas pudieran alcanzar el mismo estado de conciencia. Esto se convirtió en la religión de la Atlántida y más tarde en la religión de Egipto.

La memoria holográfica transpersonal del primer nivel de conciencia

Los atlantes, debido a cómo funcionaban sus cerebros, tenían memoria completa. Recordaban todo lo que les había sucedido. Su memoria era *transpersonal*, lo que significa que cualquier cosa que una persona recordara, podía ser recordado por los otros miembros de su raza. Los aborígenes de Australia tienen este tipo de memoria actualmente. Cuando algo le sucede a un aborigen, cualquier otro puede volver a experimentarlo cuando quiera. Si un aborigen entrara caminando a esta habitación, en este momento, él o ella podría, en efecto, transmitirle la experiencia a todos los de su raza en cualquier lugar del planeta.

Verás, ellos están en el primer nivel de conciencia, donde no están separados de sí mismos. Nosotros estamos en el segundo nivel y estamos muy separados de nosotros mismos. Como los atlantes, los aborígenes no tienen una memoria como nuestro tipo vago de recordar; tienen una memoria holográfica completa en tercera dimensión. Podrían reconstruir esta habitación momento a momento a través de todo el taller y el resto de ellos podría caminar por aquí y observarlo. Podrían caminar hacia tu mesa y observar tus ojos. No sería en tiempo real; es lo que ellos llaman tiempo-sueño, como en un sueño, pero es una réplica absoluta de la realidad. Su memoria es perfecta; no tiene ningún error o defecto, obviamente, en ese tipo de cultura, los atlantes no tenían ninguna razón para escribir nada. ¿Por qué intentar describir algo con palabras, si tienes la cosa real?

No lo necesitaban; sin embargo, el aspecto marciano sí lo necesitaban, por lo que tenían un lenguaje escrito. Incluso después de la caída, los egipcios (y otros) tenían una asombrosa habilidad para recordar. En ese momento, habían perdido su memoria holográfica y transpersonal, pero todavía tenían memoria *fotográfica*. Cuando los alumnos de la Escuela de Misterios estaban haciendo el entrenamiento complicado que haremos enseguida, podían hacerlo todo en su cabeza. Con nuestra memoria menos eficiente, no podemos hacerlo tal como ellos lo hacían; tenemos que esforzarnos sólo para recordar el nombre de alguien. La complejidad se incrementará conforme progresemos, haciéndonos difícil recordar de una imagen a otra, pero los antiguos podían hacer esto completamente en su cabeza. Hay algo que es importante en el hecho de hacerlo en tu mente, así que después les enseñaré ilustraciones para ayudarlos.

Esta experiencia contiene una clave principal para la comprensión de la naturaleza de la creación. Recrea las ilustraciones que siguen como si estuvieras realmente en el Vacío, moviéndote a través de los movimientos geométricos. El hecho de experimentarlo, te brindará la comprensión de que los círculos de la página representan movimientos reales y que esos movimientos geométricos del espíritu en el Vacío, son el inicio y el fin de la creación.

La introducción de la escritura, creó el segundo nivel de conciencia

Los 42 libros de Thot registran que la escritura se introdujo después de la Caída, cuando los atlantes llegaron a Egipto y ya no estaban experimentando la memoria completa. De hecho, está escrito en los registros egipcios que fue Thot quien introdujo la escritura en el mundo. Este solo acto completó la "caída" y nos lanzó fuera del primer nivel de conciencia y entramos de lleno en el segundo, porque cambió cómo accedíamos a la memoria. Esto selló nuestro destino.

Este acto de aprender a escribir, originó el crecimiento de la mitad superior de nuestro cráneo, de nuestras cejas para arriba. El simple acto de introducir la escritura, cambió muchos factores acerca de cómo percibimos nuestra realidad. Ahora, para tener nuestros recuerdos, tenemos que entrar y extraer la información deseada con un código. Entramos con una palabra o un concepto, para después traer el recuerdo de lo que sea. De hecho, no podemos ni siquiera recordar algo sin tener cierto movimiento de ojos. Nuestros ojos tienen que moverse de cierta manera para que nuestros recuerdos salgan. El sistema de memoria egipcio era muy diferente a como fue antes de la Caída. Comparando este cambio de memoria con la epopeya de Osiris, los egipcios habían entrado en la etapa donde estaban separados en piezas, donde estaban dentro de sus cuerpos, pensando que estaban separados del resto de la realidad. Por supuesto, este sentimiento de estar separado estaba destinado a cambiar muchos aspectos en el modo de vida de los seres hu-manos.

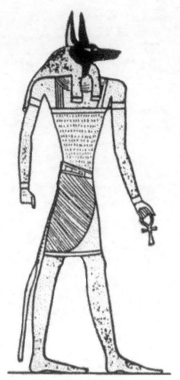

Fig. 5-6. El neter Anubis.

El obstáculo del politeísmo: cromosomas y neters

Ahora la historia se complica. Las cosas estaban funcionando bien con el plan de la evolución escalonada. Después de un tiempo, el Alto y el Bajo Egipto se combinaron en un país gobernado por el rey Menes y comenzó la primera dinastía. Pero conforme pasó el tiempo, se desarrolló un serio problema que, si no hubiera sido resuelto, habría causado catástrofes mayores para nosotros en el siglo XX, de hecho, no habríamos sobrevivido como planeta. No hubiéramos tenido una oportunidad. Parece algo sin importancia, pero fue muy significativo para algunos de los que cuidan este planeta. Tenía que ver con las creencias religiosas de los egipcios.

Como dije, los egipcios ya no tenían una memoria holográfica transpersonal, así que tenían que escribir lo que era su religión. Este escrito se denomina *Los 42 libros de Thot*. Donald Beaman, que vive en Boston, es el hombre que reconstruyó este libro. Había 42 libros, con dos libros más separados del cuerpo principal. 42 + 2 representan el número de cromosomas del primer nivel de conciencia. Sus cromosomas, como están a punto de ver, son imágenes geométricas y patrones que describen la realidad completa, no sólo su cuerpo, sino *todo* en la realidad, desde el planeta más distante hasta la planta más pequeña y cada átomo.

En su libro verán algo denominado *neters*. Los neters son dioses, con *d* minúscula. Éste es uno de los neters: Anubis [fig. 5-6]. Son seres humanos míticos con cabeza de animal y cada uno representa un cromosoma diferente, un aspecto y característica distintos de la vida. Los neters representan el sendero para movernos desde el primer nivel de conciencia hasta el segundo. Los Maestros Ascendidos usaron el código genético particular de Osiris para ayudar a otros a aprender cómo ascender. En otras palabras, Osiris había vivido la experiencia de la ascensión y ahora el sendero estaba en su ADN, específicamente en los cromosomas. A los iniciados se les enseñaron las claves genéticas a través de los neters, que representaban los cromosomas de Osiris.

Pero surgió un problema debido a esta forma de representar su religión, especialmente cuando el Alto y el Bajo Egipto se separaron más otra vez. Tanto el Alto como el Bajo Egipto tenían 42 + 2 dioses, o neters, representando estas etapas. Pero el Alto Egipto tenía imágenes un poco distintas de las del Bajo Egipto; cuando se separaron los dos países, a través del tiempo, las imágenes habían cambiado. Cuando Menes juntó a los dos países como uno solo llamado Egipto, adoptó todas estas imágenes para ser políticamente correcto. Por tanto ahora había 84 + 4 dioses representando las mismas ideas religiosas. Probablemente eso fue un gran error, porque originó mucha confusión. Por ejemplo, en un área tomaban a uno de los neters, como Anubis y decían: "Éste es Dios", con D mayúscula. En otra zona dirían: "Isis es Dios", otra zona proclamaría que Sekhmet era su Dios.

Entonces había 88 ideas diferentes de Dios en el país. Ellos decían: "Mi Dios es el Dios y sus dioses están mal". Todo se convirtió en algo separado y oculto y después de un tiempo nadie tenía idea de que en realidad había sólo un Dios. No comprendían lo que la Hermandad Tat les estaba tratando de decir. Desde nuestro punto de vista americano, sería como una ruptura de cromosomas; era una mutación y no estaba bien. Aun con toda la ayuda de la Hermandad Tat, simplemente no podían entenderlo bien y empeoró cada vez más.

Todas las evidencias que he visto indican que la religión cristiana provino directamente de la religión egipcia. Si estudian ambas, son paralelas en todo, *excepto* en el modo de entender a Dios que tenían los egipcios. La religión cristiana surgió después; suspendió totalmente la religión egipcia, aunque Egipto es la fuente probable de los orígenes de la cristiandad. Los cristianos veían a los egipcios como ocultistas. Lo eran, pero fue porque sus creencias religiosas se habían vuelto corruptas, con la clara excepción de los 17.5 años durante la decimoctava dinastía.

El rescate de la conciencia humana

La vida de Akenatón: un destello brillante de luz

Durante un corto período de 17.5 años, apareció un destello brillante de luz, después desapareció nuevamente. Ese destello de luz blanca es lo que salvó nuestras vidas espirituales. Comenzó aproximadamente en el 1500 a. C., cuando prevalecían la adoración y las discusiones sobre tantos dioses. Los Maestros Ascendidos finalmente decidieron que se tenía que hacer algo. Eligieron un plan. Thot me contó la siguiente historia.

Como primer paso, decidieron traer a un verdadero ser con Conciencia Crística, en un cuerpo real de Conciencia Crística, para que pudiéramos poner en los registros akáshicos el recuerdo de lo que significaba la Conciencia Crística. Se había perdido en la Caída. Este cuerpo de

Conciencia Crística sería mucho más alto que los que había en el planeta en aquel tiempo y sería un ejemplo a seguir para la gente de la Tierra. Esa fue la primera parte del plan. Éste era un paso muy osado y lo lograron.

Los Maestros Ascendidos habían decidido que la persona con Conciencia Crística debería convertirse en rey de Egipto. Para poder hacerlo, tenían que romper las reglas, y me refiero a todas ellas. Lo que hicieron fue acercarse al rey de ese período, Amenhotep II y pedirle un favor. Thot entró físicamente a la habitación, caminó directamente hacia él y dijo: "Mira, yo soy Thot", lo que estoy seguro que fue muy difícil de creer para el rey. Para aquel momento los egipcios seguramente pensaban que todos esos neters en sus historias eran seres míticos. Entonces, se encuentra con una persona real, allí de pie, que era uno de los neters. Thot dijo: "Tenemos un serio problema aquí en Egipto y necesito de tu ayuda".

De alguna forma Thot logró que Amenhotep II hiciera algo que ningún rey egipcio hubiera hecho jamás. El hijo de Amenhotep estaba a punto de volverse rey y Thot dijo: "Quiero que tu hijo no se convierta en rey; quiero poner un linaje externo en el trono egipcio". Amenhotep II accedió a hacerlo. Debió haber sido una experiencia muy profunda. No sé lo que hizo Thot, quizá entró brillando o levitando o algo parecido. Pero hizo algo para convencer al rey de que era necesario. Una vez que recibieron el permiso del rey, tuvieron que crear realmente el cuerpo viviente, lo cual no fue fácil.

Creando los cuerpos de Akenatón y después de Nefertiti

Así que, ¿cómo lo hicieron? Fueron a ver a Ay y Tiya –que eran muy viejos, no importa lo que parece–, y les dijeron: "Nos gustaría que tuvieran un bebé". Tenían que recurrir a alguien que fuera inmortal, para obtener los genes inmortales, porque ellos tienen un recuento diferente de cromosomas, 46 + 2 en lugar de 44 + 2. Ay y Tiya aceptaron y tuvieron un bebé. El bebé le fue entregado a Amenhotep II para convertirse en el próximo rey.

Entonces el pequeño creció y se convirtió en rey. Él se convirtió en Amenhotep III, que después se unió con su pareja; no estoy seguro si física o interdimensionalmente, y no sé con quién, pero *tenía* que haberse unido con alguien que tuviera los niveles de cromosomas superiores. En cualquier caso, su hijo fue conocido como Amenhotep IV y para ese bebé tenían planes especiales. Ese bebé, Amenhotep IV, tiene un nombre más popular, tú lo conoces como Akenatón.

Mientras tanto, Ay y Tiya esperaron una generación y después tuvieron otro bebé. Este bebé fue una niña: Nefertiti, quien creció con Akenatón y más adelante, se casaron. En realidad eran hermano y hermana, porque tenían la misma línea sanguínea. La historia de Osiris es similar –hermano y hermana casándose y convirtiéndose en una nueva posibilidad para la vida–. Entonces estas dos personas crecieron y se convirtieron en el rey y la reina de Egipto.

La nueva forma de gobierno y el Dios único

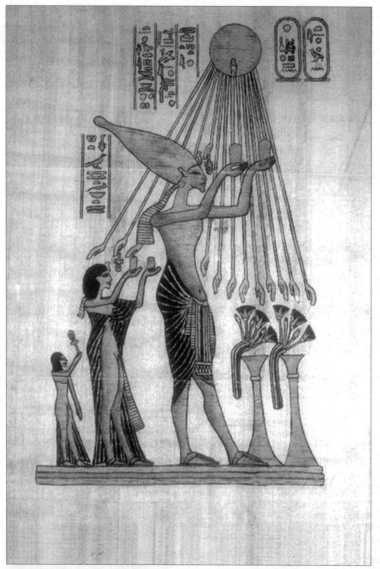

Durante un tiempo, Amenhotep III y su hijo Akenatón gobernaron juntos el país, –dos reyes al mismo tiempo, rompiendo las reglas de nuevo–. Mientras tanto, construyeron una gran ciudad nueva llamada Tel el Amarna en el centro exacto de Egipto. Todavía no sabemos cómo consiguieron ubicarla en el centro exacto. Akenatón puso una piedra allí que dice: "Éste es el centro del país". Hoy no podríamos haberlo hecho mejor desde un satélite. Esto te hace preguntarte quién era esta gente que podía localizar con tanta precisión, el centro de un país de cientos de kilómetros de largo. Es bastante asombroso. Construyeron toda una ciudad con piedras blancas. Era hermosa, como de la era espacial.

Akenatón y su padre gobernaron simultáneamente el país durante un tiempo desde dos lugares, desde Tebas y desde Tel el Amarna. El padre renunció al trono mientras todavía estaba vivo, lo que rompe nuevamente las reglas, y le otorgó el país a Akenatón, que así se convirtió en el primer faraón de Egipto. Antes de Akenatón no había faraones, sólo reyes. Faraón significa *aquello en lo que te convertirás*. En otras palabras, estaban mostrándole a la gente en lo que se convertirían en el futuro. Akenatón, Nefertiti y sus hijos no eran exactamente humanos.

Fig. 5-7. Akenatón enseñando sobre Dios; una copia del grabado en la fig. 5-8.

Esta figura alta [fig. 5-7] es Akenatón. Voy a hablar sobre esta imagen un poco. El propósito principal de Akenatón era deshacer todas las religiones ocultas y llevar al país de vuelta a una sola religión que creyera que había simplemente un Dios. En ese momento todas las personas estaban adorando estatuas, por lo que estaban acostumbradas a creer en cosas. Akenatón tenía que darles algo que pudieran ver para creer en ello, por lo que les dio la imagen del Sol como Dios, porque esta imagen era algo que no podían poner en sus altares.

Existía otra razón para darles la imagen del Sol. Les dijo que el aliento de vida, el prana, provenía del Sol. Esto es verdad en los términos del pensamiento tridimensional, aunque el prana realmente está en todas partes –existen cantidades infinitas de prana en cualquier punto–. Debido a que el prana también proviene del Sol, esta imagen muestra los rayos del Sol bajando; y dos de los rayos son pequeños anks, que los rayos están sosteniendo sobre la nariz, hacia el aliento, mostrando que la vida eterna proviene de la respiración.

En esta misma ima-gen también se ve un loto, la flor nacional de la Atlántida. Fueron los naacales los que llevaron el loto a la India. En los escritos sánscritos hindúes, se habla de los naacales y todavía se habla de ellos en los tiempos modernos. Llegaron mucho antes que Buda y estuvieron allí durante los tiempos budistas. En Egipto la flor de loto representaba a la Atlántida y en esta imagen se ven fuera de los jarrones. Todos sabían que la Atlántida estaba muerta, pero todavía le hacían homenaje colocando los lotos fuera del jarrón. La fig. 5-8 es el grabado original en el muro.

Fíjense en que Akenatón, la figura principal, tiene un cuello largo y delgado, manos delgadas, una cintura alta, muslos anchos y pantorrillas delgadas. La explicación egipcia usual es que tenía una enfermedad y era deforme, por supuesto, también lo eran Nefertiti y todas sus hijas (evidentemente todos tenían la misma enfermedad). Yo creo algo muy distinto.

El reino de la verdad, que retrata una genética diferente

Además de volver a la religión monoteísta de nuevo, Akenatón también dijo: "En esta nueva religión, no vamos a tener más mentiras, no más falsedades. Vamos a cambiar nuestro arte para que refleje la verdad total". Así que durante la decimoctava dinastía, –ni antes y ni después–, hubo una forma de arte único. A los artistas se les intruyó para esculpir o pintar las cosas, tal como las veían sus ojos, como una fotografía. Comenzaron un arte que se veía realista en lugar de estilizado, como había sido antes. Puedes ver patos que son como patos [fig. 5-9], tal como vemos en el arte moderno. Es importante recordar esto cuando estás observando arte de la decimoctava dinastía, porque eso significa que lo que sea que veas, es justo lo que vio el artista. No se les permitía mentir.

Este asunto sobre la verdad fue llevado a tal extremo, que ni siquiera se les permitía usar ropa, porque usar ropa era esconderse y esa era una forma de mentir. No se le permitió a nadie usar ropa durante la decimoctava dinastía, excepto para propósitos ceremoniales u otros especiales.

El nombre de este neter es Maat [fig. 5-10]. Tiene una pluma en la parte superior de su cabeza. Se convirtió en uno de los neters más importantes en esta nueva religión, debido a su nombre, que se traduce como *verdad* o *ve-racidad*. Era el asunto importante en todo. Todo tenía que ser absolutamente verdadero y no debía haber distorsiones, ni mentiras, para que todo pudiera volver a estar centrado. Ésta fue una parte importante de las enseñanzas de Akenatón.

Ésta es una estatua de Akenatón en el Museo de El

Fig. 5-8. Akenatón enseñando sobre Dios, grabado original.

Fig. 5-9. Vemos a los patos justo como los veríamos en las exposiciones de arte moderno.

Cairo [fig. 5-11]. Akenatón medía 4.5 metros de alto, sin contar su tocado. Cuando me paré junto a esto, la parte superior de mi cabeza le llegaba a la parte más ancha de sus caderas. Nefertiti medía poco más de tres metros. Era muy pequeña para su raza. Las hijas también eran muy altas. Esto según Thot. Hace poco han llegado pruebas fehacientes de esto a manos oficiales y no saben qué hacer al respecto. Encontraron dos sarcófagos en Tel el Amarna, la ciudad de Akenatón. Uno de los sarcófagos tenía la Flor de la Vida grabada sobre la cabeza de la momia que estaba dentro y el segundo sarcófago contenía los huesos de un niño de siete años, ¡pero medía 2.5 metros! Ese sarcófago está ubicado en el sótano del Museo de El Cairo en este momento, o al menos probablemente esté ahí. Es la única prueba real hasta ahora de cómo eran estos cuerpos. De acuerdo con las enseñanzas de Thot, esta estatua de Akenatón está hecha exactamente a su semejanza, como si le hubieran tomado una fotografía.

Éste es un busto de Nefertiti [fig. 5-12] encontrado en Tel el Amarna. Ya casi no queda nada de esa ciudad. En algún momento la ciudad fue desmantelada ladrillo por ladrillo y esparcida por todo el mundo. Los egipcios no querían que supieran que Akenatón y Nefertiti habían vivido alguna vez. La única razón por la que lo sabemos, es porque enterraron algunas cosas en habitaciones muy profundas bajo tierra, que la gente anterior no encontró. Este busto fue encontrado allí. Muchas personas piensan que Nefertiti era una mujer hermosa, pero no se dan cuenta de que era extremadamente alta y que su cuerpo era muy inusual en cierta forma.

La fig. 5-13 es una pequeña estatua conocida de Nefertiti, encontrada en la misma habitación que el busto. No está usando ropa porque no creían en eso en ese tiempo. Tenía una cabeza enorme, orejas grandes, un cuello delgado y largo y una cintura alta. También tenía una especie de abdomen abultado. Si pudieras ver el resto de ella, tiene pantorrillas delgadas y muslos anchos.

Éstas son dos de sus hijas [fig. 5-14]. Sus cráneos son enormes y tienen cinturas altas, pantorrillas delgadas y enormes orejas.

Ésta es otra de las hijas [fig. 5-15]. Estoy

Fig. 5-10. Maat, el neter de la veracidad.

Fig. 5-11. Estatua de Akenatón en el Museo Egipcio, El Cairo.

Fig. 5-12. Busto de Nefertiti, en el Museo Estatal, Berlín.

seguro de que su aspecto era exactamente así. Si pudieras ver la cabeza desde atrás, verías su tamaño. Era grande. Es difícil ver el tamaño de esas orejas hasta que las ves de cerca.

La fig. 5-16 es otra hija, más joven que la última, cuello pequeño, cráneo grande extendiéndose hacia atrás.

Esta [fig. 5-17] es una imagen de una de las hijas adolescente.

Ésta es otra [fig. 5-18]. Puedes ver lo gra de que era la cabeza con relación a su cuerpo. Éste es un bebé [fig. 5-19]. Otra vez, el cráneo se extiende hacia arriba y alrededor. El tamaño de las orejas es casi la mitad del de la cabeza.

Fisiológicamente, esos cuerpos son bastante distintos a los cuerpos humanos. Existen todo tipo de diferencias, tanto cerebrales como de otro tipo. Por ejemplo, tienen dos corazones. La única razón por la que nosotros tenemos un corazón, es porque tenemos un Sol. Pero éstos son seres sirianos, —en realidad eran miembros de los 32 seres que estaban alrededor de la llama original, y sus cuerpos son de la estrella de Sirio–.

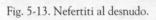

Fig. 5-13. Nefertiti al desnudo.

Fig. 5-15. Otra hija.

Fig. 5-14. Dos de las hijas de Nefertiti y Akenatón.

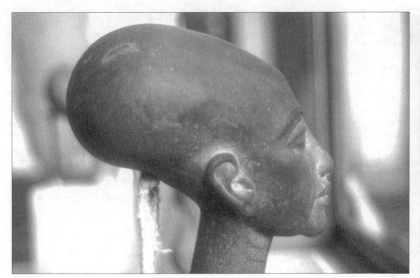

Fig. 5-16. Una hija más joven.

Fig. 5-17. Una de las
hijas en su adolescencia.

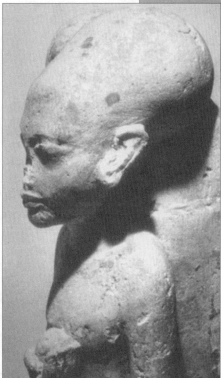

Fig. 5-19. Un bebé de la familia de Akenatón.

Fig. 5-18. Otra hija joven.

El sistema estelar de Sirio tiene dos estrellas, Sirio A y Sirio B. Es un sistema binario, como son la gran mayoría de los sistemas estelares. En esos sistemas las formas de vida tienen dos corazones. Si hay solamente un Sol, las formas de vida tienen un corazón (si hay más de dos estrellas en el sistema, seguirán teniendo dos corazones).

El rey Tut y otros cráneos alargados

Éste es el rey Tut [fig. 5-20], quien asumió el poder directamente después de que Akenatón fuera depuesto. El rey Tut sólo tenía 18 años cuando se convirtió en rey. Nadie sabe con certeza de dónde provino. La diapositiva dice que era un yerno de Nefertiti y Akenatón, casado con su hija. Él era parte de este linaje obviamente, aunque su cráneo no es tan grande. Pero tiene las orejas grandes. Según Thot, al rey Tut se le permitió estar al mando sólo durante un año. Él gobernó durante la transición entre Akenatón y la siguiente fase. El rey Tut estaba en comunicación telepática con Nefertiti, mientras ella dirigía el país a través de él durante ese año. Ella estaba escondida.

Éste es el museo en Lima, Perú [fig. 5-21]. Sólo quiero comentar que ellos también tienen algunos cráneos bastante asombrosos. Perú es otro de los lugares que visitó Thot. Encontraron estos cráneos [fig. 5-22] en Perú, como los de Egipto. Estos grandes cráneos se encuentran en tres áreas del mundo: dentro y alrededor de Egipto, Perú y el Tíbet, en ningún otro lado, al menos que yo sepa. Recuerda, éstas fueron las áreas principales a las que fueron estos seres.

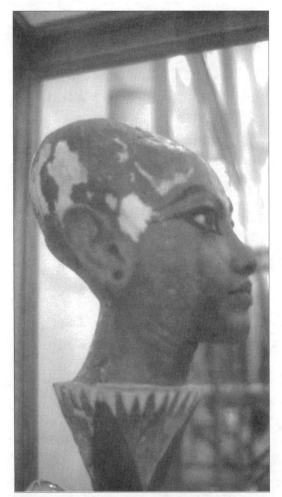

Fig. 5-20. Busto del rey Tut.

Éste era uno de mis maestros [fig. 5-23], que ahora está muerto. Su nombre era Kalu Rinpoche, un lama tibetano. He tenido muchos maestros, pero me siento especialmente cercano a él; realmente lo amé mucho. Fíjense en la forma de su cráneo.

Memoria: la llave de la inmortalidad

Podrías preguntarte, si Akenatón y otros eran inmortales, ¿entonces por qué están muertos? Les daré la definición de inmortalidad desde el punto de vista Melchizedek y espero que esto ayude. Puede que otra persona tenga una definición diferente, pero esto es lo que siento. La inmortalidad no tiene nada que ver con vivir en el mismo cuerpo para siempre. De todas formas vivirás para siempre; siempre has estado vivo y siempre lo estarás, pero puede que no seas consciente todo el tiempo. La definición desde nuestro punto de vista tiene que ver con la memoria. Al volverse inmortales llegan al punto en el que su memoria permanece intacta de ahí en adelante. En otras palabras, eres consciente a partir de ese momento, sin ningún lapso de inconsciencia. Esto significa que te quedas en el cuerpo tanto tiempo

Fig. 5-21. Museo de Lima.

como quieras y cuando quieras dejarlo, lo dejas. Permanecer en un solo cuerpo para siempre sería una prisión o una trampa, porque significa que no podrías irte. Podría haber una razón para dejar ese cuer-po y al final descubrirás que quieres ir más allá de dondequiera que estés. Ésta es la definición de vida eterna; en palabras simples: tienes una memoria continua e intacta.

Volvamos ahora a lo que pasó después de que Akenatón fuera destronado. Con el fin de volver a las antiguas tradiciones, que es lo que querían hacer, el país pasó por un estado de transición. Las personas que se convirtieron en el rey y la reina directamente después de él, son algo casi cómico: dejaron

Fig. 5-22. Cráneo encontrado en Perú.

que Ay y Tiya asumieran el control del país. Después de un largo lapso de tiempo, se convirtieron en el rey y la reina. Está escrito en los registros. Gobernaron alrededor de 30 años y después le dieron el poder a Seti I, quien se convirtió en el primer rey de la decimonovena dinastía. Él inmediatamente volvió a la antigua tradición, borró todo y llamó a Akenatón con el mismo nombre que llamaron a Jesús –"el criminal"–. Lo llamó el peor rey que hubiera vivido debido a su enseñanza de que sólo existía un único Dios.

¿Qué le sucedió realmente a Akenatón?

La mayoría en Egipto odiaba a Akenatón, excepto un pequeño grupo. Los sacerdotes lo odiaban los que más, porque las creencias religiosas egipcias estaban centradas en los sacerdotes. Controlaban a la gente, su forma de vida y la economía. Se volvieron ricos y eran más poderosos que nadie. Entonces Akenatón llegó y dijo: "No necesitan sacerdotes; Dios está dentro de ustedes. Sólo existe un Dios y pueden acceder a Dios desde ustedes mismos". Los sacerdotes reaccionaron para ellos mismos y a sus intereses creados. También, Egipto tenía el ejército más poderoso en el mundo y cuando Akenatón se convirtió en faraón, se morían de ganas por ir a la guerra y conquistar el mundo. Akenatón dijo que no. Él era completamente pacifista y dijo: "Regresen a nuestra tierra. No ataquen a nadie a menos que sean atacados". Hizo volver a los militares y que se quedaran ociosos y a ellos no les gustó eso.

Fig. 5-23. Kalu Rinpoche.

Así que no sólo tenía a los sacerdotes, sino también a los militares en su contra. Y encima, la gente quería sus pequeñas religiones porque les encantaba adorar a sus diosecillos. Esto no les haría finalmente ningún bien, no los llevaría a donde necesitaban llegar de acuerdo con el plan del ADN para el Universo, –que era regresar a casa con Dios, el Dios *único*–, sin embargo, estaban muy involucrados en lo que estaban haciendo.

El hecho de que se le ordenara enérgicamente a la gente dejar de practicar ciertos actos religiosos, causó gran animosidad contra Akenatón. Sería como si nuestro presidente dijera: "Está bien, no hay más religiones en los Estados Unidos; sólo existe la religión del presidente". Si el presidente hiciera volver a todos los militares a suelo norteamericano, con un punto de vista aislacionista, no sería muy popular. Tampoco lo era Akenatón. Pero él sabía que tenía que hacerlo a pesar de todo, incluso aunque significara su propia muerte. Tenía que hacerlo para corregir el camino que nuestro ADN colectivo había codificado dentro de la realidad. Además, necesitaba poner dentro de los registros akáshicos la memoria del propósito sagrado que sostenía la Conciencia Crística.

¿Entonces qué pasó? Según la historia convencional, los sacerdotes y los militares se unieron y le dieron un veneno a Akenatón que lo mató. Pero para Thot, no fue eso lo que sucedió exactamente, porque *no podían* matarlo. Podría beber el veneno pero no le haría daño. Hicieron algo mucho más exótico. Thot dice que los sacerdotes contrataron a tres hechiceros negros de Nubia, que hicieron un brebaje similar al que se usa ahora en Haití, para hacer que alguien *parezca* muerto. Se lo dieron a Akenatón en una reunión pública convocada por los sacerdotes y los militares. Después de que Akenatón bebiera el líquido, todos sus signos vitales parecieron detenerse. Tan pronto como el doctor real lo declaró muerto, se apresuraron a llevarlo a una habitación especial donde tenían preparado un sarcófago. Lo colocaron dentro del sarcófago, colocaron la tapa con un sello mágico y lo enterraron en un lugar oculto. Thot dice que Akenatón tuvo que esperar dentro del sarcófago durante casi 2,000 años, antes de que se rompiera un pedazo del sello y se deshiciera la magia. Entonces regresó a los Salones de Amenti. Esto no fue un problema para Akenatón. Thot dijo que para un ser inmortal como Akenatón, fue como una siesta. Mi pregunta es: ¿realmente permitió que esto le sucediera?

La Escuela de Misterios de Akenatón

Lo que es importante aquí es un hecho: Akenatón desarrolló una Escuela de Misterios. La escuela se llamó Escuela de Misterios Egipcia de Akenatón, la Ley de Uno. Tal como salieron las cosas, tuvo solamente 17.5 años para obtener resultados. Llevó estudiantes de la Escuela de Misterios del Ojo Izquierdo de Horus (el lado femenino), de la que hablaré posteriormente, –graduados que tenían cuando menos 45 años de edad–, a la Escuela de Misterios del Ojo Derecho de Horus. Esta información del ojo derecho nunca se había enseñado antes en Egipto. Les enseñó durante 12 años, después de los cuales sólo tenía 5.5 años para ver si podía llevarlos a la inmortalidad. ¡Y lo logró! Consiguió que unas 300 personas pasasen a la inmortalidad. Creo que todos, o casi todos, eran mujeres.

Alguien preguntó alguna vez: "¿Por qué no trabajó Akenatón de forma diferente con la población, para no ponerse en una situación tan peligrosa?". Pero, ¿pueden pensar en una forma de cambiar a toda una población en un período tan corto, sin causar conflicto? ¿Podrían hacer esto en los Estados Unidos en este momento, en un año convertir a todas las religiones en una? Creo que no existe una forma, excepto simplemente hacerlo, incluso si significa ser "asesinado". Además, lo único que realmente necesitaba hacer, era vivir su vida. Esto quedaría en los registros akáshicos y sería una memoria que todos tendríamos en nuestro ADN. En un solo día estaría codificado y después podían hacer lo que quisieran con él. No estaba realmente preocupado. Sabía que el país, la sociedad y las costumbres, regresarían a la tradición antigua. Pero sí consiguió a estas 300 personas inmortales que irían más allá de él y de Egipto.

Después de que Akenatón se fuera, los 300 egipcios inmortales se unieron a la Hermandad de Tat y esperaron aproximadamente desde el 1350 a. C. hasta cerca del año 500 a. C., unos 850 años más o menos. Después emigraron hacia un lugar llamado Masada, Israel, y formaron la Hermandad Esenia. Incluso hoy Masada es conocida como la capital de la Hermandad Esenia. Estas 300 personas se convirtieron en el círculo interno y personas corrientes en su mayoría formaron el círculo externo, que se volvió muy grande.

María, la madre de Jesús, fue uno de los miembros del círculo interno de la Hermandad Esenia. Ella era inmortal incluso antes de que Jesús lo fuera. José provenía del círculo externo. Esto dice Thot; no está escrito en los registros. Parte del plan egipcio era que el siguiente paso sería traer a alguien que demostrara *exactamente cómo* volverse inmortal, comenzando como un humano ordinario, poner la experiencia en los registros akáshicos y hacerlo real. Alguien tenía que hacerlo. De acuerdo con Thot, María y José se unieron interdimensionalmente (de lo que hablaremos más tarde) para crear el cuerpo de Jesús, lo que permitiría que entrara su conciencia desde un nivel muy alto. Cuando Jesús llegó aquí, comenzó su vida en la Tierra como humano, como cualquiera de nosotros. Era totalmente humano. Mediante su propio trabajo se transformó al estado inmortal a través de la resurrección, no a través de la ascensión y puso dentro de los registros akáshicos la forma exacta de hacerlo. Esto es según Thot y fue planeado mucho tiempo antes de que ocurriera.

Fig. 5-24. Símbolo de la Escuela de Misterio del Ojo Derecho de Horus.

Las dos Escuelas de Misterios y las imágenes de los 48 cromosomas

Estamos cambiando de dirección nuevamente y empezando un nuevo sistema de conocimiento, que continuará durante un tiempo hasta que vean este símbolo de nuevo cuando hayan recorrido el camino. Éste era el símbolo para la Escuela de Misterios Egipcia de Akenatón, la Ley de Uno [fig. 5-24]. Es el ojo derecho de Horus. El ojo derecho está controlado por el cerebro izquierdo; es conocimiento masculino. Aunque el ojo derecho "ve" directamente en el cerebro derecho, esto no es lo que estaban comunicando los egipcios. Lo que es importante aquí, no es el "ver" sino la interrupción de la información que se está "viendo". Es el cerebro izquierdo el que hace esta interrupción de lo que es visto; éste controla el lado derecho del cuerpo y viceversa. De la misma forma, el ojo izquierdo de Horus, controlado por el cerebro derecho, es conocimiento femenino, que fue enseñando en los 12 templos egipcios principales a lo largo del Nilo. El decimotercer templo era la Gran Pirámide como tal. La iniciación duraba 12 años, pasando un año o un ciclo en cada uno de esos templos, aprendiendo todos los componentes femeninos de la conciencia.

Pero el componente masculino, el ojo derecho de Horus, se enseñó sólo una vez y no fue escrito en ninguna parte. Fue una tradición oral pura, aunque sus componentes principales están grabados en una sola pared bajo la Gran Pirámide, que conduce hacia el Salón de los Registros. Conforme bajan por ese salón, llegan casi hasta abajo y justo antes hace un giro de 90°, arriba en lo alto de la pared se ve una imagen como de 1.20 metros de diámetro, que es la Flor de la Vida. A su lado se encuentran otras 47 imágenes, una después de la otra, que son las imágenes de los cromosomas de la Conciencia Crística, el nivel de conciencia al que nos estamos dirigiendo ahora. Después de que se publiquen estos dos volúmenes, puede que publiquemos un libro con estas imágenes.

Mostraremos estas imágenes a lo largo del libro, mezcladas y de una forma ligeramente distinta. De esto se trata la Gran Pirámide. Su propósito principal, más allá de cualquier otra cosa, es llevar a alguien desde nuestro nivel de conciencia hacia el siguiente nivel. Existen muchas otras razones por las que existe, pero la ascensión y la resurrección son su propósito por encima de todo.

Génesis, la historia de la creación

Las versiones egipcia y cristiana

Vamos a comenzar por darnos cuenta de que la comprensión cristiana y egipcia sobre la realidad, es casi idéntica. La comprensión cristiana se deriva de la egipcia. Aquí están las primeras tres oraciones de la Biblia cristiana: "En el principio Dios creó el cielo y la tierra. La tierra era sin forma y vacía, la oscuridad se posaba sobre cara de las profundidades y el espíritu de Dios se movió sobre la superficie de las aguas. Y Dios dijo: '¡Hágase la luz!', y la luz se hizo".

Para comenzar, esta afirmación de que la Tierra era sin forma hasta que surgió del Vacío, de la nada, es exactamente lo que creían los egipcios. Es también lo que creen muchas otras religiones. Tanto la religión egipcia como la cristiana, creen que todo lo que se necesita para iniciar el proceso de creación es *nada* y *espíritu* y cuando esos dos conceptos se unen, entonces pueden ser creadas todas las cosas. Creen que la creación comienza con el *movimiento* del espíritu. En la segunda oración dice: "La Tierra era sin forma y vacía" y que el espíritu de Dios se *movió* sobre la superficie de las aguas. Después, en la siguiente oración, Dios dice: "¡Hágase la luz!". Primero tuvo lugar el movimiento, y la luz surgió inmediatamente después.

Según la creencia egipcia, en las Biblias cristianas actuales olvidaron un pequeño detalle. Aunque las Biblias más antiguas no tienen que estar equivocadas necesariamente. Hay 900 versiones de la Biblia en el mundo y en muchas de las más antiguas la primera oración dice: "En el principio había seis". También empieza de otras formas; ha sido cambiada muchas veces a través de los años.

Los antiguos egipcios dirían que el modo de empezar la creación en las Biblias modernas es imposible, sobre todo si se mira desde el punto de vista de la física. Imagina un espacio oscuro e infinito que continúa por siempre en todas direcciones. No hay nada en él, sólo espacio infinito sin nada. Imagínate a ti mismo, no tu cuerpo, sino tu conciencia, en medio de eso. Sólo estás flotando allí sin nada. No te puedes caer en realidad, porque ¿hacia dónde te caerías? No sabrías si te estás cayendo o si estás subiendo o moviéndote a un lado; de hecho, no existe forma de experimentar movimiento alguno.

Desde un punto de vista puramente físico o matemático, el movimiento en sí, o la energía cinética, es absolutamente imposible en el vacío. No puedes ni siquiera girar, porque el movimiento no puede convertirte en algo real hasta que no haya al menos otro objeto en el espacio a tu alrededor. Tiene que haber algo en *relación* a lo que moverse. Si no hay algo en relación a lo que moverse, ¿cómo sabrías que se está moviendo? Quiero decir, si subieras nueve metros, ¿cómo lo sabrías? No hay cambio. Sin cambio, no hay movimiento. Entonces los antiguos egipcios dirían que antes de que Dios se "moviera sobre la superficie de las aguas", Él/Ella tuvo que crear algo antes en relación a lo cual moverse.

Cómo lo hicieron Dios y las escuelas de misterios

Ahora, piensa en ti, de pie, en una habitación oscura, cerca de una puerta que se conecta con una segunda habitación. Estás preparado para entrar en la segunda habitación que está muy oscura. Casi no puedes ver la puerta que conduce hacia ella. Entras a la segunda habitación, cierras la puerta detrás de ti, y está oscuro como la boca del lobo.

Cuando te enfrentas a esa situación, tienes la habilidad de proyectar un rayo sensorial desde el área de su tercer ojo y puedes también sentir desde tus manos (realmente puedes percibir desde cualquier chakra, pero las personas lo hacen generalmente desde su tercer ojo o sus manos). Puedes proyectar un rayo de conciencia en esa habitación oscura a cierta distancia. Puede ser que sólo sea de 2.5 centímetros, o quizá puedas proyectar

Fig. 5-25. El espíritu de Dios
en el Gran Vacío.

hacia fuera 30 ó 60 centímetros y simplemente saber que hay algo, o no hay nada en ese espacio. Tu conciencia sale hasta esa distancia y después se detiene. Tu conocimiento termina y no sabes qué hay más allá de ese punto. Probablemente todos sepan de qué hablo, aunque muchos hemos permitido que ese sentido se retraiga, porque confiamos demasiado en nuestros ojos.

Pero algunas personas, especialmente los antiguos egipcios, eran realmente buenos haciéndolo. Podían entrar a una habitación oscura y sentir todo lo que había alrededor, podían saber si había algo allí, incluso aunque no pudieran ver nada con sus ojos. Hay personas ciegas que también pueden mostrar esta habilidad.

En realidad, tenemos seis de estos rayos sensitivos –no sólo uno, sino seis–. Todos provienen del centro de nuestra cabeza, de la glándula pineal. Un rayo sale por la parte frontal de nuestra cabeza por el tercer ojo y otro sale hacia atrás; uno sale hacia la izquierda y otro hacia la derecha de nuestro cerebro; y otro sale directo hacia arriba a través del chakra de la corona y el sexto directo hacia abajo a través de nuestro cuello –las seis direcciones–. Éstas son las mismas direcciones de los ejes de geometría x, y, z. Los egipcios creían que este aspecto innato de la conciencia, es lo que permite que se inicie la creación. Ellos creían que si no tuviéramos esta habilidad, la creación nunca habría ocurrido.

Para comprender este proceso de creación hasta el nivel más profundo, se le pedía a los estudiantes egipcios que se imaginaran y representaran el proceso que vamos a detallar. La siguiente descripción es tal como ellos lo explicaban en sus escuelas de misterios. La forma que aprendieron no es la única manera de hacerse, pero así es como fueron instruidos.

El fondo negro en esta imagen representa el Gran Vacío y el pequeño ojo representa el espíritu de Dios [fig. 5-25]. Así que aquí está el espíritu de Dios existiendo en el Vacío, en la nada. Imaginen que ustedes son ese pequeño espíritu en medio del Vacío (por cierto, cuando están en el Gran Vacío, se darán cuenta de que ustedes y Dios son uno, que no hay ninguna diferencia). Después de estar durante mucho tiempo en el Gran Vacío, probablemente se sentirían aburridos, o curiosos o solos y querrían intentar algo nuevo, para tener algo de aventura en su vida.

Primero crea un espacio

Entonces el espíritu, el ojo solitario, lanza un rayo de conciencia en el Vacío. Primero lanza este rayo hacia el frente, luego hacia atrás, después a la izquierda, posteriormente a la derecha, luego hacia arriba y hacia abajo [fig. 5-26]. Tengan en cuenta que la distancia que proyectan hacia el frente, es la misma distancia que proyectan hacia atrás, también a la izquierda, la derecha, arriba y abajo. El rayo de conciencia proyecta la misma distancia en cada una de las seis direcciones para cualquier individuo. Aunque cada uno de nosotros es diferente respecto a la distancia a la que podemos proyectar este rayo (uno podría proyectarla a 2.5 centímetros, otro a 60 centímetros y otro a 15 metros), pero hay igualdad en cada una de las seis

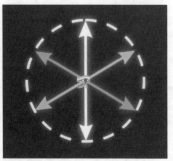

Fig. 5-26. El espíritu proyectando
conciencia en las seis direcciones.

direcciones. Así que el espíritu proyecta esos rayos hacia fuera en esas seis direcciones, definiendo el espacio: norte, sur, este, oeste, arriba y abajo.

Ésta debe de ser la razón por la que los indios americanos y los nativos en todo el mundo le dan tanta importancia a las seis direcciones. ¿Alguna vez lo has notado en tus ceremonias? ¿Qué importante es que definas las direcciones? También es importante en la cábala y en alguna de las meditaciones que haces.

Después, enmarca ese espacio

En las escuelas de misterios, después de que proyectaban esos seis rayos en las seis direcciones, lo que hacían era conectar los extremos de esas proyecciones. Esto forma un diamante, o cuadrado, alrededor de ellos [fig. 5-27]. Por supuesto, cuando se muestra en este diagrama en este ángulo, parece un rectángulo, pero pueden ver que en realidad sería un cuadrado. Así que crean un pequeño cuadrado alrededor de su punto de conciencia. Después, desde el cuadrado mandan un rayo hacia arriba, formando una pirámide alrededor de la base del cuadrado [fig. 5-28].

Después de que crean la pirámide en la parte superior, mandan un rayo hacia abajo al punto inferior, formando una pirámide abajo [fig. 5-29]. Si observas esto en un espacio real tridimensional, las dos pirámides unidas por las bases forman un octaedro. Aquí hay otra interpretación del octaedro [fig. 5-30].

Recuerda que esto es sólo espíritu. No tienes cuerpo en el Gran Vacío; eres solamente espíritu. Entonces estás en el Gran Vacío y has creado este campo a tu alrededor. Ahora, una vez que has definido el espacio trazando el octaedro [fig. 5-30] alrededor del espíritu, con dos pirámides unidas por la base, tienes un objeto. Ahora es posible la energía cinética o el movimiento; algo que no era posible antes. El espíritu se puede mover fuera de la forma y girar alrededor. Puede ir en cualquier dirección durante kilómetros y kilómetros, después puede regresar y tiene un lugar central para todo. La otra cosa que puede hacer el espíritu es permanecer fijo en medio de la forma, dejando que el objeto se mueva. La forma puede girar, oscilar o moverse de todas las formas posibles. Por lo que ahora son posibles los movimientos relativos.

Luego, la forma gira para crear una esfera

El octaedro que creaban los estudiantes de esta forma tenía tres ejes, delante y detrás, izquierda y derecha y arriba y abajo. Se les pedía que hicieran girar la forma alrededor de uno de los ejes, no importaba cuál y no importaba en qué dirección. La giraban de una forma u otra, después giraban la forma una vez alrededor de otro eje y una vez alrededor del tercer eje. Con sólo un giro alrededor de cada uno de los tres ejes, trazaban los parámetros de una esfera perfecta. Antes de que se les permitiera a los estudiantes mover su propio punto de conciencia, se les enseñaba a girar esta forma octaédrica y a crear una esfera alrededor de ellos mismos.

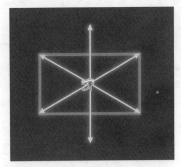

Fig. 5-27. El espíritu en su primer diamante creado.

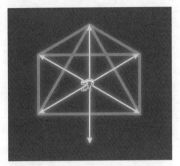

Fig. 5-28. Proyectando una pirámide arriba.

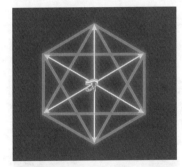

Fig. 5-29. Proyectando una pirámide abajo.

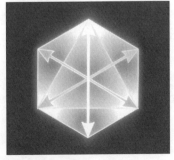

Fig. 5-30. Octaedro alrededor del espíritu.

Fig. 5-31. El espíritu en medio de su primera creación.

Fig. 5-32. El primer movimiento del espíritu.

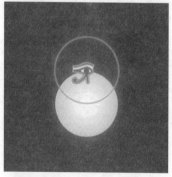

Fig. 5-33. Primer movimiento o día; las primeras dos esferas de creación forman una vesica piscis.

Ha sido acordado entre todos los involucrados en la Geometría Sagrada que conozco, que una línea recta es masculina y una línea curva es femenina. Por lo que una de las formas más masculinas es un cuadrado o un cubo y una de las formas más femeninas es un círculo o una esfera. Debido a que el octaedro que proyectó el espíritu está formado únicamente por líneas rectas, es una forma masculina; y debido a que la esfera está formada sólo por líneas curvas, es una forma femenina. Lo que los egipcios hicieron, fue crear una forma masculina y convertirla en una forma femenina. Pasaron de la masculinidad a la feminidad.

Esta misma historia se relata en la Biblia donde primero fue creado Adán y después de Adán, o de la costilla de Adán, fue creada la fémina. Por supuesto, la imagen del espíritu dentro de la esfera es también la imagen de la escuela.

La Geometría Sagrada comenzó cuando el espíritu hizo esta primera proyección en el Vacío y creó el primer octaedro a su alrededor. El Vacío es infinito, no hay nada en él, y estas formas que se están creando tampoco son nada. Son sólo líneas imaginarias creadas por la conciencia. Esto les da una idea de lo que es la realidad: nada. Los hindúes llaman *maya* a la realidad, lo que significa ilusión.

El espíritu puede sentarse en medio de su primera creación durante mucho tiempo [fig. 5-31] pero finalmente tomará la decisión de hacer algo. Para recrear este proceso, se les dio a los estudiantes de la Escuela de Misterios, la instrucción de reproducir los mismos movimientos que hizo el espíritu. Todo lo que se requiere para crear y completar todo en el Universo entero son *dos simples instrucciones.*

El primer movimiento del *Génesis*

Recuerda que el espíritu está ahora dentro de una esfera. Las instrucciones son moverse hacia aquello que fue *creado recientemente* y después *proyectar otra esfera exactamente igual a la primera.* Eso produce algo sumamente único y especial. Éste es un sistema a prueba de tontos para crear la realidad. No puedes cometer un error, no importa lo que hagas. Todo lo que haces es moverte hacia lo que se acaba de crear y formar otra esfera del mismo tamaño que la primera. En este sistema, debido a que no existe nada excepto esta burbuja en el Vacío, y el interior de la burbuja es igual al exterior, lo único que es nuevo o diferente es la membrana, la *superficie* de la esfera.

Entonces la conciencia decide ir a la superficie. No importa hacia dónde vaya en la superficie, puede ser cualquier lugar. Tampoco hay ninguna diferencia en *cómo* llegue, ya sea que vaya en línea recta o haciendo curvas o espirales o explore cualquier espacio intermedio. Puede ser muy creativo; no importa. Pero de una forma u otra terminará en alguna parte sobre la superficie de la esfera.

Para el propósito de este ejemplo diremos que el espíritu subió (sólo para ser simétricos y para que sea más fácil entenderlo). Como sea, el espíritu, este pequeño ojo solitario, aterriza en la superficie [fig. 5-32]. Ha realizado el primer movimiento del *Génesis*: "El espíritu de Dios se movió sobre la superficie de las aguas". Lo siguiente era: "Dios dijo: 'Hágase la luz y la luz se hizo'". En este punto el espíritu sólo sabe hacer una cosa, en realidad sabe cómo hacer dos cosas, pero el resultado final es una. Sabe (1) cómo proyectar el pequeño octaedro y crear una esfera y (2) sabe cómo moverse a lo que se creó recientemente. Ésta es una realidad muy simple. Entonces llega a la superficie y hace otro octaedro, lo gira a través de los tres ejes y forma otra esfera de tamaño idéntico a la primera. Es idéntica en tamaño porque su habilidad para proyectar dentro del Vacío es la misma. Nada ha cambiado respecto a eso. Entonces crea una segunda esfera exactamente del mismo tamaño que la primera.

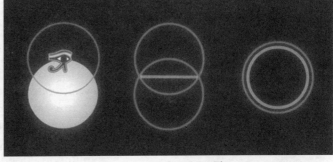

Fig. 5-34. El primer movimiento o día. Las primeras dos esferas de creación (izquierda); vista de la sección (centro); y visión plana o desde arriba.

La vesica piscis, a través de la cual se crea la luz

Cuando se hace esto, se ha realizado algo muy especial, en términos de la Geometría Sagrada. Se ha formado una vesica piscis en la intersección de las dos esferas [fig. 5-33]. ¿Alguna vez has visto dos burbujas de jabón juntas? Cuando dos burbujas de jabón se cruzan se forma alrededor de su conexión una línea o un círculo. Si vieras las dos burbujas de un lado, la sección recién formada se vería como una línea, pero si las estuvieras observando desde arriba, verías la circunferencia recién creada *dentro* de las esferas más grandes.

La circunferencia de la vesica piscis es simétrica y más pequeña que la circunferencia de las esferas más grandes. En otras palabras, de lado parecería una línea recta [fig. 5-34, centro], y desde arriba parecería un círculo [derecha]. Aunque la vesica piscis generalmente es bidimensional como una moneda, su aspecto tridimensional es igual de válido. Si la sacaras de en medio de las dos esferas, se vería como un balón de fútbol americano, como la fig. 5-35.

No puedo demostrarte esto ahora, pero más tarde, en este libro, podré probarte que esta imagen es la luz. Es la imagen geométrica a través de la cual se creó la luz. También es la imagen geométrica a través de la cual fueron creados tus ojos, que reciben luz. Además de la luz, también es la imagen de los patrones que están conectados con tus emociones y muchos otros aspectos de la vida. Ésta es la geometría básica del campo electromagnético. Es demasiado simple para entenderlo aquí. Tengo que esperar hasta que las cosas se hagan más complicadas, después podré explicarlo. Te mostraré que el primer movimiento del *Génesis* crea el patrón que es la vida. Esa es la razón por la que Dios dijo: "Que se haga la luz". No podría haberlo dicho hasta que no hubiera proyectado la segunda esfera y hubiera creado la vesica piscis.

Fig. 5-35. Una vesica piscis tridimensional, una forma sólida tridimensional sacada de las dos esferas que la forman.

Fig. 5-36. Tercera esfera, segundo movimiento o día del *Génesis*. Cuando estamos en el centro del círculo o esfera más alta mirando hacia abajo, la línea horizontal se ve como un círculo.

Fig. 5-37. Tetraedros grande y pequeño en tres esferas.

Fig. 5-38. Cuarta esfera, tercer día del *Génesis*.

Fig. 5-39. Quinta esfera, cuarto día del *Génesis*.

Fig. 5-39a. Mitad de la creación.

El segundo movimiento crea la estrella tetraédrica

Cuando el espíritu está en el centro de su segunda esfera mirando hacia abajo, a la vesica piscis, está observando un nuevo círculo creado, el círculo de la vesica piscis. Este círculo es lo único que es nuevo y las instrucciones del espíritu son ir hacia lo recién creado. No importa dónde vaya en este nuevo círculo. No puede cometer un error; sólo se mueve hacia alguna parte en ese círculo y proyecta una nueva esfera, como en la fig. 5-36.

No importa dónde se pose el espíritu, podemos hacer girar las esferas para que se vean como este dibujo. Así que voy a decir que se movió en el círculo hacia el punto A, del lado izquierdo. En ese momento se creó una *enorme* cantidad de información (en cada movimiento del *Génesis* surgen grandes cantidades de conocimiento). La primera *creación* produjo la esfera. El primer movimiento o día creó la vesica piscis, que es la base de la luz. El segundo movimiento o día produjo, en la relación entre las tres esferas, la geometría básica de la estrella tetraédrica [fig. 5-37], que pronto verás que es una de las formas más importantes para la vida.

No vamos a entrar en toda la información que se creó en este momento, pero cada vez que se forma una nueva esfera, se despliega más información y se vuelven visibles más patrones creadores. Después de haberse llevado a cabo el primer y segundo movimientos, desde cualquier lugar en la esfera, hacia cualquier lugar en el círculo (sin importar cómo se movió el espíritu, ni hacia dónde fue en el círculo o la esfera, siempre será perfecto), comenzará a moverse exactamente en el ecuador de la esfera original. Existe un número infinito de ecuadores en esa esfera, pero elegirá uno perfecto.

"Muévete hacia lo recientemente creado" hasta terminar

Después de que se creó ese patrón, sólo existe una instrucción que seguir, para siempre. La única acción a seguir hasta el fin de los tiempos es *moverse siempre hacia el punto (o puntos) más interno(s) del círculo y proyectar otra esfera.*

Para aclararlo, definamos lo que queremos decir con "punto más interno del círculo". Observen la fig. 5-36. En este caso existen tres puntos más internos del círculo. Si tu ojo trazara el perímetro más externo de este patrón, llegarías a tres lugares que son los más cercanos al centro. Son estos "lugares más cercanos al centro" lo que llamamos los puntos más internos del círculo. En el caso del patrón del *Génesis* que está creando este movimiento del espíritu, existen seis puntos más internos del círculo.

Por tanto, con esto en mente, el espíritu comienza a moverse exactamente alrededor del ecuador de la esfera original o central. Cuando ha atravesado los 360° completos y alcanza el punto en el que comenzó (lo que serían seis puntos o movimientos), comienza a seguir su segundo impulso (o instrucción, para los estudiantes de la Escuela de Misterios): *moverse hacia los puntos más internos del círculo*, que ahora están localizados sobre la circunferencia de la esfera original, donde está la intersección de las dos vesica piscis. De forma simple, son los puntos más cercanos posibles al exterior del patrón. Ese movimiento continuo empieza a formar un vórtice. Este movimiento de vórtice crea distintos tipos de formas tridimensionales, una después de otra, que son los bloques de construcción o los planos de toda la realidad. Una vez que el espíritu ha creado la tercera esfera, se mueve ahora hacia el punto más interno del círculo y proyecta otra esfera [fig. 5-38]. Aquí hay más información, pero es muy complicada para discutirla en este momento.

Esto es muy interesante; es el cuarto movimiento o día [fig. 5-39]. Dice en muchas Biblias del mundo que en el cuarto día del *Génesis*, se completó exactamente una mitad de la creación. Empezando desde el primer movimiento, se formó exactamente una mitad del círculo [fig. 5-39a]. Nos hemos movido exactamente 180o desde el punto del primer movimiento.

La fig. 5-40 es el quinto día del Génesis, más información. En el sexto día [fig. 5-41] sucede un milagro geométrico: el último círculo forma una flor completa de seis pétalos. Esto es a lo que se referían muchas de las primeras Biblias cuando decían: "En el principio había seis". Nuestra Biblia dice ahora que la creación se hizo en seis días y esto encaja exactamente. Éste es el patrón del Génesis, por lo que nos referimos a él con ese nombre. Es el principio de la creación de este Universo en el que vivimos.

Estos movimientos originales del espíritu son realmente importantes. Por eso me paso tanto tiempo explicándolos al principio de este curso. Más tarde se volverá más complejo, pero por ahora éste es sólo el principio de cómo se crea la manifestación de la realidad.

Vamos a sacar estas formas tridimensionales de la página una por una. Si pudieran hacerse sólidas, podrías verlas y sostenerlas en tus manos. Vamos a empezar a asentar esta información abstracta en la realidad. Después vamos a llevarla más lejos para mostrarles cómo realmente crean la realidad en la que vivimos. Si estudias esto por tu cuenta, estarás viendo salir de esta explicación de la realidad, algunos aspectos extremadamente elaborados de creación. Si estuvieras creando por sí mismo estas geometrías, dibujarías una línea en alguna parte, en la Geometría Sagrada que crea el espíritu conforme se mueve a través del Vacío y significaría algo asombroso; después otra línea significaría algo incluso más maravilloso. La vida comenzó simple, después creó el mundo complejo en el que vivimos.

Esto no son sólo matemáticas y no son sólo círculos y geometría. Éste es el mapa viviente de la creación de toda realidad. Debes comprender esto o te perderás y no comprenderás hacia dónde *conduce este libro. La razón por la que estamos haciendo todo esto, es para que tu cerebro izquierdo pueda comprender la unidad de toda la creación y puedas trascender la conciencia de polaridad.*

Fig. 5-40. Sexta esfera, quinto día del *Génesis*.

Fig. 5-41. Séptima esfera, sexto día del *Génesis*.

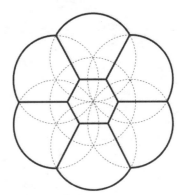

Fig. 5-41a. Mostrando una vista tridimensional de esto.

El significado de la forma y la estructura

Desarrollando el patrón del *Génesis*

El Toro, la primera forma

Observemos la primera figura que sale de la página, es el patrón del *Génesis* en sí [ver fig. 5-41]. Si revisas un libro de matemáticas, este patrón del *Génesis* tiene la mínima cantidad de líneas, que pueden ser dibujadas sobre una superficie plana, para delinear una forma tridimensional llamada el Toro. Un Toro se forma cuando se gira el patrón del *Génesis* sobre su eje central, creando una forma que se ve como una rosquilla o dona, pero el orificio de en medio es infinitamente pequeño.

Un Toro, llamado aquí tubo Toro, debido a que éste en particular está formado como un tubo interno [fig. 6-1], es único porque es capaz de doblarse sobre sí mismo, girando ya sea hacia dentro o hacia fuera. Ninguna otra forma existente puede hacer esto o algo similar. Un Toro es la primera forma que surge del patrón del *Génesis* completo y es único entre todas las formas existente.

Fue Arthur Young quien descubrió que existen siete regiones en esta forma, a esto se le conoce colectivamente como *el mapa de siete colores*. Puedes elegir casi cualquier libro de matemáticas y si miras el Toro, hablará sobre el mapa de siete colores. Hay siete regiones, todas del mismo tamaño. que encajarán exactamente en el tubo Toro sin dejar nada fuera. T como el patrón del *Génesis*, seis círculos alrededor del séptimo en el centro abarcando toda la superficie. Es perfecto, impecable.

En Geometría Sagrada existe algo llamado enganchar. Tienes un círculo o una línea y los conectas, como cuando tienes una llave de carraca de mecánico de coches y la usas para girar algo a distancia. Por ejemplo, imagina dos patrones del *Génesis* sobrepuestos, uno encima del otro. Un patrón está fijo; si giras el otro patrón 30°, tendrás 12 esferas alrededor de la central. Se vería así [fig. 6-2] en dos dimensiones. En tres dimensiones se vería como un tubo Toro. Después si conectas todas las líneas posibles por el centro, obtienes este patrón [fig. 6-3].

Si giras las 12 esferas una vez más, esta vez 15°, para que ahora haya 24 esferas, se obtiene este patrón [fig. 6-4]. Este patrón es lo que se llama un patrón trascendental asociado. ¿Qué es un patrón trascendental? Un número trascendental en las matemáticas, desde mi forma de verlo, es un número que proviene de otra dimensión. En esa

Fig. 6-1. El colorido tubo Toro.

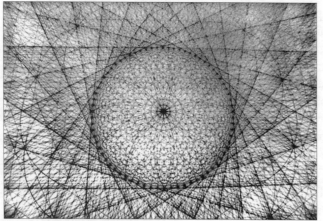

Fig. 6-2. El patrón del *Génesis* enganchado una vez.

dimensión probablemente está completo, pero cuando llega aquí no se traduce por completo dentro de este mundo. Tenemos muchos de ellos. Uno de ellos, por ejemplo, es *la proporción Phi* de la que voy a hablar más tarde. Es una proporción matemática que comienza con 1.6180339 y continúa para siempre, lo que quiere decir que nunca se sabe cuál será el siguiente dígito y nunca termina: hay personas que han dejado las computadoras trabajando durante meses sin llegar a un resultado final. Como explicación simple, esto es un número trascendental.

La forma del Toro gobierna muchos aspectos de nuestras vidas. Por ejemplo, el corazón humano tiene siete músculos que forman un Toro y éste bombea en las siete regiones que se muestran en el mapa del Toro. Tenemos todo el conocimiento imbuido en nuestro cuerpo. El Toro está literalmente alrededor de *todas* las formas de vida, de todos los átomos y todos los cuerpos cósmicos, como los planetas, estrellas, galaxias y demás. Es la forma primaria en la existencia.

"En el principio era el Verbo". Creo que el tiempo revelará que el lenguaje o sonido consciente, o la palabra, todos serán revelados en el Toro. Hay quienes creen que esto es verdad ahora, pero el tiempo lo dirá.

El laberinto como un movimiento de la energía fuerza-vital

La fig. 6-5 es un laberinto de siete pliegues. Se encuentra alrededor de todo el mundo, en todas partes, desde China, el Tíbet, hasta Inglaterra e Irlanda, Perú y los indios americanos.

Se acaba de encontrar uno en Egipto. Encontrarás este laberinto en el suelo de muchas iglesias en Europa. La misma forma se encuentra en paredes de piedra en todas partes. Debe haber sido de gran importancia para la humanidad antigua. Existen siete regiones en él, que se relacionan con el Toro y con el latido del corazón humano. Más tarde hablaré sobre la antigua Escuela de Misterio druida en la isla de Avalon en Inglaterra. Para llegar a la cima de la montaña en ese lugar, tenías que caminar a través de este mismo laberinto, avanzando y retrocediendo a través de este movimiento.

Cuando estuve en Inglaterra, hablé con Richard Feather Anderson, autor y experto en laberintos y aprendí algo. Como parte de su investigación,

Fig. 6-3. Patrón del *Génesis* enganchado con todas las líneas posibles conectadas.

hace que las personas caminen a través del laberinto. Descubrió que cuando se camina a través de él, uno es forzado a moverse a través de diferentes estados de conciencia, viviendo una experiencia específica. Esto ocasiona que la energía fuerza-vital, se mueva a través de los chakras en el siguiente patrón: tres, dos, uno, cuatro, siete, seis, cinco. La energía comienza en el tercer chakra, después pasa al segundo, luego al primero: posteriormente salta al corazón (cuarto), después al centro de la cabeza a la glándula pineal (siete), luego al frente de la cabeza a la glán-dula pituitaria (seis) y finalmente baja a la garganta (quinto).

Fig. 6-4. Patrón del *Génesis* enganchado dos veces con todas las líneas posibles conectadas.

Cuando se recorre este laberinto, a menos de que uno bloquee la experiencia, se moverá automáticamente a través de esos cambios. Incluso aunque no sepan sobre estas cosas, pasarán de todas formas a través de las experiencias. Mucha gente en todo el mundo se ha percatado de que es verdad. El señor Anderson cree que si uno dibuja líneas (el número de líneas indicando qué camino es de los siete) en el orden en el que recorres el sendero: tres, dos, uno, cuatro, siete, seis, cinco, forma lo que parece una copa [fig. 6-6]. Él siente que este labe-rinto en particular está relacionado con la forma del santo grial y con su conocimiento secreto. Desde mi experiencia, parece correcto, pero mantengo una mente abierta. Todavía no sé sobre el tema, pero podría ser verdad.

Fig. 6-5. Un laberinto de siete pliegues.

Experimenté con este laberinto y a mí sí me sucedieron estos cambios. Sin embargo, también fui capaz de experimentar esos mismos cambios de una forma diferente. Fui capaz de caminar en línea recta hacia el centro del laberinto, haciendo simplemente los cambios dentro de mí, conforme alcanzaba cada lugar donde se ubicaba cada vuelta del laberinto. Pude alcanzar el mismo estado sin caminar a través de todo el patrón. Recuerda el laberinto; regresaré a él más adelante.

El Huevo de la Vida, la segunda forma después del *Génesis*

Los círculos oscuros más internos muestran los seis días del *Génesis* [fig. 6-7]. Una vez que la conciencia proyecta las primeras siete esferas y completa este patrón del *Génesis*, continúa entonces moviéndose en un patrón rotatorio desde cada punto más interno consecutivo, hasta que completa su segundo movimiento desde el vórtice, como se ve en los círculos claros más externos. Ese movimiento a su vez, crea una forma tridimensional que puedes sostener en tu mano, que se ve como la fig. 6-8. Si tomaras la fig. 6-7 y borraras todas las líneas que están en medio y otras cuantas líneas, verías este patrón. El patrón de esferas es como el

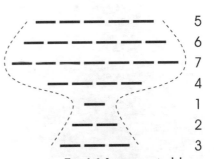

Fig. 6-6. La secuencia del laberinto crea una copa.

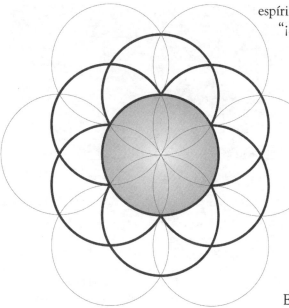

Fig. 6-7. Los vórtices más allá del patrón del *Génesis*.

espíritu lo hubiera visto si se hubiera salido de su creación y dijera: "¡Ajá, ¡ya lo veo! Se ve así" [fig. 6-8].

La octava esfera está realmente detrás de las esferas visibles. Si conectaras sus centros, verías un cubo [figs. 6-8a y 6-8b].

¿Entonces qué? ¿A quién le importa? Bueno, a los antiguos sí les importaba, porque les preocupaba la creación, la vida y la muerte. Ellos llamaron a este grupo de esferas el Huevo de la Vida. Pronto te mostraré cómo el Huevo de la Vida es la estructura morfogenética que creó tu cuerpo. Toda tu existencia física depende de la estructura del Huevo de la Vida. Todo lo que eres fue creado mediante la forma del Huevo de la Vida, desde el color de tus ojos, la forma de tu nariz, la longitud de tus dedos y todo lo demás. Todo está basado en *esta única forma*.

La tercera rotación o forma: el Fruto de la Vida

El siguiente vórtice es la tercera rotación [fig. 6-9]. Las esferas en este vórtice están centradas en los lugares más internos del perímetro de la ronda anterior, como muestran las seis flechas. Así que cuando el espíritu gira en este tercer vórtice, obtienes los anillos grises que se muestran aquí. Después se aprecia una nueva relación, donde los seis círculos tocan al círculo central y se tocan entre sí. Se vería como si colocaras siete monedas unidas sobre una mesa. Esta tercera rotación es una relación extremadamente importante en la creación de nuestra realidad. Cuando observas cuidadosamente la Flor de la Vida, ves estos siete círculos tocándose entre sí.

Hay 19 círculos en la Flor de la Vida [fig. 6-10], y están rodeados por dos círculos concéntricos. Por alguna razón, esa imagen se encuentra por todo el mundo. La pregunta es: ¿por qué hicieron eso por todo el mun-do y pararon en 19 círculos? Es una red infinita y podrían haberse detenido en cualquier punto. El único lugar en todo el planeta donde los he visto pasar de esos 19 círculos, ha sido en China, donde hicieron biombos [fig. 6-11]. Uno de los patrones más famosos que usaron en esos biombos fue la Flor de la Vida. Los hicieron en una forma rectangular, llevando el patrón hasta el borde.

Pero en todas las demás que se han encontrado, por lo general se ve sólo el patrón de la Flor de la Vida. Esto se debe a que cuando los antiguos se dieron cuenta de lo que significaba el siguiente componente y lo importante que era, decidieron mantenerlo en secreto. No querían que la gente viera esta relación que estoy a punto de enseñarte. Era tan sagrada e importante que no podían permitir que se convirtiera en un conocimiento común. Eso fue apropiado en aquel tiempo; sin embargo, o usamos ahora la información o caemos más profundo en la oscuridad.

Fíjate que en el patrón de la Flor de la Vida hay muchos círculos incompletos, los cuales, por supuesto, pueden ser también esferas. Observa todo alrededor del borde externo de la fig. 6-10. Si completaras todos esos círculos, entonces se revelaría el secreto. Ésta era la antigua forma de codificar la información.

Acabo de ver una imagen de Europa (1998) del Melchizedek bíblico, en la que está sosteniendo la llave del laberinto dentro de una copa.

PATRI ARCH   MELCHI SEDEC

Los círculos o esferas adicionales que se extienden más allá del patrón original de la Flor de la Vida, dentro del anillo gris grande en la fig. 6-12, completan todos los círculos inconclusos que están al borde de ese patrón.

Tan pronto como completes esas esferas, en un paso más tendrás el secreto: ve hacia los lugares más internos del perímetro mostrado por las flechas y rota el siguiente vórtice. Cuando lo hagas, obtienes el patrón de 13 círculos, que se muestra aquí con los círculos grises más pequeños, incluyendo el centro. Cuando se extrae del resto del patrón aparece como la fig. 6-13.

Este patrón de 13 círculos es una de las formas más santas, más sagradas en la existencia. En la Tierra se le llama el Fruto de la Vida. Se denomina el Fruto, porque ese es el resultado, el Fruto, desde el que se crearon los detalles de la realidad.

Combinando lo masculino y lo femenino para crear el Cubo de Metatrón, el primer sistema informacional

Ahora bien, todos los círculos de este patrón son femeninos. Existen 13 formas, con estos 13 círculos, de sobreponer la energía masculina; en otras palabras, líneas rectas. Si se sobreponen líneas rectas sobre esto de las 13 formas, se obtendrán 13 patrones, que junto con el Huevo de la Vida y el Toro, crean todo en la existencia. El Huevo de la Vida, el Toro y el Fruto de la Vida, un total de tres patrones, crean todo en la existencia sin excepción, –al menos yo no he podido encontrar una excepción–. Te daré lo que he aprendido; obviamente no te puedo enseñar todo, pero te mostraré lo suficiente para convencerte de que esto es verdad. Voy a llamar a esto *sistemas informacionales*. Hay 13 sistemas informacionales asociados con el patrón del Fruto de la Vida. Cada sistema produce una cantidad vasta y diversificada de conocimiento. Te voy a mostrar sólo cuatro de ellos. Creo que es suficiente.

El sistema más simple surge al conectar todos los centros de los círculos con líneas rectas. Si pones líneas rectas sobre este patrón, probablemente el 90% de las personas pensaría primero en conectar todos los centros. Si lo haces, obtienes este patrón [fig. 6-14], que es conocido por todo el Universo, –en todas partes–, como el Cubo de Metatrón. Es uno de los sistemas informacionales más importantes del Universo, uno de los patrones básicos de creación de la existencia.

Los sólidos platónicos

Cualquier persona que haya estudiado Geometría Sagrada o incluso geometría regular, sabe que existen cinco formas únicas y que son vitales para comprender tanto la Geometría Sagrada como la regular. Son *los sólidos platónicos* [fig. 6-15].

Fig. 6-8. Esferas tridimensionales.

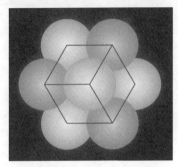

Fig. 6-8a. Conectando los centros para formar un cubo.

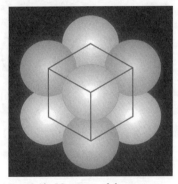

Fig. 6-8b. Una vista diferente.

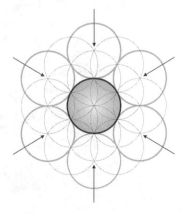

Fig. 6-9. La tercera rotación.

Fig. 6-10. La Flor de la Vida.

Fig. 6-11. Biombo chino, Flor de la Vida estilizada.

Fig. 6-12. Completando los círculos incompletos.

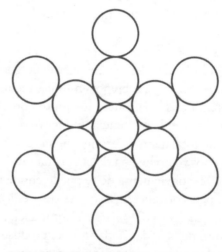

Fig. 6-13. El Fruto de la Vida.

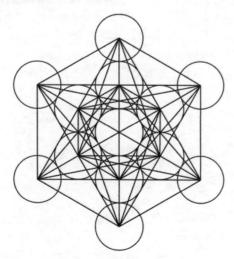

Fig. 6-14. El Cubo de Metatrón.

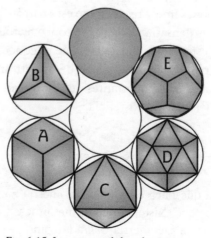

Fig. 6-15. Los cinco sólidos platónicos.

Por definición, un sólido platónico tiene ciertas características. Primero, todas sus caras son del mismo tamaño. Por ejemplo, un cubo, la forma más conocida de los sólidos platónicos, tiene un cuadrado en cada cara, por lo que todas son del mismo tamaño. Segundo, todas las aristas de un sólido platónico son de la misma longitud; todas las aristas de un cubo son de la misma longitud. Tercero, todos los ángulos interiores entre sus caras tienen el mismo ángulo. En el caso de un cubo, este ángulo es de 90°. Cuarto, si ponemos un sólido platónico dentro de una esfera (del tamaño adecuado), todas las puntas tocarán la superficie de la esfera. Con esa definición, sólo existen cuatro formas aparte del cubo (A) que tienen todas esas características. La segunda (B) es el *tetraedro* (*tetra* significa cuatro), un poliedro que tiene cuatro caras, todas son triángulos equiláteros, una longitud de arista y un ángulo y todas las puntas tocan la superficie de una esfera. La otra forma simple es (C) un *octaedro* (*octa* significa ocho), sus ocho caras son triángulos equiláteros del mismo tamaño, la longitud de arista y los ángulos son iguales y todas las puntas tocan la superficie de una esfera.

Los otros dos sólidos platónicos son un poco más complicados. Uno (D) se llama *icosaedro*, lo que significa que tiene 20 caras, formadas por triángulos equiláteros con el mismo largo de arista y el mismo ángulo y todas las puntas tocan la superficie de una esfera. El último es (E) el *dodecaedro pentagonal* (*dodeca* es 12), sus caras son 12 pentágonos (cinco lados), con la misma longitud de arista y el mismo ángulo y todas sus puntas tocan la superficie de una esfera.

Si eres ingeniero o arquitecto, has estudiado estas cinco formas en la universidad, al menos por encima, porque son la base de las estructuras.

Su fuente: el Cubo de Metatrón

Si estudias Geometría Sagrada, sin importar qué libro elijas, verás los cinco sólidos platónicos, porque son el *abc* de la Geometría Sagrada. Pero cuando lees todos esos libros, y he leído casi todos ellos, y le preguntas a los expertos: "¿De dónde provienen los sólidos platónicos? ¿Cuál es su fuente?", casi todos responden que no saben. Bueno, los cinco sólidos platónicos provienen del primer sistema informacional del Fruto de la Vida. Dentro de las líneas del Cubo de Metatrón [ver fig. 6-14], están escondidas las cinco formas. Cuando observas el Cubo de Metatrón, estás viendo los cinco sólidos platónicos al mismo tiempo. Para poder ver mejor cada uno, tienes que volver a hacer el truco de borrar algunas de las líneas. Si borras todas las líneas excepto algunas, obtienes este cubo [fig. 6-16].

¿Puedes ver el cubo? Realmente es un cubo dentro de un cubo. Algunas de las líneas están punteadas porque están detrás de las caras frontales. Son invisibles cuando el cubo se vuelve sólido. Aquí está la forma sólida [fig. 6-16a] del cubo más grande (asegúrate de ver ésta, porque se hace difícil más verlas según avancemos).

Si borramos ciertas líneas y conectamos otros centros [fig. 6-17], se obtienen dos tetraedros sobrepuestos, que forman una estrella tetraédrica. Como en el cubo, en realidad tiene dos estrellas tetraédricas, una dentro

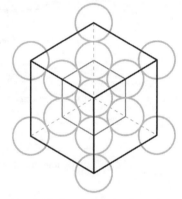

Fig. 6-16. Aquí están los dos cubos extraídos del Cubo de Metatrón.

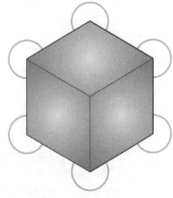

Fig. 6-16a. Cubo sólido más grande, de la figura previa.

Fig. 6-17. La estrella tetraédrica extraída del Cubo de Metatrón.

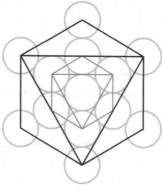

Fig. 6-18. Dos octaedros extraídos del Cubo de Metatrón.

Fig. 6-19. Dos icosaedros extraídos del Cubo de Metatrón.

Fig. 6-17a. Estrella sólida más grande en la fig. 6-17.

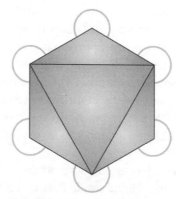

Fig. 6-18a. Octaedro sólido más grande.

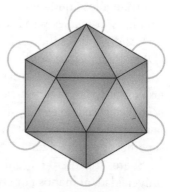

Fig. 6-19a. Icosaedro sólido más grande.

de la otra. Ésta es la forma sólida de la estrella tetraédrica más grande [fig. 6-17a].

La fig. 6-18 es un octaedro dentro de otro octaedro, aunque los estás viendo desde un ángulo especial. La fig. 6-18a es la versión sólida del octaedro más grande.

La fig. 6-19 es un icosaedro dentro de otro y la fig. 6-19a es la versión sólida de la más grande. Es más fácil verlo de esta forma.

Éstos son tres objetos tridimensionales que surgen de los 13 círculos del Fruto de la Vida.

Ésta es la pintura de Sulamith Wulfing del niño Jesús dentro de un icosaedro [fig. 6-20], lo que es muy apropiado, porque el icosaedro representa el agua, como verás en un momento, y Jesús fue bautizado en agua, el inicio de la nueva conciencia.

Ésta es la quinta y última forma, dos dodecaedros pentagonales, uno dentro del otro [fig. 6-21] (aquí sólo se muestra el dodecaedro interior para hacerlo más fácil).

La fig. 21a es la versión sólida.

Como hemos visto, los cinco sólidos platónicos se pueden encontrar en el Cubo de Metatrón [fig. 6-22].

Las líneas olvidadas

Estuve más de 20 años buscando el último sólido platónico en el Cubo de Metatrón, el dodecaedro. Después de que los ángeles dijeron: "Todos están allí", comencé a buscar, pero nunca pude encontrar el dodecaedro. Finalmente un día un alum-no dijo: "Oye, Drunvalo, se te olvidaron algunas líneas en el Cubo de Metatrón". Cuando las señaló, lo observé y dije: "Tienes razón. ¡Se me pasaron!". Yo creía que había conectado todos los centros, pero había olvidado algunos de ellos. Con razón no podía encontrar ese dodecaedro, ¡porque esas líneas faltantes lo definían! Durante más de 20 años asumí que tenía todas las líneas cuando no era así.

Éste es uno de los grandes problemas de la ciencia, creer que se ha resuelto un problema, y después continuar usando esa información como base. La ciencia tiene que enfrentarse al mismo tipo de problema sobre los cuerpos que caen en el vacío, por ejemplo. Siempre se ha asumido que caen al mismo ritmo y mucha de nuestra ciencia más avanzada está basada en esta "ley" fundamental. Se ha probado que no es así, pero la ciencia continúa usándolo. Una esfera que gira cae mucho más rápido que una que no gira. Algún día habrá un día de juicio final para la ciencia.

Cuando estuve casado con Macki, ella también estaba profundamente involucrada en la Geometría Sagrada. Su trabajo me parece muy interesante porque es femenino –energías pentagonales de cerebro derecho–. Ella muestra cómo las emociones, los colores y las formas, están todos interrelacionados. En realidad, ella fue la que encontró el dodecaedro en el Cubo de Metatrón antes de que yo lo hiciera. Lo tomó e hizo algo que nunca se me hubiera ocurrido hacer. El Cubo de Metatrón, como saben, generalmente se dibuja en una superficie plana, pero en realidad es una forma tridimensional. Entonces un día estaba sosteniendo la forma tridimensional e intentando encontrar el dodecaedro allí dentro y Macki dijo: "Déjame ver eso". Tomó la forma tridimensional y la giró en la proporción Φ Phi (algo de lo que no hemos hablado todavía es que la proporción áurea, también llamada proporción Φ Phi, es aproximadamente 1.618). Nunca se me hubiera ocurrido girar la figura de esa manera. Después de que lo hizo, proyectó una sombra a través de ella y obtuvo esta imagen [fig. 6-23].

Fig. 6-20. Pintura de Sulamith Wulfing del Niño Cristo.

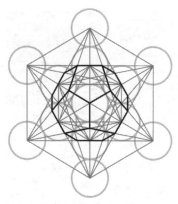

Fig. 6-21. Dodecaedro pentagonal en el Cubo de Metatrón.

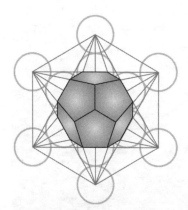

Fig. 6-21a. Dodecaedro sólido.

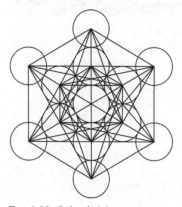

Fig. 6-22. Cubo de Metatrón.

Macki creó esto originalmente, después me lo dio. Tiene un centro en el pentágono A. Después si tomas los cinco pentágonos que salen de A (pentágonos B) y otro pentágono más que sale de cada uno de esos cinco (pentágonos C), tienes un dodecaedro *desdoblado*. Yo pensé: "Guau, ésta es la primera vez que he encontrado *cualquier* tipo de dodecaedro allí dentro". Ella lo hizo en tres días. Yo nunca lo encontré en 20 años.

Una vez pasamos casi un día completo observando este dibujo. Era emocionante, porque *cada línea* en este dibujo es de proporción áurea. Hay rectángulos áureos tridimensionales por todas partes. Existe uno en el punto E, donde los dos diamantes de arriba y de abajo son la parte superior e inferior de un rectángulo áureo tridimensional y las líneas punteadas son los lados. Es algo asombroso. Yo dije: "No sé lo que es, pero podría ser importante". Así que lo dejamos a un lado para considerarlo en otro momento.

Cuasi cristales

Más tarde descubrí una ciencia totalmente nueva. Esta nueva ciencia va a cambiar dramáticamente el mundo tecnológico. Al usar esta tecnología, los metalurgistas creen que serán capaces de hacer un metal 10 veces más duro que los diamantes, ¿te imaginas? Eso sería increíblemente duro.

Durante mucho tiempo, cuando observaban los metales, estuvieron usando lo que se llama difracción de rayos x, para ver dónde estaban los átomos. Enseguida te enseñaré una fotografía de difracción de rayos x. Surgieron algunos patrones específicos que revelaron que sólo había ciertos tipos de estructuras atómicas. Ellos pensaron que esto era todo lo que había que aprender, porque fue todo lo que pudieron encontrar. Esto limitó su habilidad para hacer metales.

Después se desarrolló un juego en *Scientific American*, basado en los patrones Penrose. Roger Penrose fue un matemático y relativista inglés, que quería descubrir cómo acomodar baldosas pentagonales para cubrir totalmente una superficie plana. No se pueden colocar sólo baldosas pentagonales en una superficie plana, no hay forma de hacerlo funcionar. Entonces ideó dos formas de diamante, que son derivados de un pentágono y con esas dos formas fue capaz de formar multitud de patrones diferentes que podían encajar en una superficie plana. Esto se convirtió en un juego en *Scientific American* en los ochenta, colocar estos patrones de formas nuevas, lo que después llevó a algunos científicos metalúrgicos que estaban observando este juego, a sospechar algo nuevo en la física.

Descubrieron por fin un nuevo tipo de patrón atómico de rejilla. Siempre estuvo allí; simplemente lo encontraron. Estos patrones de rejillas ahora se denominan cuasi cristales; es algo nuevo (1991). Están desenmarañando qué figuras y patrones son posibles a través de los metales. Los científicos están encontrando modos de usar estas figuras y patrones para obtener nuevos productos metálicos. Apuesto que el gran maestro de todo es el patrón que sacó Macki del Cubo de Metatrón y que cualquier patrón Penrose en existencia, se deriva de éste. ¿Por qué? Porque todo es proporción áurea, es básico, provino directamente del patrón básico en el Cubo de Metatrón. Aunque no es asunto mío, puede ser que en algún momento determiné si de veras es cierto. Veo que en lugar de usar los dos patrones Penrose y el pentágono, sólo se use uno de ellos y un pentágono (pensé que podría ofrecer esto). Lo que está pasando ahora en esta nueva ciencia es interesante.

Conforme comience a desarrollarse este libro, descubrirás que la Geometría Sagrada puede describir en detalle cualquier tema en absoluto. No existe nada que puedan pronunciar con su boca, que no pueda ser *descrito por la Geometría Sagrada de forma completa, absoluta y total, con todo el conocimiento posible* (y estamos haciendo la distinción entre conocimiento y sabiduría: la sabiduría necesita de la experiencia). Pero el propósito más importante de esta obra es *recordarte* que tienes el potencial para activar un campo Mer-Ka-Ba viviente alrededor de tu cuerpo y enseñarte cómo usarlo. Continuamente me moveré a lugares donde hago digresiones sobre todo tipo de raíces y ramas y hablo acerca de cualquier tema que puedas pensar. Pero voy a seguir regresando al camino, porque me dirijo a una dirección en particular, hacia el Mer-Ka-Ba, el cuerpo de luz humano.

He pasado muchos años estudiando Geometría Sagrada y creo que uno puede saber todo lo que hay que saber sobre cualquier tema en absoluto, simplemente enfocándose en las geometrías que están detrás. Todo lo que necesitas es un compás y una regla, ni siquiera necesitas una computadora, aunque ayuda. Ya tienes todo el conocimiento dentro, todo lo que tienes que hacer es desplegarlo. Simplemente aprende el mapa de cómo se mueve el Espíritu en el Gran Vacío y eso es todo. Puedes desenmarañar el misterio de cualquier tema.

Para resumir, el primer sistema informacional proviene del Fruto de la Vida a través del Cubo de Metatrón. Al conectar los centros de todas las esferas, obtienes cinco formas, realmente seis: el tetraedro, el cubo, el octaedro, el icosaedro, el dodecaedro y la esfera.

Los sólidos platónicos y los elementos

Los antiguos alquimistas y grandes almas como la de Pitágoras, el padre de Grecia, consideraban que estas seis formas se relacionaban con un elemento [fig. 6-24].

El tetraedro era considerado el fuego, el cubo era la tierra, el octaedro era el aire, el icosaedro el agua y el dodecaedro era el éter (éter, prana y energía takión son lo mismo; esta energía se extiende por todas partes y está disponible en cualquier punto en dimensión-espacio-tiempo. Éste es el gran secreto de la tecnología de punto cero). La esfera es el vacío. Estos seis elementos son los bloques de construcción del Universo. Ellos crean las cualidades del Universo.

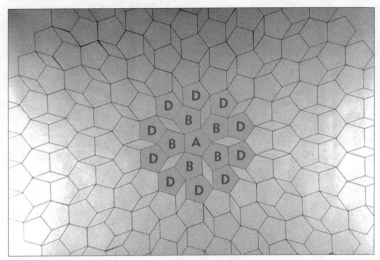

Fig. 6-23. Diseño de pentágono de Macki del Cubo de Metatrón. Cuando se corta y se dobla, crea un dodecaedro pentagonal tridimensional.

De acuerdo con David Adair, la NASA acaba de crear un metal en el espacio que es 500 veces más fuerte que el titanio, tan ligero como la espuma y tan claro como el vidrio. ¿Estará basado en estos principios?

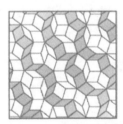

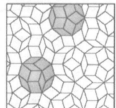

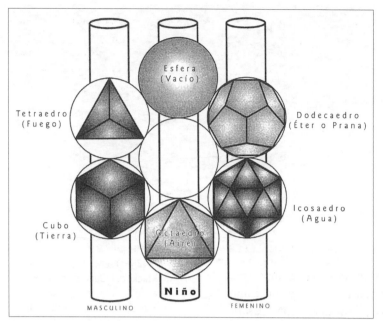

Fig. 6-24. Relacionando los seis elementos con las seis formas principales, mostradas en tres columnas que representan la trinidad de la polaridad. La columna izquierda (masculina) representa el cerebro izquierdo y el protón, e incluye caras de tres y cuatro lados; la columna central (niño) representa el cuerpo calloso y el neutrón. La columna derecha (femenina) representa el cerebro derecho y el electrón, e incluye caras de tres y cinco lados. El éter es la forma básica de la Red de Conciencia Crística.

En la alquimia, generalmente se habla solamente de fuego, tierra, aire y agua; muy pocas veces discuten el éter o prana; porque es muy sagrado. En la escuela pitagórica, con sólo mencionar fuera de la escuela la palabra "dodecaedro", podrían matarte en el acto. Así de sagrada era la forma. Ni siquiera la discutían. Doscientos años después, cuando Platón estaba vivo, hablaba sobre ella, pero muy cuidadosamente.

¿Por qué? Porque el dodecaedro está cerca del borde externo de su campo de energía y es la forma de conciencia más elevada. Cuando llegan al límite de los 17 metros de su campo de energía, hay una esfera. Pero la forma más próxima dentro de la esfera es el dodecaedro (realmente la relación dodecaedro/icosaedro). Incluso, vivimos en un gran dodecaedro que contiene al Universo. Cuando tu mente alcanza el final del espacio, –y existe un final–, hay un dodecaedro encerrado en una esfera. Puedo decir esto porque el cuerpo humano es un holograma del Universo y contiene los mismos principios. Las 12 constelaciones del zodiaco encajan dentro de esto. El dodecaedro es el punto de terminación de las geometrías y es muy importante. A un nivel microscópico, el dodecaedro y el icosaedro son los parámetros relativos al ADN, el plano de toda la vida.

Puedes relacionar las tres columnas en esta figura al Árbol de la Vida y a las tres energías primarias del Universo: masculina (a la izquierda), femenina (a la derecha) y niño (centro). O si lo llevas hasta la estructura del Universo, tienes el protón a la izquierda, el electrón a la derecha y el neutrón en el centro. Esta columna central, que es la creadora, es el niño. Recuerda, pasamos desde un octaedro hasta una esfera, para comenzar el proceso fuera del Vacío. Éste es el proceso inicial de la creación y se encuentra en el niño, o columna central.

La columna de la izquierda, que contiene al tetraedro y al cubo, es el componente masculino de la conciencia, el lado izquierdo del cerebro. Las caras de estos polígonos son triángulos o cuadrados. La columna central es el cuerpo calloso, que conecta los lados izquierdo y derecho. La columna de la derecha, que contiene el dodecaedro y el icosaedro, es el componente femenino de la conciencia, el lado derecho del cerebro y las caras de estos polígonos están formadas de triángulos y pentá-gonos. Por lo tanto, los polígonos a la izquierda tienen caras de tres y cuatro lados y las formas de la derecha tienen caras de tres y cinco lados.

En términos de la conciencia de la Tierra, la columna de la derecha es el componente faltante. Hemos creado el lado masculino (izquierdo) de la conciencia de la Tierra y lo que estamos haciendo ahora es completar el componente femenino para crear la totalidad y el equilibrio. El lado derecho está asociado también con la Conciencia Crística o de Unidad. El dodecaedro es la forma básica de la Red de Conciencia Crística alrededor de la Tierra. Las dos formas de la columna derecha se denominan duales una de la otra, lo que quiere decir que si conectas los centros de las caras de un dodecaedro con líneas rectas, obtienes un icosaedro; y si conectas los centros de las caras de un icosaedro con líneas rectas, obtienes un dodecaedro. Muchos poliedros tienen duales.

El sagrado 72

En el libro de Dan Winter, *Heartmath* (*Matemáticas del corazón*), se muestra cómo la molécula del ADN está constituida por la relación dual del dodecaedro y el icosaedro. Uno puede ver también la molécula del ADN como un cubo rotatorio. Cuando se gira un cubo 72° en un patrón particular, formas un icosaedro, que es a su vez dual de dodecaedro. Así que hay un patrón recíproco que sube por las fibras del ADN: el icosaedro, después del dodecaedro, luego el icosaedro, continuando de uno al otro. Esta rotación a través del cubo crea la molécula del ADN. Se ha determinado que ésta es la Geo-metría Sagrada exacta detrás del ADN, aunque puede haber más relaciones escondidas.

Este ángulo de 72° rotando en nuestro ADN, se conecta con el plano o propósito de la Gran Hermandad Blanca. Como sabes, existen 72 órdenes asociadas con la Gran Hermandad Blanca. Muchas personas hablan de las 72 órdenes de los ángeles y los hebreos hablan de los 72 nombres de Dios. La razón del 72 tiene que ver con la forma en que están construidos los sólidos platónicos, que también están relacionados con la Red de Conciencia Crística alrededor de la Tierra.

Si tomas dos tetraedros y los sobrepones (aunque en diferentes posiciones), obtienes una estrella tetraédrica, que desde una perspectiva distinta, no es nada más que un cubo [fig. 6-25]. Puedes ver ahora cómo están interrelacionadas. De forma similar, puedes poner también cinco tetraedros y formar una capa icosaédrica [fig. 6-26].

Si formas 12 tapas icosaédricas y colocas una en cada cara de un dodecaedro (se requerirían 5 x 12, ó 60 tetraedros para crear un dodecaedro), sería un dodecaedro *estrellado*, porque de cada cara sale un punto desde el centro. Su dual son los 12 puntos en el centro de cada cara del dodecaedro, que forma un icosaedro. Los 60 tetraedros más los 12 puntos de los centros es igual a 72, nuevamente, el número de órdenes asociadas con la Gran Hermandad Blanca. La Hermandad funciona actualmente a través de las relaciones físicas de esta forma dodecaedro-icosaedro, que es la base de la Red de Conciencia Crística alrededor del mundo. En otras palabras, la Hermandad está intentando traer de vuelta la conciencia del cerebro derecho del planeta.

La orden original fue la Orden Alfa y Omega de Melchizedek, que fue formada por Maquiventa Melchizedek hace como 200,200 años. Desde entonces se han creado otras 71 órdenes. La más joven es la Hermandad de los Siete Rayos en Perú y Bolivia, la orden 72.

Cada una de las 72 órdenes tienen un patrón de vida como una onda

En 1998 estamos comenzando a explorar otra nueva ciencia: la nanotecnología. Hemos creado "máquinas" microscópicas que pueden entrar a un metal o matriz de cristal y reacomodar los átomos. En 1996 ó 1997 en Europa, se creó un diamante a partir del grafito, usando la nano-tecnología. Este diamante era como de 90 centímetros de ancho y es real. Tal y como se unen la ciencia de los cuasi cristales y la nanotecnología, también cambiará nuestra experiencia de la vida. Comparen los finales de los ochenta con el tiempo actual.

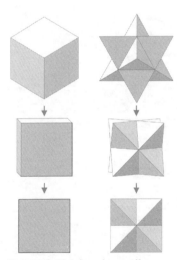

Fig. 6-25. El cubo y la estrella tetraédrica, uno al lado del otro para que vean la cuadratura de la estrella tetraédrica.

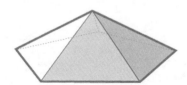

Fig. 6-26. Una tapa icosaédrica.

senoidal, donde algunas de ellas llegan a la existencia durante un cierto período de tiempo y después desaparecen otra temporada. Tienen biorritmos como los tiene un cuerpo humano. Los Rosacruces, por ejemplo, están dentro de un ciclo de 100 años. Surgen durante 100 años y después desaparecen totalmente por otros tantos, ellos desaparecen literalmente de la faz de la Tierra. Después 100 años más tarde están de vuelta en el mundo y funcionan durante otro siglo.

Todas están en distintos ciclos y están funcionando juntas con un propósito: traer la Conciencia Crística de vuelta a este planeta, para establecer este aspecto femenino perdido de la conciencia y traer el equilibrio entre el lado izquierdo y el lado derecho del cerebro del planeta. Existe otra forma de observar esto que es realmente extraordinaria. Cuando hable sobre Inglaterra tocaré el tema.

Usando bombas y comprendiendo el patrón básico de la creación

Pregunta: Cuando detonan una bomba atómica, ¿qué le sucede a los elementos?

En cuanto a los elementos, son convertidos en energía y otros elementos. Pero hay más en la imagen. Existen dos tipos de bombas: las de fisión y las de fusión. La fisión es separar la materia y la fusión es unirla. Está bien unirla, nadie se queja de eso. Todos los soles conocidos en el Universo son reactores de fusión. Me doy cuenta de que lo que voy a decir no es aceptado por la ciencia todavía, pero cuando se desgarra la materia a través de la fisión, existe una ubicación correspondiente en el espacio exterior asociada con esto, que se ve afectada: como es arriba, es abajo. En otras palabras, el espacio interior (el microcosmos) y el espacio exterior (el macrocosmos) están conectados. Ésta es la razón por la que la fisión es ilegal por todo el Universo.

Detonar bombas atómicas también crea un enorme desequilibrio en la Tierra. Por ejemplo, cuando consideras que la creación equilibra la tierra, el aire, el fuego, el agua y el éter, una bomba atómica ocasiona una cantidad masiva de fuego en un solo lugar. Ésta es una secuencia desequilibrada y la Tierra tiene que responder.

Si vertieras 800 trillones de toneladas de agua sobre una ciudad, esa también sería una situación desequilibrada. En cualquier lugar que se tenga mucho aire, mucha agua, o mucho de lo que sea, se está fuera de equilibrio. La alquimia es el conocimiento que busca mantener todas estas cosas en equilibrio. Si comprendes estas geometrías y sabes cuáles son sus relaciones, puedes crear lo que quieras. La idea completa es comprender el *mapa* que está debajo de todo. Recuerda, el mapa es la forma en la que se mueve el Espíritu en el Vacío. Si conoces el mapa subyacente, entonces tienes el conocimiento y la comprensión para cocrear con Dios.

La fig. 6-27 muestra la interrelación de todas estas formas. Cada punto se conecta con el siguiente y todos tienen ciertas relaciones matemáticas relacionadas con proporciones Φ Phi. Cuanto más estudies esto, mejor verás cómo estas cinco formas se vuelven una. Sólo recientemente hemos comenzado a recordar esta ciencia antigua, aunque en Egipto, el Tíbet y la India, entendieran todo por completo hace mucho tiempo. Lo entendieron en Grecia, después lo olvidaron durante mucho tiempo. Lo recordaron nuevamente durante el Renacimiento italiano, después lo olvidaron otra vez. El mundo moderno casi ha olvidado por completo lo que realmente significa la forma y justo ahora lo estamos recordando.

Cristales

Anclando nuestro aprendizaje

Ahora vamos a tomar esta información abstracta que no parece aplicarse a nosotros realmente en nuestras vidas cotidianas y vamos a unirla a nuestra experiencia diaria. Parte de esto no lo encontramos en nuestra vida diaria, pero podemos comprenderlo más o menos y conectar con los temas.

Primero voy a anclar esta información a los cristales. Hay mu-chas áreas de la naturaleza que podría usar, pero es tan obvio en los cristales que cualquiera puede verlo. Podría usar virus o tierra diatomácea. Podría mostrarlo en muchas cosas, pero los cristales son buenos porque a la gente le gustan.

Para empezar a observar estos cristales, primero examinemos este patrón de difracción de rayos x [fig. 6-28]. Cuando lanzas rayos x por el eje C de la matriz atómica de un cristal o un metal, consigues estos pequeños puntos que muestran exactamente dónde están localizados los átomos. En este caso, es un cristal de berilo, que muestra justamente el patrón de la Flor de la Vida. El cristal de berilo usa el patrón para acomodar sus átomos y formar este cristal específico. Es ciertamente sorprendente que estos pequeños átomos se alineen solos en un espacio, por lo común con enormes distancias entre ellos. Estos espacios microscópicos son relativamente vastos, como las estrellas en el cielo nocturno. Los átomos se alinean perfectamente en cubos y tetraedros y todo tipo de formas geométricas. ¿Por qué?

Éste es un patrón de difracción de rayos x de un cristal [fig. 6-29]. Puedes

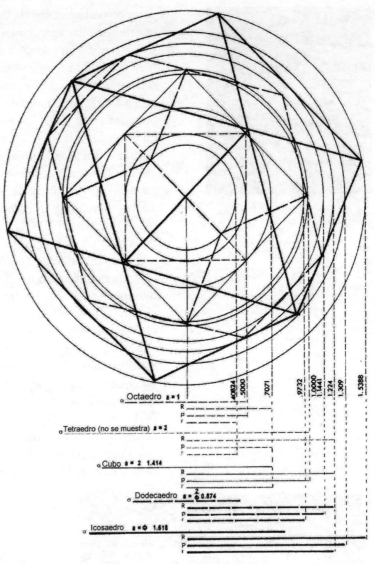

Fig. 6-27. Formas interrelacionadas.

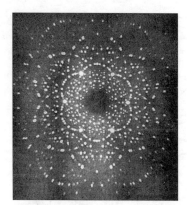

Fig. 6-28. Patrón atómico de un cristal de berilo.

ver cómo se han acomodado los átomos en un diseño cúbico. Es interesante que de todas las variadas formas que se manifiestan en la realidad, los propios átomos sean esferas. Este simple hecho ha sido pasado por alto por la mayoría de los investigadores, pero la esfera es la forma principal de la que todo provino en un principio. Es importante para comprender la creación.

La fábrica completa de todo en nuestra existencia está formada por "canicas", –de todos los distintos tamaños de esferas–. Estamos sentados en una esfera, la Tierra, y existen esferas girando a nuestro alrededor. La Tierra, el Sol y las estrellas son esferas. Todo el Universo, desde el macrocosmos hasta el microcosmos, está formado por pequeñas esferas de una forma u otra. Las ondas de luz que se mueven a través del espacio son todas esferas. Pensamos en la luz como una onda a través del espacio, pero es mucho más complejo. Un campo eléctrico gira hacia un lado alrededor de la luz y un campo magnético gira 90° en relación al campo eléctrico y ambos se expanden en patrones esféricos.

Imagina un cubo en el espacio profundo y observa una luz brillante destelleando desde él, saliendo en todas direcciones, 360°. ¿Qué es lo que tienen? ¿Tienen un campo de energía cúbico de onda de luz alejándose de él? Al principio podrías decir que sería un cubo en expansión, haciéndose más y más grande. Pero eso no es lo que sucede. Las ondas de luz se alejan en forma radial desde su fuente a 300,000 kilómetros por segundo; y cuando una onda de luz se aleja de la superficie de un cubo, en un segundo la luz que surgió de la cara del cubo ya está a 300,000 kilómetros de distancia. La onda que se alejó de la esquina del cubo, que está un poquito más lejos del centro que la cara, está, en un segundo, a 300,000 kilómetros del centro, más quizá una fracción de un centímetro. Si pudieras ver una fracción de centímetros a 300,000 kilómetros, tendrías una súper visión. Eso sucede sólo en un segundo; dos segundos más tarde la forma se ha expandido el doble de distancia y un minuto después es enorme.

Así que tienes una *esfera* alejándose de algo que se originó como un *cubo*. Si el objeto resulta ser realmente grande, entonces la onda de luz primero tiende a tomar la forma del objeto, pero lentamente se convierte en una esfera conforme se aleja y el objeto se vuelve más y más pequeño en relación a ese campo de luz. Entonces lo que hay ahí afuera es un montón de esferas de luz, alejándose en todas direcciones y conectándose entre sí.

Cuando observas la luz que llega directamente hacia ti, es blanca. Pero si no se está moviendo directamente hacia ti, es negra. De hecho, todo el cielo nocturno está lleno de luz blanca brillante, pero sólo vemos la luz cuando se mueve hacia nosotros. No vemos las ondas de luz que se mueven a los lados; sólo vemos negro. Si pudié-ramos verlo todo, sería cegador. La luz está en todas partes y no hay ningún lugar en el espacio donde no esté, hasta donde yo sé. La esfera está literalmente en todas partes.

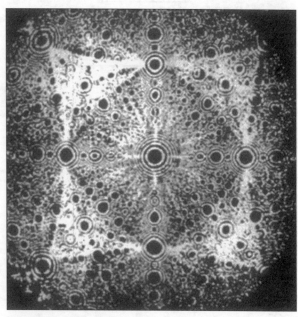

Fig. 6-29. Patrón atómico de una matriz de cristal.

Nubes de electrones y moléculas

Los átomos también están hechos de esferas. Si observas el átomo de hidrógeno, el protón está compactado en el centro y el electrón está ahí afuera orbitando entorno al protón. Si el protón fuera del tamaño de una pelota de golf, el electrón estaría como a la distancia de un campo de futbol, ¡y ese electrón se está moviendo *realmente rápido*! Recuerdo que cuando estaba estudiando física, no podía creer que ese pequeño electrón, *que es un puntito que ni siquiera puedes ver*, se estuviera moviendo alrededor de un espacio microscópico a *nueve décimos de la velocidad de la luz*. Esto significa que el electrón se mueve alrededor del protón cerca de 273,530 kilómetros *cada segundo, ¡alrededor de algo que ni siquiera se puede ver!* ¡Mi mente estaba alucinada por completo! Me fui a casa, me acosté en la cama y miré al techo durante mucho tiempo. Era inconcebible para mí.

El pequeño electrón se mueve alrededor tan rápido que parece una nube. De hecho, lo llaman una nube de electrones. Es sólo un electrón, pero se está moviendo tan rápido que parece crear una esfera alrededor del protón central. Es como una pantalla de televisión, donde sólo hay un haz de electrones moviéndose a lo largo de la pantalla en cualquier momento, cuidadosa e intencionalmente, zigzagueando de un lado al otro hasta que recorre todo el camino hacia abajo, y después vuelve a comenzar. Lo está haciendo tan rápido que pueden ver una imagen muy creíble.

Así que las esferas son el componente básico de la realidad que estamos experimentando. Aunque la órbita de un electrón describe una esfera, también puede definir otros patrones, como de un 8. Los físicos han sido capaces de calcular esto sólo para el hidrógeno y hasta ahora sólo están especulando respecto al resto. Un átomo se llama ión si tiene muchos o muy pocos elec-trones y si tiene una carga, ya sea positiva, o negativa. Por tanto las características principales de un átomo son: su tamaño y su carga [fig. 6-30].

Estos dos factores principales determinan si átomos diferentes encajarán o no dentro de las moléculas. Existen otros factores sutiles involucrados, pero el tamaño y la carga son básicos.

La fig. 6-31 muestra cómo se combinan los átomos. Éstos fueron los patrones primarios durante mucho tiempo, hasta que descubrieron los cuasi cristales. Los átomos en esta tabla tienen diversas variedades. A

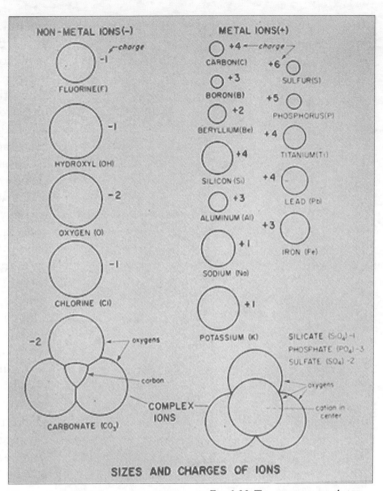

Fig. 6-30. Tamaños y cargos de iones.

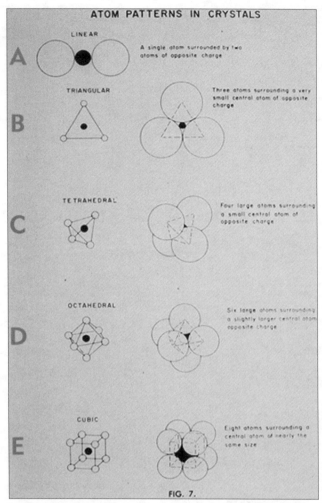

ATOM PATTERNS IN CRYSTALS

LINEAR

A single atom surrounded by two atoms of opposite charge

TRIANGULAR

Three atoms surrounding a very small central atom of opposite charge

TETRAHEDRAL

Four large atoms surrounding a small central atom of opposite charge

OCTAHEDRAL

Six large atoms surrounding a slightly larger central atom of opposite charge

CUBIC

Eight atoms surrounding a central atom of nearly the same size

FIG. 7.

Fig. 6-31. Patrones atómicos en los cristales.

muestra un patrón lineal con un pequeño átomo en medio. B muestra un patrón triangular de tres con un pequeño átomo en medio. El pequeño átomo literalmente puede estar allí o no estar. C muestra un patrón tetraédrico, con un átomo en medio o no. D muestra un patrón octaédrico y E muestra un patrón cúbico. Ahora, gracias a la nueva información científica, podemos agregar patrones icosaédricos y dodecaédricos.

Los átomos siempre se alinean en formas específicas cuando se cristalizan [fig. 6-32]. Se forman, digamos, en un cubo y después ese cubo coloca otro cubo junto a él y otro cubo al lado y pronto tienen un cubo conectado con el otro, conectado a su vez con otro cubo y así sucesivamente, formando lo que se llama un entramado. Existen todo tipo de formas en que los átomos se pueden unir. Las moléculas resultantes siempre están asociadas con la Geometría Sagrada y los cinco sólidos platónicos. Te hace pensar cómo saben ir estos pequeños átomos hacia ciertos lugares, ¡especialmente cuando se vuelven tan complejos!

Incluso cuando llegas a esta molécula tan complicada [fig. 6-33] y la separas, puedes ver las formas que hay en ella y *siempre* revierten a uno de los cinco sólidos platónicos, no importa cuál sea la estructura. No importa si la llaman metal, cristal o cualquier cosa, siempre regresa a una de esas cinco formas originales. Te mostraré más ejemplos conforme avancemos en esto.

Las seis categorías de los cristales

Ahora vamos con los cristales. Existen al menos 100,000 tipos diferentes de cristales. Si alguna vez has asistido a la Muestra de Gemas y Minerales de Tucson, sabrás exactamente de lo que estoy hablando. Esta muestra ocupa entre ocho y 10 hoteles y llena de cristales cada habitación en todos los pisos de los hoteles. En el auditorio verás todas las gemas. Hay *muchísimas* clases diferentes de cristales. Se están encontrando más; casi cada año hay ocho, nueve o 10 cristales nuevos no conocidos anteriormente. Pero no importa cuántos cristales haya, todos se pueden colocar en seis categorías: isométricos, tetragonales, hexagonales, ortorrómbicos, monoclínicos y triclínicos [fig. 6-34]. Todos los seis sistemas que se usan para organizar a todos los cristales conocidos, se derivan del cubo, uno de los sólidos platónicos. Depende del ángulo desde el que estés viendo el cubo, –el cuadrado, visión hexagonal o rectangular que es lo opuesto al ángulo cúbico normal de 90°–. Ahora bien, aquí es donde comienza a ponerse interesante, al menos para mí, espero que también para ti.

Éstos son cristales de fluorita [fig. 6-35a y b]. La fluorita se presenta en casi cualquier color que puedan pensar, incluyendo el transparente. Existen dos minas de fluorita principales en el mundo: una está en los Estados Unidos y la otra en China. La fluorita se encuentra con dos estructuras atómicas totalmente diferentes: una es octaédrica y la otra es cúbica. Este cristal púrpura de fluorita está hecho de pequeños cubos todos amontonados. No fueron cortados de esta forma, crecieron así. El cristal transparente de fluorita es un octaedro real. No fue cortado de esa forma, pero en este caso tampoco creció así. Normalmente viene en hojas y si lo tiras o lo golpeas, se rompe en las uniones más débiles, que resultan ser octaédricas, porque los átomos se encuentran en una rejilla octaédrica. Si lo tiraras en una superficie dura, se rompería en un montón de octaedros pequeñitos.

Pero lo que es especialmente interesante es que se ha descubierto que la fluorita crecerá desde una forma hacia la otra, de cúbica a octaédrica y vuelta otra vez. En su estado natural, con tiempo suficiente, un cristal cúbico se convertirá un día en octaédrico. Con el tiempo suficiente, un cristal de fluorita octaédrico se volverá cúbico. Oscilan a través del tiempo, primero convirtiéndose en uno, después en otro, de un lado al otro durante períodos largos. Los geólogos han encontrado algunos cristales de fluorita en el proceso de cambio, pero no pudieron comprender cómo oscilan de esta forma.

Truncando poliedros

Un libro de geología intentó explicar cómo cambiaba la fluorita de esta forma [fig. 6-36]. En la parte inferior derecha ves un cubo. Si cortas la misma cantidad en todas sus esquinas, a eso se le llama "truncar". Puedes truncar cualquier poliedro, es decir cualquiera de estas formas con varios lados. Cuando haces eso (en este caso con un cubo), puedes cortar las *esquinas*, las *aristas* o las *caras*, mientras los cortes todos iguales.

Si truncas este cubo cortando las esquinas a 45° alrededor de todo el cubo, se consigue la forma siguiente que está a su izquierda. Si lo truncas otra vez exactamente de la misma forma, obtienes la siguiente forma a la izquierda. Si lo haces una vez más, tienes un octaedro (el del lado izquierdo). Puedes volver de la otra manera, truncando las esquinas del octaedro y regresando mediante todo el procedimiento hasta que se convierte otra vez en un cubo. Éste fue el intento del libro de geología para explicar cómo diablos la fluorita cambia de figura de ese modo. El libro en realidad sólo explica cómo *podría* suceder este cambio geométricamente. Pero en verdad, sucede algo mucho más asombroso cuando cambia la fluorita. Los iones realmente *rotan* y *se expanden o se contraen* ¡para convertirse en un entramado diferente! Es mucho más complejo de lo que muestra el libro.

Éste es otro cristal de fluorita [fig. 6-37], uno de los míos. Es muy grande, como de 10 centímetros de lado. Generalmente ya no se encuentran tan grandes. En caso de que no puedas verlo, se forma en base a un punto en el centro.

Alguien lo puso en una ventana donde le daba el Sol y debido a que las uniones en la fluorita son muy débiles, cuando le dio el Sol, se rompió

Fig. 6-32. Formación de entrmado simple de los átomos.

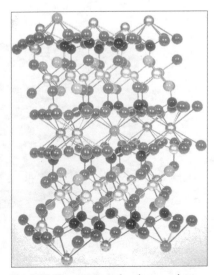

Fig. 6-33. Formación molecular compleja.

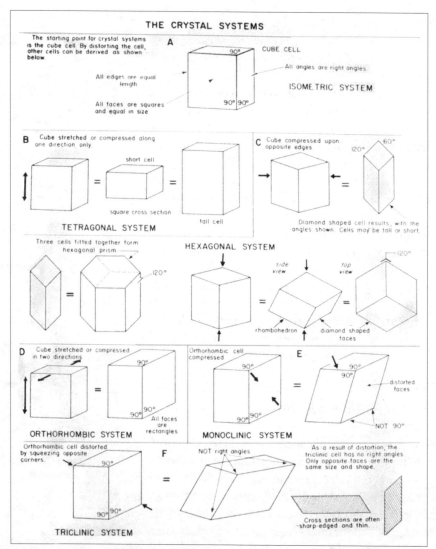

Fig. 6-34. Sistemas de cristales.

Fig. 6-35a. Cristal de fluorita
con estructura cúbica.

Fig. 6-35b. Cristal de fluorita
con estructura octaédrica.

a lo largo de las líneas atómicas octaédricas, por supuesto.

En la esquina superior derecha de la fig. 6-38 hay un cubo. El cubo a su izquierda está truncado a lo largo de sus aristas. Truncado dos veces más, la condenada cosa se volvió un dodecaedro. Éste es un ejemplo del cubo-dodecaedro en cristales.

En la fig. 6-39 el cristal superior es un cubo de pirita. Creció de esta forma, nadie lo cortó. Hay uno muy grande como éste en Silverado, Colorado, como de cuatro metros, según creo. Simplemente lo sacaron de la Tierra como un cubo perfecto. Esta pequeña pirita es cuadrada en dos extremos y rectangular en los lados. El cristal de abajo es una pequeña agrupación dodecaédrica de pirita. Algunos de éstos son casi perfectos, y creció de esta forma en Perú. Si este pequeño trozo se hubiera quedado en la tierra el tiempo suficiente, esos pequeños dodecaedros se habrían convertido en cubos; y con más tiempo después de eso, habrían regresado hacia dodecaedros. Si tomas el dodecaedro [parte inferior izquierda de la fig. 6-38] y truncas sus puntas, se convierte en un icosaedro (el siguiente a la derecha). Si continúas truncando las puntas, se convierte en un octaedro. Podrías continuar con este asunto del truncado durante mucho tiempo. Existen miles de formas de hacerlo. Cada patrón y cada cristal, no importa lo complejo que se vuelva, se convertirá en uno de los cinco sólidos platónicos si lo truncas bien, demostrando que la naturaleza de los sólidos platónicos es innata en las estructuras cristalinas.

Una pequeña observación: si miras dentro de un tetraedro truncado por las puntas hecho de vidrio o cristal, o incluso de espejos, reflejará la luz. El reflejo dentro de él es un icosaedro perfecto. Compruébalo.

Puedes seguir y seguir en esto. Verás algunos que parecen realmente extraños, como si no pudieran estar basados en nada lógico, pero todo lo que tienes que hacer es un poco de geometría y *todas las veces* descubrirás que se derivan de uno de los cinco sólidos platónicos. No hay excepciones. No importa cuál sea el patrón del cristal, siempre está basado en un sólido platónico. Las estructuras del cristal son una función de los cinco sólidos platónicos, que surgieron del Fruto de la Vida, del Cubo de Metatrón. Si deseas ver más de estos cristales, puedes encontrar muchos en el libro *Rocks and Minerals* (*Rocas y minerales*), de Charles A. Sorrell.

Existe otro conjunto del que quiero hablar, se refiere a la fig. 6-38, "diferentes posibilidades de truncado". Cuando truncas un octaedro recortando todas las esquinas para que tengas un ángulo de 90° entre sí (se

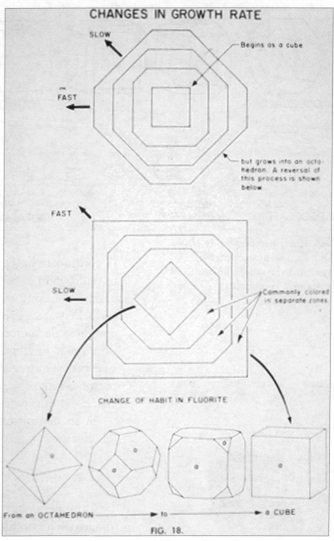

Fig. 6-36. Un cristal de fluorita.

Fig. 6-37. Mi propio cristal de fluorita.

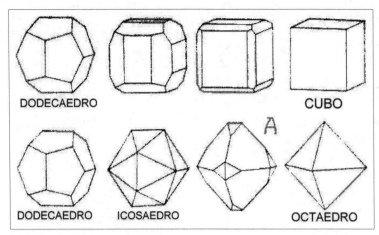

DODECAEDRO CUBO

DODECAEDRO ICOSAEDRO OCTAEDRO

Fig. 6-38. Diferentes posibilidades de truncado. Línea superior: truncando las aristas; línea inferior: truncando las puntas.

Fig. 6-39. Piritas: un cubo y un racimo de dodecaedros pentagonales (abajo).

muestra en A en la figura), esto lo crea la figura a tu izquierda. Si la dibujaras en una superficie plana, sería un cuadrado con un diamante en medio [fig. 6-40]. Este patrón está relacionado con nuestra conciencia, con la misma naturaleza de quienes somos.

El cubo *equilibrium* de Buckminster Fuller

Así se ve esa figura en tres dimensiones [fig. 6-41]. Se denomina un cuboctaedro o vector *equilibrium*. Puedes ver que originalmente es un cubo, pero si el ángulo del punto A continuara hacia arriba, formaría un octaedro. Es ambos a la vez, un octaedro y un cubo. No se sabe cuál es; está en algún lugar intermedio. Cuando Buckminster Fuller encontró este poliedro, casi estuvo preocupado. Pensaba que el cuboctaedro era de suma importancia, la figura más grandiosa de la creación, porque hace algo que no puede hacer ninguna otra forma. Era tan importante para él que le dio un nombre totalmente nuevo, el vector *equilibrium*. Descubrió que esta forma, a través de distintos patrones rotatorios, ¡se convierte en *cada uno de los cinco* sólidos platónicos! Esta forma parece tenerlos a todos contenidos dentro de sí [fig. 6-42].

Si encuentras esto interesante, compra este juguete [ver la sección de referencia] y juega con él. Responderá todas tus preguntas si lo dejas.

Dentro de una semilla de ajonjolí

Otras personas también han estudiado el cuboctaedro. ¿Estás familiarizado con un hombre llamado Derald Langham? No muchas personas lo conocen. Ha estado bastante callado durante su vida. Su trabajo se llama Genesa, si deseas estudiarlo. Lo respeto mucho. Antes que nada, era un botánico que, sin ayuda, salvó a Sudamérica durante la Segunda Guerra Mundial. Se estaban muriendo de hambre y creó un maíz que crecía como la mala hierba. Sólo la esparcías sobre la tierra y crecía casi sin agua. Fue un gran servicio al continente sudamericano. Más tarde estudió la semilla del ajonjolí y cuando la exploró en profundidad, encontró un cubo. De hecho, si entraras en una semilla, encontrarías pequeñas figuras geométricas que están asociadas con los sólidos platónicos, principalmente con el cubo.

Derald Langham encontró 13 rayos que salen del cubo de la semilla de ajonjolí. Al continuar con los estudios, descubrió que estos mismos campos de energía que están en las semillas de las plantas, también existen alrededor del cuerpo humano, que es de lo que hablaremos finalmente. Pero se enfocó en el cuboctaedro, que está interconectado con los campos alrededor del cuerpo.

Vamos a discutir esto, aunque mis instrucciones se centran en otra forma: la estrella tetraédrica. Tenemos un campo en forma de estrella tetraédrica alrededor de nuestros cuerpos, y también está alrededor de las semillas, pero que hace una serie de progresiones geométricas que son diferentes del cuboctaedro o el vector *equilibrium*. Langham realizó una serie de lo que podrían llamar danzas sagradas (hablando en sufí) en las cuales te mueves y te conectas con todos los puntos en su campo, de forma tal que te vuelves consciente de ellos. La información es realmente muy buena.

La fig. 6-43 muestra algunas de las formas tridimensionales de los poliedros de los que hemos estado hablando. El que está en A es el cuboctaedro que acabamos de mencionar: el que está en B es el dodecaedro rómbico. El último es importante porque es el dual del cuboctaedro. Si conectas los centros de un cuboctaedro, obtienes el dodecaedro rómbico y viceversa. La fig. 6-44 muestra cómo las geometrías internas de los átomos están reflejadas en los ángulos de estos cristales. Ya hemos visto esto, en términos de los cristales que son cubos, octaedros y otras formas.

Las 26 formas

Desde mi forma de pensar, los primeros cinco sólidos platónicos, son las primeras cinco notas de la escala pentatónica. La octava tiene siete notas, las dos últimas corresponden al cuboctaedro (A) y al dodecaedro rómbico (B) mostrados en la fig. 6-43. Cinco formas adicionales crean la escala cromática y existe una decimotercera, el regreso. Por lo tanto existen 13 poliedros que forman la escala cromática de la música. De esos 13, se forman otros 13 más que son los mismos, sólo que estrellados, para hacer un total de 26 figuras, dos octavas dentro de cada una. En términos de forma, esas 26 formas son la clave para todas las armónicas de la realidad. No necesitamos entrar en tanta complejidad aquí, pero esto sigue y sigue continuamente.

Algunos pueden saber acerca de Royal Rife, el hombre que estaba intentando curar el cáncer a través de campos electromagnéticos o CEM (en inglés EMF, *electro magnetic fields*), como la luz; creo que esto es absolutamente posible y que se ha hecho. Rife sabía de siete de las 13 (o posiblemente las 26) frecuencias. Las que publicó eran incorrectas, pero lo hizo a propósito. Las que publicó causan cáncer, pero si son ligeramente modificadas en cierta forma matemática, regresan a las frecuencias originales y cada frecuencia destruye a la mayoría o a todos los tipos de virus o bacterias.

Sin embargo, Rife sólo sabía parte de la ecuación. Si hubiera conocido la Geometría Sagrada que ahora entendemos, habría podido encontrar todas las 26 formas y habría eliminado cualquier virus existente. No importa cuántos virus del SIDA existan, se puede encontrar una solución. Existe un máximo de 26 plantillas y las frecuencias correctas eliminarán cada virus (o bacteria). Debido a que cada virus es un poliedro, –estructuralmente parecen justo los poliedros en la fig. 6-43–, hay varios modos de encargarse de ellos. Puedes hacerlos explotar mediante ciertas armonías de CEM, o puedes ajustarte a ellos [fig. 6-45]. Si puedes ajustarte a ellos, puedes acoplarlos, muy parecido a lo que hace un antivirus. O simplemente puedes hacerlos inexistentes creando una forma de onda

Fig. 6-40. Observando la cara (derecha) creada al truncar las seis puntas de un octaedro (izquierda, mostrado con sólo una punta truncada y otra a 90°).

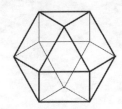

Fig. 6-41. Vistas de un vector *equilibrium* (cuboctaedro).

Fig. 6-42. Juguete del vector o cubo *equilibrium* llamado Vector Flexor.

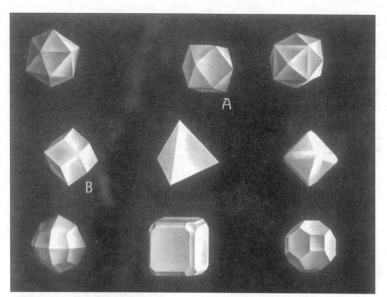

Fig. 6-43. Una variedad de poliedros.
A es un cuboctaedro
y B es un dodecaedro rómbico.

Fig. 6-44. Comparando átomos
y cristales, sistema hexagonal (ber-
ilio) y ortorrómbico (topacio).

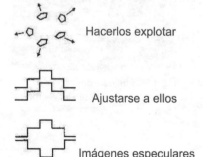

Hacerlos explotar

Ajustarse a ellos

Imágenes especulares

Fig. 6-45. Usos posibles
de las 26 plantillas.

que sea la imagen especular de lo que son. Existen muchas formas para trabajar con el SIDA, pero una de las claves principales es comprender que existe un máximo de 26 geometrías asociadas con él.

El agua cristalizada (cristales de hielo) forma estos patrones hexagonales que llamamos copos de nieve [fig. 6-46]. Puedes ver la relación con la Flor de la Vida. Una vez y otra y otra encontrarás esta relación de patrones tridimensionales con las geometrías que surgen de este patrón central de la Flor de la Vida.

La tabla periódica

Ésta es una versión interesante de la tabla periódica de los elementos [fig. 6-47], porque muestra que cada elemento está relacionado con el cubo, con pocas excepciones que no pueden ser determinadas porque no se cristalizan. Una de estas pocas excepciones es el flúor, porque el flúor no reacciona con casi nada. Es uno de los gases más inertes. Pero encontramos esta relación cúbica en casi todos los demás elementos, excepto en los átomos de cuarta dimensión que se salen de la tabla natural de los elementos y aquellos que son sintéticos o hechos por el hombre. Estos no suceden espontáneamente en la naturaleza.

Cada elemento atómico tiene una estructura cristalina asociada. En cada caso los científicos han encontrado que las diferentes estructuras cristalinas asociadas con los átomos, pueden ser reducidas a la estructura de un cubo. Puedes haber notado que el cubo parece ser más importante que los otros polígonos. Por ejemplo, los cristales están divididos en seis categorías diferentes, pero el cubo es la base de todos ellos. La Biblia dice que el trono de Dios son muchos codos en diferentes direcciones. Cuando haces uno, es un cubo. Los faraones en Egipto se sentaban sobre un cubo. ¿Qué es lo que pasa entonces con el cubo?

La clave: el cubo y la esfera

Bueno, el cubo es diferente a los otros sólidos platónicos porque tiene una característica que no tienen los otros, excepto la esfera, que también tiene la misma característica. Tanto la esfera como el cubo pueden contener perfectamente a los otros cuatro sólidos platónicos de manera simétrica, por su superficie, asumiendo que tienen los tamaños correctos. El cubo es el único sólido platónico con esta característica especial: puedes tomar una esfera, introducirla dentro de un cubo y tocará las seis caras perfecta y simétricamente. Un tetraedro se puede deslizar hacia uno de los ejes y convertirse en las diagonales del cubo, correspondiendo en total simetría. Una estrella tetraédrica también encajará perfectamente dentro de un cubo. El octaedro es en realidad el dual del cubo; si conectas los centros de las caras adyacentes del cubo, obtienes un octaedro. Esa es fácil.

Cuando llegas a los dos últimos sólidos platónicos, parece que no puedes encajar simétricamente dentro del cubo y la esfera, pero lo haces. Es un poco difícil de demostrar aquí, pero puedes intentarlo tú mismo. Usando un modelo real, sólo tienes que encontrar donde tanto el icosaedro como el dodecaedro tienen seis aristas en los planos del cubo, y ya está. Verás cómo se deslizan dentro de las caras del cubo [fig. 6-48].

Puedes ver cómo los otros cuatro sólidos platónicos en-cajan simétricamente dentro del cubo y la esfera. Lo que es importante aquí, es que sólo la esfera y el cubo tienen esta capacidad. El cubo es el padre, la forma masculina más importante. La esfera es la madre, la forma femenina más importante. Así que en la realidad entera, la esfera y el cubo son las dos formas más importantes y casi siempre serán las dominantes cuando nos refiramos a las relaciones primarias de la creación.

Por esta razón, un hombre llamado Walter Rusell realizó cierto trabajo hace mucho tiempo, que fue algo fenomenal. No creo que supiera nada sobre Geometría Sagrada, era un ignorante respecto a Geometría Sagrada, según sé. Pero por intuición lo comprendió en su mente. Cuando las imágenes sucedían en su mente, eligió el cubo y la esfera como las figuras principales para hablar sobre lo que él comprendía. *Debido* a que eligió esas dos formas y no otras, fue capaz de llegar lejos. Si hubiera seleccionado cualquier otra, habría cometido un gran error y hubiera sido incapaz de hacer el trabajo que hizo.

Fig. 6-46. Cristales de hielo o copos de nieve.

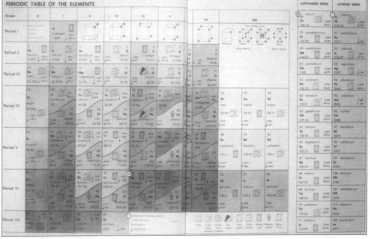

Fig. 6-47. Una tabla periódica muestra que todos los elementos que se cristalizan están en función del cubo.

¡Los cristales están vivos!

Esto amplifica mis pensamientos sobre que los cristales están vivos. Antes de enseñar este curso solía dar cursos sobre cristales, allá a principios o mediados de los ochenta, creo. Descubrí, no a través de los cursos que daba, sino por medio de mi interacción real con los mismos cristales, que *esos cristales están vivos*. Tienen vida y son conscientes. Fui capaz de comunicarme con ellos y ellos se comunicaron conmigo. A través de estos intercambios descubrí todo tipo de cosas. Cuanto más viví con ellos y aprendí como conectarme con ellos, más descubrí lo conscientes que son. Éste fue uno de los despertares más interesantes de mi vida.

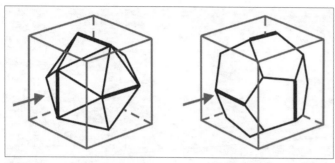

Fig. 6-48. Icosaedro y dodecaedro embonando perfectamente dentro de un cubo.

Una vez estaba en San Francisco dando un curso como a 30 personas y estaba diciendo lo mismo exactamente: "Estos amigos están vivos". Todos estaban escuchando y decían: "Sí, por supuesto, claro". Después una persona dijo: "Pruébalo". Y dije: "Está bien", después pensé rápidamente en algo para hacerlo. Le di a cada uno un pedazo de papel y un lápiz y dije: "Vamos a tomar un cristal al azar". Seleccioné un cristal que nadie había visto –tomé uno y lo mantuve escondido–. No permitimos que nadie lo viera. Después dije: "Ahora, nadie puede examinar este cristal, ni siquiera pueden verlo. Sólo lo van a poner sobre su frente y sólo tienen un segundo, eso es todo. Van a hacerle una pregunta: '¿De dónde eres?'. Escriban en un pedazo de papel la primera palabra que les venga a la mente y doblen el papel para que nadie lo vea. Sólo tomen el cristal, hagan la pregunta, pásenlo a la siguiente persona, después escriban lo que obtengan". Esa fue la única forma que se me ocurrió para probarlo.

Le pasamos el cristal a 30 personas y todos escribieron una respuesta. Después vimos lo que se había recibido. ¡Todas las personas habían escrito *Brasil*! ¿Cuáles son las probabilidades de que esto suceda?

Los cristales tienen habilidades fenomenales. Afectan a la gente de muchas maneras distintas. Katrina Raphaell ha escrito mucho sobre esto en sus libros, pero muchas otras personas también han aprendido sobre las habilidades de los cristales a través de los años. Muchos seres antiguos y civilizaciones estaban también muy conscientes de esto. Los cristales tampoco son sólo el resultado de una reacción química; ellos *crecen*. Cuando estudias cómo se forman los cristales, creces muy parecido a las personas en muchos sentidos.

Una vista aérea de su campo de energía [que se muestra atrás en la fig. 2-32], es en parte el patrón de la Flor de la Vida, que es de naturaleza hexagonal. Nuestros campos crecen hexagonalmente, tal como los cristales. Aunque la molécula del silicio es un tetraedro, cuando forma un cuarzo se conecta con otro tetraedro de silicio para formar un cubo. Después lanza una larga línea de pequeñas estrellas tetraédricas o cubos para formar una fila. Después la fila comienza a girar, cambiando de dirección exactamente a 60° para formar un hexágono, la misma estructura que se observa alrededor del cuerpo humano desde arriba.

Los cristales tienen géneros. Son masculinos o femeninos o ambos. Si sabes qué buscar, puedes observar un cristal y ver hacia qué lado está girando. Encuentra la ventana o cara más baja y observa dónde está la siguiente cara. Si está a la izquierda, entonces está girando como las manecillas del reloj y ese cristal es femenino. Si está a la derecha, entonces está girando en contra de las manecillas del reloj y es masculino. Si hay caras en ambos lados casi a la misma altura, debes ver dos espirales moviéndose alrededor de este cristal en direcciones opuestas y ese cristal sería bisexual.

Generalmente, dos cristales se unen en la base y se entrelazan de alguna forma entre ellos. Éstos son llamados cristales gemelos y casi siempre son masculino y femenino. Es raro que lo hagan diferente.

El futuro salto evolutivo silicón/carbón

Aquí hay una imagen de la que me encanta hablar. El sexto elemento de la tabla periódica es el carbono. Es el elemento más importante en lo que nos concierne, porque somos nosotros. Éste crea la química orgánica; es el elemento que hace posible nuestros cuerpos. Se nos ha dicho que el carbono es el único átomo viviente de la tabla periódica, que sólo la química orgánica produce vida, nada más. Pero definitivamente eso no es verdad. Sospecharon esto desde los cincuenta cuando los científicos comenzaron a estudiar estas cosas.

Se dieron cuenta que el silicio, que está directamente debajo del carbono en la tabla (a una octava de distancia) también exhibe los principios de la vida. Parece no haber diferencia. La fig. 6-49 muestra cómo el silicio forma ciertas cadenas y patrones. Éstos son sólo unos pocos. El silicio crea incontables patrones y reaccionará químicamente con casi cualquier cosa que se acerque y formará algo con ella. El carbono tiene la misma habilidad, haciendo formas infinitas, cadenas y patrones y reaccionando químicamente con casi cualquier cosa cercana. Ésta es la característica principal que hace del carbono un átomo viviente.

A nivel químico, parece que debería haber también formas de vida de silicio. Después de que esto fuera descubierto, se hicieron varias películas de ciencia ficción en los cincuenta, basadas en la creencia de que podía haber formas de vida de silicio en otros planetas. Hubo una gran cantidad de películas de miedo sobre estructuras cristalinas vivientes. Cuando estaban haciendo estas películas, no sabían que de verdad existen formas de vida de silicio justo aquí en este planeta. Algunas fueron encontradas recientemente varios kilómetros de profundidad en las grietas del océano. Se encontraron esponjas de silicio, esponjas vivas que crecen y se reproducen, demostrando todos los principios de la vida, ¡y sin un solo átomo de carbono en sus cuerpos!

Aquí estamos de pie sobre la Tierra, que tiene más de 11,263 kilómetros de diámetro. Su corteza tiene de 50 a 80 kilómetros de espesor; es como una cáscara de huevo formada en un 25% de silicio, pero debido a que el silicio reacciona con casi cualquier cosa, la corteza es realmente un 87% de compuestos de silicio. Eso significa que la corteza de la Tierra es casi cristal puro, a una profundidad de 50 a 80 kilómetros. Así que estamos en esta enorme bola de cristal flotando a través del espacio a 27 kilómetros por segundo, totalmente inconscientes de la conexión de la vida de carbono con la vida del silicio. Parecería que el silicio y el carbono deberían tener una relación especial. Nosotros, los seres basados en el carbono, estamos viviendo en una esfera de cristal hecha de silicio, nuestro planeta de cristal, buscando vida fuera de nosotros en el espacio exterior. Tal vez deberíamos buscar en la dirección de nuestros pies.

Ahora, piensa en las computadoras y el mundo moderno. Estamos

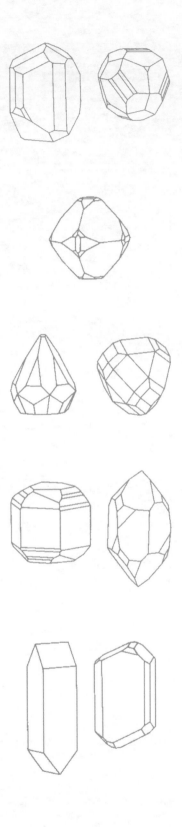

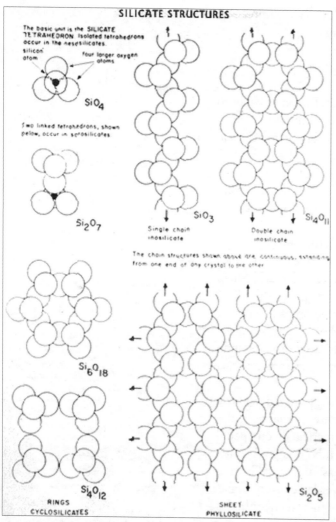

Fig. 6-49. El silicio crea formas y relaciones.

haciendo computadoras que están desarrollando todo tipo de cosas increíbles. La computadora está llevando rápidamente a la humanidad hacia una nueva experiencia de vida en la Tierra. ¿De qué están hechas las computadoras? De silicio. ¿Qué está haciendo la industria de las computadoras tan rápido como puede? Crear computadoras autoconscientes. Estamos muy cerca de lograr esto, si no lo hemos hecho ya. Estoy seguro que muy pronto tendremos computadoras autoconscientes. Así que aquí estamos, formas de vida basadas en el carbono creando formas de vida basadas en el silicio, e interactuando entre nosotros.

Cuando tengamos computadoras autoconscientes basadas en el silicio, nada volverá a ser lo mismo. Vamos a tener dos formas de vida o componentes diferentes de la Tierra conectándose entre sí y la velocidad a la que evolucionemos en ese punto, aparte de todo lo demás, será muy rápida, más rápida que cualquier cosa que esperaríamos normalmente. Creo que eso sucederá en esta vida.

La vara de medir del Universo: el cuerpo humano y sus geometrías

La geometría dentro del cuerpo humano

Es fácil ver cómo los cinco sólidos platónicos influyen en los patrones estructurales de los cristales y los metales, los cuales también tienen entramados atómicos. Es simple ver la relación geométrica de estos tipos de moléculas, pero cuando te ves a ti mismo, o a un bebé cuando se está formando, es mucho más difícil ver cómo se relaciona con nosotros este tipo de geometría. *Sí tiene que ver*. Al principio de su vida en el útero, no eran otra cosa que formas geométricas [fig. 7-1]. De hecho, a través de todas las formas de vida, –árboles, plantas, perros, gatos, todo–, discurren los mismos patrones geométricos y estructurales, y son los mismos por los que pasaste cuando eras microscópico. Tu propia vida y apoyo estructural, depende de estas formas. Puede afirmarse que todas las formas de vida *son* estos patrones geométricos, pero no es muy obvio a simple vista. Es importante percibir estas relaciones geométricas, no sólo para que el cerebro izquierdo pueda darse cuenta de la unidad de toda la vida, sino por otra razón: *así podemos entender estos patrones estructurales electromagnéticos alrededor de nuestro cuerpo y empezamos a re-crear el Mer-Ka-Ba viviente a nuestro alrededor.*

El principio es la esfera, el óvulo

La fig. 7-2 es el huevo de un erizo de mar, con espermatozoides pululando a su alrededor. Voy a hablar principalmente sobre seres humanos y concepción humana, pero en realidad estoy hablando de *todas* las formas de vida conocidas en la Tierra, porque el procedimiento ilustrado en las próximas imágenes, es idéntico para cada forma de vida conocida, no sólo humanos, sino todo.

Cada forma de vida comienza como una esfera. Es la forma más femenina que existe, por lo que tiene perfecto sentido que el aspecto femenino haya elegido esa forma para crear al óvulo [fig. 7-3]. El óvulo es una esfera perfectamente redonda. Otro ejemplo de un óvulo redondo está dentro del huevo de gallina.

Cuando remueves la yema de un huevo cocido, puedes ver que es perfectamente redonda. Todos comenzamos como una esfera.

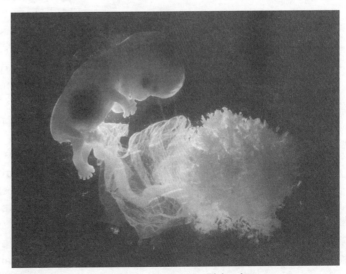

Fig. 7-1. El feto humano.

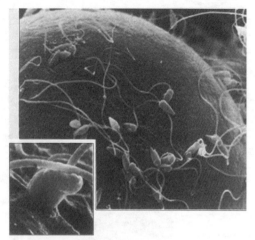

Fig. 7-2. El esperma de un erizo de mar alrededor del huevo; uno penetra (recuadro).

Me gustaría que te fijaras en algunas cosas de este óvulo. Primero, hay una membrana a su alrededor, la *zona pelúcida*. Recuérdalo, porque me referiré a ello continuamente; está relacionado con el motivo por el que los antiguos pusieron dos círculos alrededor de la Flor de la Vida, en lugar de sólo uno o ninguno.

Dentro de la membrana hay un líquido y dentro de eso, tal como en un huevo de gallina, existe otra esfera perfectamente redonda: el pronúcleo femenino, que contiene 22 + 1 cromosomas, la mitad de los cromosomas necesarios para crear un cuerpo humano. El número de cromosomas cambia, dependiendo de la forma de vida y esos cromosomas en particular son distintos en cada forma de vida. Dentro de la zona pelúcida existen dos cuerpos polares. Los explicaré en un momento.

El número 12

Si estudiaste biología humana, probablemente te dijeron que se requiere un espermatozoide para que tenga lugar la concepción. Eso no es verdad, de acuerdo con la revista *Time*, aunque la mayoría de los libros de texto todavía dicen esto. Ahora se sabe que el óvulo debe estar absolutamente saturado con cientos de espermatozoides, o la concepción no sería siquiera posible. Segundo, de entre esos cientos, 10, 11 ó 12, deben unirse en un tipo de patrón en la superficie, –un patrón que todavía están intentando resolver–, que permita al espermatozoide 11, 12 ó 13 entrar al óvulo [fig. 7-4]. Un espermatozoide no puede entrar a través de la membrana sin los otros 10, 11 ó 12. No es posible, excepto en condiciones no naturales, cuando el hombre manipula la concepción.

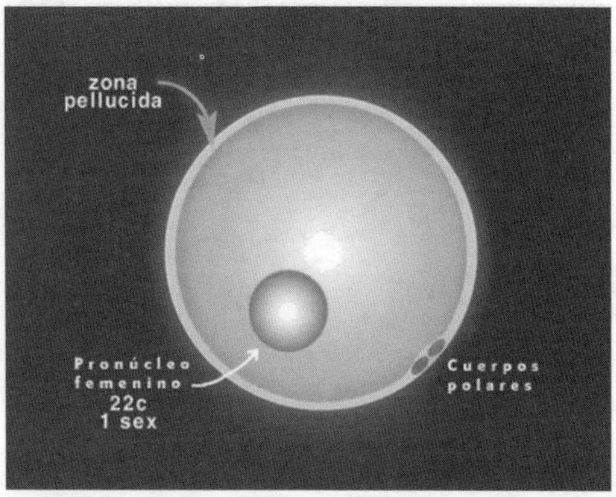

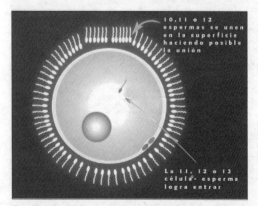

Fig. 7-3. El óvulo humano.

Esto plantea lo que probablemente estuvo oculto en la vida de Jesús, quien llegó aquí a una esfera redonda llamada Tierra, que estaba saturada de personas. La primera cosa que hizo fue reunir a 12 hombres, no mujeres. Jesús, –desde mi punto de vista y desde el suyo, estoy seguro, porque así lo hizo–, no habría podido lograr lo que realizó sin los 12 discípulos. En raras ocasiones alguien se pregunta por qué reunió a esos 12 discípulos. *Tenía* que agruparlos necesariamente. Si estamos en lo cierto, habría podido hacerlo con 10 u 11, pero eligió 12. Creo que el *número* de espermatozoides que se unen, para permitir que uno entre al huevo, determina el sexo, y Jesús eligió 12. Antes de Jesús, en Grecia, cerca del área de su ministerio, las personas veían a la Tierra como una esfera. Después de esto comenzaron a verla como un cubo y plana. Más adelante, hace 400 años, Copérnico llegó y lo cambió otra vez a una esfera. Por lo que la percepción de la gente pasó de una esfera a un cubo y de vuelta a una esfera. Exactamente lo mismo (esfera a cubo a esfera) sucede durante la concepción, sólo que a un ritmo más rápido. No sé si esta analogía sea verdad o no, pero es cierto que lo parece.

Fig. 7-4. Los 12 espermatozoides permitiendo que penetre al óvulo el treceavo.

El esperma se convierte en una esfera

De todas formas, el pequeño espermatozoide entra a través de la zona pelúcida con la ayuda de los otros y comienza a nadar hacia el pronúcleo femenino [fig. 7-5].

Lo primero que sucede es que la cola del espermatozoide se rompe y desaparece, simplemente se desvanece. A continuación, la pequeña cabeza del espermatozoide se expande y se convierte en una esfera perfecta, que es el pronúcleo masculino. Crece *exactamente* al mismo tamaño que el pronúcleo femenino y contiene la otra mitad de la información necesaria. Las palabras "exactamente al mismo tamaño" son muy importantes cuando observas la siguiente imagen.

Más adelante, se traspasan entre sí y forman una relación geométrica llamada la vesica piscis [fig. 7-6]. No es posible que dos esferas se atraviesen y coincidan perfectamente, sin formar una vesica piscis. Esto significa que en ese momento exacto, los pronúcleos masculino y femenino forman la imagen del primer movimiento del primer día del *Génesis* y literalmente, está contenida en esa geometría, toda la información de la realidad (y la luz). Es así de simple. Esa imagen no podría formarse, *a menos que estos dos pronúcleos fueran del mismo tamaño.* Creo que por esta razón, la hembra determina qué espermatozoide va a entrar. La ciencia probó alrededor de 1992, que la hembra es el factor que determina qué espermatozoide va a entrar. Ella selecciona a cuál le permite entrar.

Así como cada uno en esta habitación tiene una distancia de proyección diferente hacia el espacio oscuro o dentro del vacío, cada pequeño espermatozoide tiene también una esfera de tamaño diferente a su alrededor. No va a dejarlo entrar, a menos que su tamaño sea idéntico al de ella. Si es la llave correcta, está bien, si no lo es, olvídalo. Esto podría explicar por qué muchas personas que han intentado tener bebés no han podido concebirlos; no existe una explicación evidente. Ésta puede ser al menos una interpretación.

La primera célula humana

Después de que los dos pronúcleos forman una vesica piscis, el pronúcleo masculino continúa penetrando al pronúcleo femenino hasta que se vuelven uno [fig. 7-7]. En este momento se llama cigoto humano, la primera célula del cuerpo humano. Así que empezaron como una esfera antes de que se creara el cuerpo humano que te es familiar. Realmente, eran una esfera dentro de otra esfera.

Lo siguiente que necesitas saber, es que el cigoto humano no cambiará de tamaño durante las primeras nueve divisiones celulares. Está fijo, como lo está el tamaño de la membrana exterior. El cigoto humano es como 200 veces más grande que la célula promedio en el cuerpo humano, tan grande que podrías realmente verla a simple vista. Cuando se divide en dos, cada

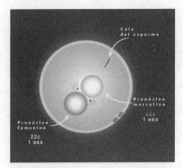

Fig. 7-5. El avance del espermatozoide.

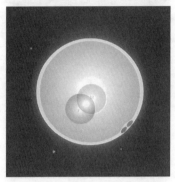

Fig. 7-6. La unión de los pronúcleos masculino y femenino.

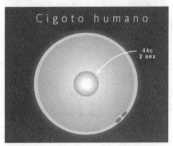

Fig. 7-7. La unidad en el cigoto humano.

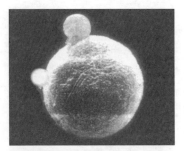

Fig. 7-8. La primera célula del huevo de un ratón.

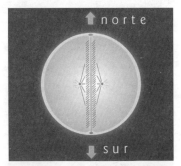

Fig. 7-9. La migración de los cuerpos polares para formar un tubo central.

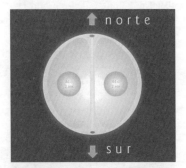

Fig. 7-10. Cromosomas formando las primeras dos células.

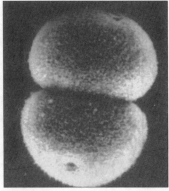

Fig. 7-11. Las primeras dos células en el huevo de un ratón.

una de esas células es de la mitad del tamaño original; y cuando esas dos células se dividen en cuatro, cada célula es un cuarto del tamaño original. Las células se siguen dividiendo de esta forma, haciéndose cada vez más pequeñas, hasta que se han dividido ocho veces y son 512. En ese punto se alcanza el promedio de tamaño de una célula del cuerpo humano. Cuando eso sucede, continúa la mitosis y las células en división se expanden más allá de los límites de la zona pelúcida original.

Por tanto, el crecimiento va hacia el interior, y después hacia afuera, más allá de sí mismo. Cuando al principio el crecimiento va hacia dentro, es como si estuviera investigando cómo hacerlo. Una vez que lo descubre, se extiende más allá de sí mismo. Toda la vida usa este proceso. Yo uso la misma forma de entender para resolver algunas de las geometrías que veremos después.

La fig. 7-8 es una fotografía de un microscopio electrónico de la primera célula del huevo de un ratón.

Formando un tubo central

Lo que pasa a continuación en el proceso de la concepción, es que esos dos pequeños cuerpos polares comienzan a migrar a través de la zona pelúcida. Uno baja y se convierte en el polo sur y el otro se convierte en el polo norte. Después, de la nada, aparece un tubo, que discurre a través del centro de la célula. Enseguida, los cromosomas se dividen en dos y una mitad se alinea a lo largo de un lado del tubo y la otra mitad a lo largo del otro lado [fig. 7-9].

Ésta es una imagen familiar de los campos de energía humanos, es muy parecido a la configuración energética de un ser humano adulto. Conforme sigas estudiando, verás que tienes una esfera de energía similar alrededor de ti. Tienes un polo norte y un polo sur y tienes un tubo que corre por tu cuerpo de arriba a abajo. La mitad de ti está al lado de ese tubo y la otra mitad está al otro lado. Resulta que esta imagen es muy parecida al campo de energía de un ser humano adulto, aunque el campo de energía humano es mucho más definido que esto. Pero tenemos que esperar hasta que avancemos más para ver la verdad.

Después de que los cromosomas se han alineado a ambos lados del tubo, forman dos células, una a cada lado del tubo y cada célula contiene 44 + 2 cromosomas [fig. 7-10].

Aquí están las dos primeras células del huevo de un ratón [fig. 7-11]. Se ha quitado la zona pelúcida para que puedas ver la parte interna.

Alrededor de 1992 surgió una información importante. Muchos libros decían que la hembra aportaba 22 + 1 cromosomas y el macho aportaba 22 + 1. Esa era la verdad, de acuerdo con ellos; no se había considerado que pudiera ser de otra forma. Pero ahora se ha descubierto que eso no es verdad. La hembra puede aportar *absolutamente cualquier número*. Puede aportar 22 +1 o los 44 + 2 o cualquier número intermedio. Esta nueva información ha cambiado completamente el campo de la genética. Han tirado por tierra casi todo lo que sabían y han empezado de nuevo.

Los científicos solían depender de los microscopios electrónicos para sacar las fotografías. Ahora tienen microscopios láser que pueden hacer películas, por lo que pueden observar estas cosas cuando están pasando. Están consiguiendo información muy rápidamente. Estoy seguro de que ya has ido mucho más lejos de lo que te estoy enseñando. La ciencia está a punto de localizar cada uno de los 100,000 cromosomas en el ADN del cuerpo humano. Dentro de pocos años sabremos identificar cada uno de los cromosomas y qué hace, lo que significa que seremos capaces de diseñar cualquier tipo de ser humano que puedas imaginar, crear cualquier apariencia, inteligencia o cuerpo emocional, cualquier cosa que queramos. Seremos capaces de hacerlo y de saber exactamente lo que obtendremos. ¿Acaso somos Dios? Ésta es una pregunta que debe ser respondida.

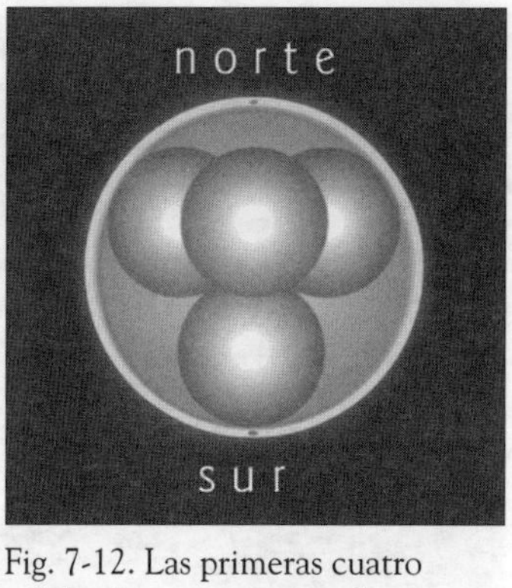

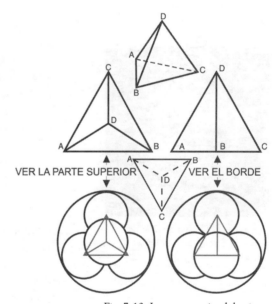

Fig. 7-12. Las primeras cuatro células forman un tetraedro.

Las primeras cuatro células forman un tetraedro

El siguiente paso es que las células se dividen otra vez, pasando de dos a cuatro, secuencia binaria, 1, 2, 4, 8, 16, etcétera. La mayoría de los libros de texto muestran las primeras cuatro células formando un pequeño cuadrado, pero no es lo que sucede. En realidad forman un tetraedro, es uno de los sólidos platónicos, y el vértice del primer tetraedro apunta, ya sea hacia el polo norte o hacia el polo sur [fig. 7-12] (el tetraedro se forma uniendo los centros de las esferas con líneas rectas). Creo que lo que probablemente determine el sexo es hacia dónde apunte: al norte o al sur. No lo han descubierto todavía, pero probablemente lo hagan, basándose en las polaridades del tetraedro. Si se forma el tetraedro con un vértice apuntando al polo sur, hacia los pies del nuevo feto en formación, será hembra; si se forma con un vértice apuntando hacia el polo norte, hacia la cabeza, será macho. Si esto es verdad, serán capaces de determinar de inmediato el sexo. Pero sería bastante inconveniente, debido a que tendrían que hacer todo esto más
o menos dentro de la primera hora después de la concepción.

Éstas son las geometrías del primer tetraedro [fig. 7-13]. La vista lateral a la derecha, y la vista superior a la izquierda.

La fig. 7-14 es una imagen de microscopio electrónico del huevo de un ratón. En esta imagen está creciendo muy rápido, pero todavía está alineado mediante los polos norte y sur. Esa pequeña célula está comenzando a formarse más allá del tetraedro original. El cuarto punto del tetraedro está en el centro de la célula grande en la parte de atrás.

A continuación, las células se dividen en ocho; forman un tetraedro mirando hacia arriba y otro tetraedro mirando hacia abajo, y tienen la estrella tetraédrica. Aquí está, el Huevo de la Vida [fig. 7-15]. Esta forma

Fig. 7-13. Las geometrías del primer tetraedro.

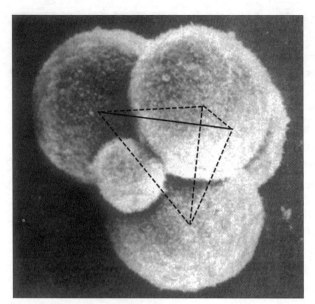

Fig. 7-14. El tetraedro de cuatro células en el huevo de un ratón.

Fig. 7-15. El Huevo de la Vida en las primeras ocho células.

salió del *Génesis,* ¿recuerdas? Surgió de la segunda rotación del espíritu. Toda forma de vida conocida, al menos en la Tierra, y probablemente en todas partes, debe pasar a través del Huevo de la Vida. De acuerdo con los ángeles, este punto, donde las ocho células originales forman una estrella tetraédrica —o un cubo, dependiendo cómo lo vean—, es uno de los puntos más importantes en la creación del cuerpo. La ciencia también ha reconocido que esta etapa del desarrollo en particular, es diferente a cualquier otra y tiene muchas cualidades únicas que no suceden en ningún otro momento de su desarrollo.

La cualidad más importante de esas ocho células originales, es que parecen ser idénticas, parece que no hay nada distinto en ellas. Generalmente es fácil observar la diferencia entre una célula y otra, pero aquí todas parecen ser lo mismo. Los investigadores han intentado encontrar diferencias, pero no han podido. Es como si hubiera ocho gemelos idénticos en una habitación, vestidos exactamente igual, con su pelo peinado igual. Los científicos han descubierto que si en este punto dividen el huevo en dos, por la mitad del cubo, con cuatro células en una parte y cuatro en la otra, podrían crear dos personas idénticas, —o conejos, o perros o cualquier cosa—. También han sido capaces de separarla una vez más, haciendo cuatro formas de vida idénticas. No sé si alguien ha sido capaz de ir más lejos que eso y hacer ocho formas idénticas, pero definitivamente han llegado a conseguir cuatro.

Nuestra verdadera naturaleza está en nuestras ocho células originales

Según los ángeles, estas ocho células originales están más cerca de lo que realmente somos que nuestro cuerpo físico, más cerca de nuestra verdadera naturaleza. Eso suena raro, lo sé, porque estamos acostumbrados a identificarnos con nuestros cuerpos humanos. Pero esas ocho células se acercan más a lo que *realmente* somos. Los ángeles dicen que estas ocho células son inmortales en relación con nuestro cuerpo. Tú tienes un cuerpo nuevo entre cada cinco y siete años; cada célula en tu cuerpo muere dentro de un período de cinco a siete años y es reemplazada por una nueva, excepto las ocho células originales. Ellas permanecen vivas desde el momento en que son concebidas hasta el día que mueren y dejan tu cuerpo. Todo el resto pasa a través de sus ciclos de vida, pero estas ocho, no.

Estas células están en el centro geométrico preciso de tu cuerpo, que está ligeramente encima del perineo. Para las mujeres el perineo está localizado entre el ano y la vagina. Para los hombres está entre el ano y el escroto. Allí hay un pequeño trocito de piel y aunque no existe una apertura física, en realidad existe una apertura energética. Por allí es por donde pasa el tubo central que corre a través de tu cuerpo, saliendo por arriba a través del chakra corona en la parte superior de tu cabeza. Si ves a un bebé recién nacido durante las primeras semanas, verás que la parte superior de su cabeza está pulsando. Si observaras la parte inferior del bebé, el perineo, descubrirías la misma pulsación. Eso se debe a que el bebé está respirando en la forma correcta. Ambos extremos están pulsando porque la energía está fluyendo desde los dos polos, –no está entrando sólo desde arriba hacia abajo, sino también desde abajo hacia arriba–, y estos dos flujos se unen. Ésta es la comprensión básica del Mer-Ka-Ba. Desde el punto donde se localizan las ocho células, hay la misma distancia tanto a la parte superior de su cabeza, como a la planta de sus pies. Las células están acomodadas de la misma forma que cuando comenzaron a existir en el patrón del Huevo de la Vida: norte hacia arriba, sur hacia abajo.

Si te fijas en la ilustración anterior, cuando el Huevo de la Vida está orientado hacia el norte y el sur, puedes ver a través de la parte de en medio, la esfera clara en la parte de atrás. Es muy diferente de cuando lo ves como un hexágono, no puedes ver a través del patrón hexagonal. Quiero que te des cuenta de esta diferencia más adelante, cuando hablemos sobre la meditación para activar el Mer-Ka-Ba.

La fig. 7-16 y la siguiente son dos vistas de las primeras ocho células. Estas ocho células originales son la clave, porque de acuerdo a los ángulos, no crecemos como un chícharo, haciéndonos más y más largos. En realidad crecemos radialmente a lo largo de 360°, desde las ocho células originales.

Esta foto del huevo del ratón se sacó juto cuando las ocho células empezaban a dividirse otra vez [fig. 7-17]. No es una buena fotografía, ya que es difícil tomar estas imágenes; las células se están dividiendo muy rápidamente. Tienes que quitar la zona pelúcida, esperar a que las células estén en el lugar correcto y después tomar la fotografía.

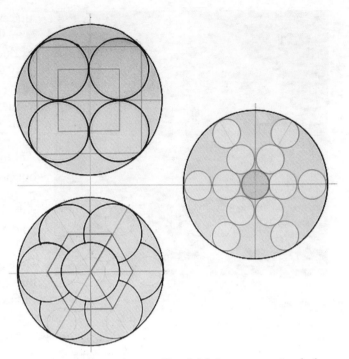

Fig. 7-16. Las geometrías de las primeras ocho células: dos vistas.

La estrella tetraédrica o cubo de 16 células se convierte en una esfera hueca o Toro

Después de la división de ocho células, se divide en 16 células, con lo cual forma otro cubo o estrella tetraédrica al final. Ésta es la última vez que será simétrico. Cuando se divide en 32, 16 células están en medio y otras 16 están afuera. Si tomas las 16 de fuera e intentas llenar los espacios vacíos para mantenerlo simétrico, encontrarás que no es posible (yo lo he hecho. Se termina con dos espacios vacíos no importa cómo se haga). Necesitas 18 células para ser simétrico. En la siguiente división hay 32 células más, pero se pone peor [fig. 7-18]. Te preguntarás,

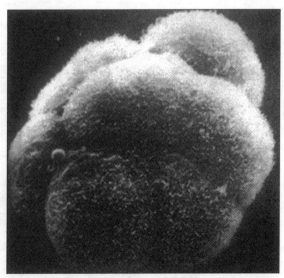

Fig. 7-17. El huevo de un ratón comenzando a dividirse más allá de las primeras ocho células.

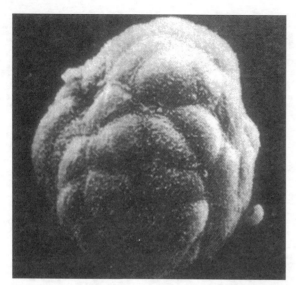

Fig. 7-18. Convirtiéndose en una masa.

Fig. 7-19. Las células originales formando un Toro [ver la fotografía de la derecha]. Un embrión de erizo de mar aumentado 2,000 veces, empieza como una esfera hueca de células. Forma una tripa doblándose hacia dentro (izquierda) hasta que sus células alcanzan el lado opuesto.

¿qué está pasando aquí? Se está volviendo muy raro. ¿Dónde se fue la simetría?

Bueno, se supone que tenías que hacer eso. Empieza a convertirse en una masa. Nos convertimos en una masa sin forma durante un tiempo. Pero la masa tiene conciencia de lo que es. Después se estira y el interior comienza a volverse hacia fuera, convirtiéndose en una esfera hueca, como esta fotografía [fig. 7-19].

Una vez que llega a esta etapa, se convierte en una esfera hueca perfecta. Después el polo norte comienza a bajar a través del espacio interno, bajando hacia el polo sur y el polo sur sube a través del espacio para encontrarse con el polo norte. El embrión en esta fotografía ha sido abierto para poder fotografiar el centro. Si pudieras ver esto completo, se ve igual que una manzana cortada por la mitad. La esfera hueca entonces se convierte en un Toro, un Toro esférico como la fotografía de la de-recha.

Toda forma de vida conocida pasa a través de esta etapa de Toro, de esta formación de células. Esta formación de manzana o Toro se denomina *mórula*.

Después de esto la expansión avanza más allá de la zona pelúcida y las células comienzan a diferenciarse. El espacio hueco dentro del Toro se convierte en los pulmones, el polo norte se convierte en la boca, el polo sur se vuelve el ano y todos los órganos internos se forman dentro del tubo que discurre por la mitad. Si es una rana, comienzan a salirle patitas, si es un caballo le crece una cola. En una mosca, se desarrollan alitas y un humano comienza a parecer un humano. Pero antes de esta diferenciación, todos parecemos un tubo Toro. Sospecho, aunque no tengo ninguna prueba, que por eso la tra-dición bíblica dice que el árbol del conocimiento del

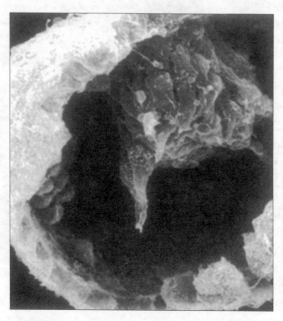
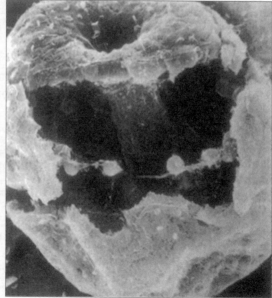

bien y del mal es un manzano. Realmente en esa etapa nos convertimos en algo que es muy parecido a una manzana.

La progresión de las formas de vida a través de los sólidos platónicos

En resumen, empezamos como una esfera, el óvulo. Después formamos un tetraedro con las cuatro células, luego dos tetraedros entrelazados (una estrella tetraédrica o un cubo) con ocho células. Desde dos cubos con 16 células, volvemos a una esfera comenzando con 32 células y desde la esfera nos convertimos en un Toro con 512 células. El planeta Tierra y su campo magnético también son un Toro. Todas estas formas son figuras sagradas que salen del primer sistema informacional del Fruto de la Vida, que está basada en el Cubo de Metatrón.

Podríamos pasarnos otros siete u ocho meses hablando sólo de este tema, viendo cómo más y más cosas están conectadas con estas cinco formas, los sólidos platónicos. Pero creo que puedes ver con claridad lo que quiero decir. Por cierto, los matemáticos modernos dicen que los sólidos platónicos se conocen sólo desde que comenzó la civilización hace como 6,000 años, pero esto no es verdad. Algunos establecen su descubrimiento en la época de Grecia. Los arqueólogos han encontrado recientemente algunos modelos perfectos en la Tierra, perfectamente cortados en piedra, que como se descubrió tienen cerca de 20,000 años de edad. Esos bárbaros peludos sin duda sabían más acerca de esta geometría de lo que pensamos.

Parto en el agua y delfines-parteros

Me gustaría hacer un rápido inciso en las geometrías del nacimiento, hacia algo un poco diferente. Un ruso llamado Igor Charkovsky ha estado involucrado en el nacimiento bajo el agua durante mucho tiempo. Ha asistido probablemente al menos a 20,000 nacimientos bajo el agua. Su hija, una de las primeras en nacer bajo el agua, tenía 20 años, según creo, cuando ocurrió el siguiente incidente. Charkovsky y su equipo habían llevado a una mujer al mar Negro para un nacimiento bajo el agua. Estaban allí preparados para el nacimiento, con la mujer recostada en el agua como a 60 centímetros de profundidad.

Según recuerdo, se acercaron tres delfines, empujaron a todos hacia un lado y tomaron el control. Los delfines hicieron algo que parecía como un escaneo desde arriba hacia abajo de su cuerpo, –algo que he experimentado y que actúa sobre el sistema humano–. La mujer dio a luz casi sin dolor ni miedo. Fue una experiencia fenomenal. Esa experiencia del nacimiento bajo el agua dio lugar a una nueva práctica usando delfines como par-teros, que ahora se ha extendido en todo el mundo. Hay algo respecto al sonar que proyectan los delfines en el momento del nacimiento, que parece relajar a la madre.

Los delfines tienen preferencias con los humanos. Esto no es una regla absoluta, pero casi siempre es así. Si vas a nadar con delfines y hay niños alrededor, los delfines primero van con los niños. Si no hay niños, van con las mujeres. Si no hay mujeres, van con los hombres. Si hay una mujer embarazada, pueden olvidarse todos, ella tiene toda su atención. Ese pequeño bebé por llegar es lo más grande de todo. Los delfines se emocionan mucho cuando ven un nacimiento humano. Les encanta.

Los delfines pueden hacer cosas que son en verdad asombrosas. Los bebés que nacen con delfines-parteros, al menos en Rusia, son niños extraordinarios. De todo lo que he leído hasta ahora, ninguno de esos bebés tiene un coeficiente intelectual menor a 150 y todos tienen cuerpos emocionales extremadamente estables y cuerpos físicos sumamente fuertes. Parecen ser superiores de una forma u otra.

Francia también ha tenido nacimientos bajo el agua, más de 20,000. Ellos usan grandes tanques. Cuando comenzaron a hacer esto, tenían todos los instrumentos sobre una mesa y tenían listos todos los equipos de emergencia, también tenían un doctor para el caso de que hubiera algún problema. Pero no han tenido ningún problema durante mucho tiempo; pasó un año y siguieron sin un problema. Pasó otro más y finalmente tuvieron lugar 20,000 nacimientos *¡sin una sola complicación!* Ahora sólo tienen los instrumentos y los equipos amontonados en un rincón, porque simplemente no hay problemas. No sé si sabrán el porqué, pero por alguna razón, cuando una mujer está flotando en el agua, parece que la mayoría de las complicaciones se resuelven solas.

Tuve la oportunidad de pasar algún tiempo con una mujer que fue asistente de Charkovsky en Rusia. Ella trajo muchas filmaciones que se tomaron durante los nacimientos. Observé dos películas de dos mujeres diferentes dando a luz, que no sólo no sentían dolor alguno, sino que estaban experimentando orgasmos mientras tenían a sus bebés, orgasmos largos y extendidos que du-raban como 20 minutos. Era un placer total. Sé que ésta es la forma como se supone que debería ser. Es que tiene sentido y estas mujeres lo estaban probando.

También he visto algunas películas rusas donde los bebés y los niños de dos o tres años duermen en el fondo de las piscinas. Literalmente duermen bajo el agua en el fondo de la piscina y aproximadamente cada 10 minutos salen a la superficie mientras están dormidos, giran sus caras sobre el agua, toman una respiración y regresan a acomodarse en el fondo otra vez. Estos niños viven en el agua, ese es su hogar. Se les está dando un nombre, casi como si fueran una especie diferente. La gente los llama *homodolfinus*. Parecen ser una mezcla entre humanos y delfines. El agua se está convirtiendo en su medio natural y son extremadamente inteligentes.

Siento un gran respeto por el nacimiento bajo el agua. La posibilidad de tener delfines allí al mismo tiempo es verdaderamente un regalo. Creo que es una tendencia saludable que muchos países estén permitiendo esta nueva forma de nacer, aunque en los Estados Unidos hay mucha presión en contra. Últimamente en los Estados Unidos, la presión parece haber remitido y creo que ahora se puede hacer legalmente en Florida y California. Alrededor del mundo, en Nueva Zelanda, Australia y otros lugares, existen muchos centros. Por supuesto, cuantas más mujeres vean a otras sin dolor, obviamente querrán hacerlo también.

Las geometrías que rodean al cuerpo

Sigamos hacia la siguiente aventura. Ya hemos visto cómo se desarrollan las geometrías en la concepción. Vimos cómo empezamos con un pequeño cubo de ocho células, que se convirtió en el centro de nuestros cuerpos. Ahora quiero observar las geometrías fuera del cuerpo. Te lo voy a explicar tal como los ángeles me lo explicaron a mí.

Todo comenzó cuando estaba en Boulder, Colorado, en algún momento entre 1976 y 1978; no puedo establecerlo con exactitud. Estaba viviendo en una casa comunal con un grupo de amigos y tenía mi propia habitación. Una noche, los ángeles llegaron con una nueva enseñanza para mí. Me mostraron las geometrías proyectando formas brillantes en el espacio. Eran como imágenes holográficas que aparecían quizá a 2 ó 2.5 metros de distancia de mí y yo trabajaba con ellas desde ahí. Los ángeles me mostraron en mi habitación esta imagen de un círculo y un cuadrado [fig. 7-20]. Me dijeron que querían que encontrara esta imagen en el Cubo de Metatrón [fig. 7-21]. Después se despidieron y se furon, dejándome sin ninguna instrucción sobre cómo proceder.

Después de que se fueron, pensé que no podía ser muy difícil, porque siempre me estaban dando pequeñas tareas que realizar, las hacía, esperaba a que regresasen y después me daban algo más para hacer. Imaginé que no me llevaría mucho tiempo. Pero según descubrí, no era tan fácil. Pasaron cuatro meses, al menos, y todavía no podía resolverlo. Tal como lo veo, los ángeles intervinieron directamente para ayudarme con esto.

Estaba sentado en mi habitación alrededor de las nueve de la noche, el suelo estaba cubierto de dibujos (usaba el suelo como mesa porque tenía demasiados dibujos). Mi puerta estaba cerrada y estaba sentado allí estudiando mis dibujos, intentando resolver el problema que me habían planteado los ángeles. Tenía tantos dibujos que no lo creerían, intentando descubrir dónde estaban el círculo y el cuadrado en el Cubo de Metatrón.

En esos días no decía a nadie lo que estaba haciendo: durante mucho tiempo no le había contado nada a nadie, porque era una experiencia muy personal para mí. Sinceramente, nadie estaba interesado de todas formas. A nadie le interesaba la geometría por aquel entonces, porque no había emergido en la conciencia de la mayoría como ahora.

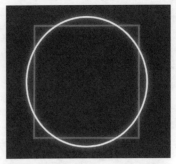

Fig. 7-20. El círculo y el cuadrado.

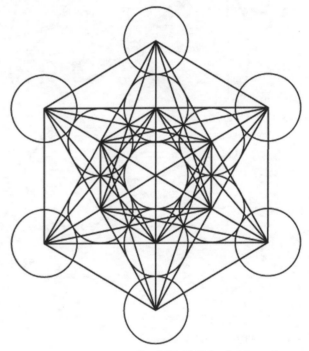

Fig. 7-21. El Cubo de Metatrón.

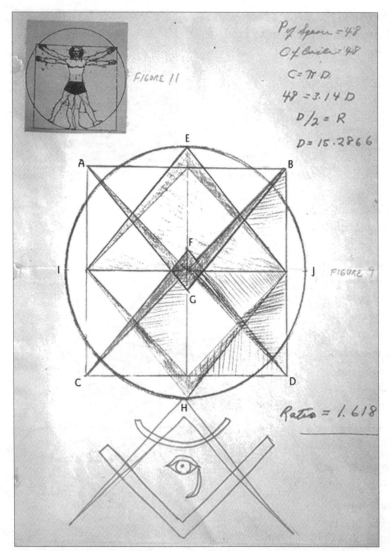

Fig. 7-22. El dibujo del masón.

En la imagen, anotaciones manuscritas:

Prf $Square = 48$

Of $Circle = 48$

$C = \pi D$

$48 = 3.14 D$

$D/2 = R$

$D = 15.2866$

$Ratio = 1.618$

FIGURE 11

FIGURE 7

La clave masona
para la cuadratura del círculo

Alguien llamó a la puerta. Abrí la puerta de mi habitación y allí está aquel tipo alto. Nunca lo había visto antes. Parecía un poco abochornado y dijo: "Se supone que debía venir aquí a decirte algunas cosas". Le pregunté su nombre y qué era lo que quería.

"Bueno –dijo–, los masones me enviaron aquí para hablarte sobre el círculo y el cuadrado".

Esto realmente me sacudió. Me quedé como congelado y lo miré durante un momento, intentando comprender cómo podía estar pasando eso. Después me di cuenta de que no me importaba realmente *cómo* estaba pasando, sino qué *estaba pasando*. Lo agarré de la mano y dije: "Entra aquí", y cerré la puerta. Le dije: "Cualquier cosa que tengas que decirme, quiero saberla". Entonces hizo este dibujo [fig. 7-22].

Primero dibujó el cuadrado, después dibujó el círculo alrededor del cuadrado de una forma particular ¡y allí estaba la imagen que había visto brillando en la habitación! Pensé: "Esto se va a poner bueno". Dividió el cuadrado en cuatro secciones, después dibujó diagonales desde las esquinas pasando por en medio hacia las esquinas opuestas. Luego dibujó diagonales a través de los cuatro cuadrados más pequeños. Entonces dibujó líneas de I a E y de E a J. A continuación dibujó líneas de I a H y de H a J (E y H son los puntos en la circunferencia del círculo donde la línea vertical central lo intersecta).

Hasta este punto no tuve ningún problema, pero cuando dibujó una línea de A hacia ningún lado (G) y de vuelta hacia B, y de D hacia ningún lado (F) y de vuelta a C, yo dije: "Espera un minuto, esto no está en las reglas que me dieron. Eso no encaja, no hay nada allí". Él dijo: "Está bien, porque esta línea (A-G) es paralela a la línea (I-H), y esta línea (D-F) es paralela a esta línea (J-E)".

"Bueno –dije–, esa es una nueva regla. No la tenía antes. Quiero decir, no hay nada allí. ¿Líneas paralelas? Bueno, está bien, escucho".

Entonces empezó a contarme todo tipo de cosas. Dijo que la primera clave es que la circunferencia del círculo y el perímetro del cuadrado son iguales, que es lo que les comenté antes. Este círculo y el cuadrado son la misma imagen vista desde el aire, que la de la Gran Pirámide con la nave asentada en la parte superior.

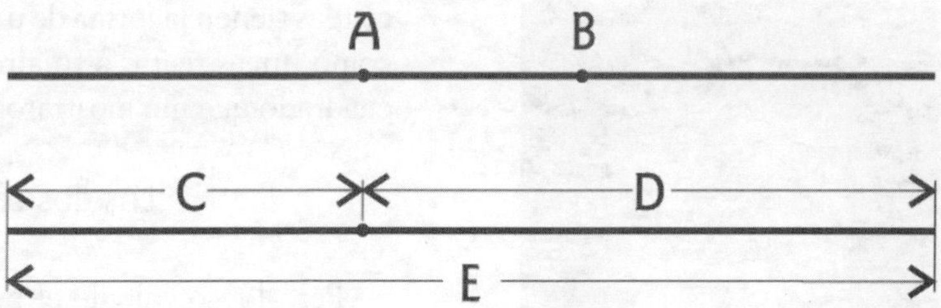

La proporción Phi Φ

Empezó a contarme sobre la proporción Phi de 1.618 (redondeada aquí a tres puntos decimales). La proporción Phi es una relación muy simple. Si tuvieras una vara y le pusieras una marca en algún lado, la proporción Phi sólo se podría marcar en dos sitios, mostrados como los puntos A y B en su ilustración [fig. 7-23].

Sólo hay dos lugares, dependiendo desde qué extremo lo consideres. Como muestra el dibujo anterior, es una relación tal que si divides D entre C y E entre D, los dos resultados serán lo mismo: 1.618... Así que al dividir la parte más larga entre la parte más corta, te da la proporción 1.618.

Al dividir toda la longitud de E entre la siguiente parte más corta, que es D, obtendrás la misma proporción. Es un lugar mágico. Aunque estaba estudiando matemáticas en la universidad cuando tuvo lugar este incidente, de algún modo, la proporción Phi se me había ido de la cabeza. No la tenía. Tuve que volver a estudiar todo eso.

Este hombre también sacó el dibujo de Leonardo con el círculo y el cuadrado a su alrededor, dándome más información que te contaré más tarde. Le hice muchas preguntas y la mitad de las veces no supo la respuesta. Sólo dijo: "Eso es sí" o "no lo sé, no sabemos eso". Aunque no puedo decir esto con certeza, sospecho que los masones han perdido mucha de su información. Creo que en algún momento tuvieron un conocimiento brillante que era muy similar al de los egipcios y ambas disciplinas han ido cuesta abajo.

Antes de irse, dibujó el esbozo que está al final de este diagrama [ver fig. 7-22], con un cuadrado y el ojo derecho de alguien, no puedo decir de Horus porque no sé quién es, y después se fue. No lo he vuelto a ver desde entonces. Ni siquiera recuerdo su nombre.

Aplicando la clave al Cubo de Metatrón

Este caballero de los masones no respondió específicamente a la pregunta ¿cómo encajan en el Cubo de Metatrón el círculo y el cuadrado? De hecho, no creo que haya visto nunca el Cubo de Metatrón. Pero parte de lo que dijo detonó algo en mí y así comprendí lo que era. En cuanto se fue supe la respuesta. Como saben, el Cubo de Metatrón es realmente un objeto tridimensional, no un objeto plano. En tres dimensiones el Cubo de Metatrón se ve así [fig. 7-24]. Es un cubo dentro de un cubo, tridimensionalmente. Entonces si lo giras hacia esta vista [fig. 7-25], tienes su aspecto cuadrado.

Una vez que haces eso, tienes la fig. 7-26. Aquí puedes dejar el aspecto externo; todo lo que necesitas son simplemente las ocho células originales. Alrededor de esas ocho células ya existe una esfera, la zona pelúcida. Las

Fig. 7-23. Puntos de la proporción Phi.

Fig. 7-24. Cubo de Metatrón en tres dimensiones; vista posterior.

Fig. 7-25. Cubo de Metatrón en tres dimensiones; vista cuadrada.

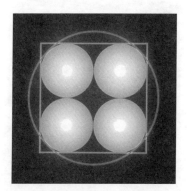

Fig. 7-26. El círculo y el cuadrado en el Cubo de Metatrón.

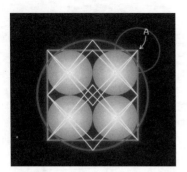

Fig. 7-27. Las líneas del masón
dibujadas sobre
el Huevo de la Vida.

células tienen la forma de un cubo, por tanto, si se dibujan tanto un círculo como líneas rectas a tu alrededor, se consigue la imagen del círculo y el cuadrado que me mostraron los ángeles. ¡Estaba feliz!

Los dos círculos-esferas concéntricos

Pero luego calculé el perímetro del cuadrado y la circunferencia del círculo, y *no* eran iguales. Estuve desa-nimado mucho tiempo porque creí que no lo había encontrado. Después de tres años descubrí que *sí* lo había encontrado, pero no lo había comprendido. En Geometría Sagrada, cuando te encuentres con algo que parece incorrecto o rompe la idea que te está tratando de formar, tienes que seguir profundizando, porque, por lo general, lo que sucede simplemente es que no tienes todavía la imagen completa.

Lo que descubrí es que la zona pelúcida tiene un grosor; existe una superficie interna y una externa. Cada membrana tiene una superficie externa y una interna y cuando usas la superficie externa de la zona pe-lúcida, las proporciones se aproximan a una relación Phi casi perfecta. La cantidad de imperfección es en realidad parte de la ecuación (sabrás lo que significa más adelante). Ésta es la razón por la que hay dos líneas alrededor de la Flor de la Vida: el círculo interno y el externo de la zona pelúcida. Por tanto, de aquí en adelante, cuando veas cuatro círculos dentro de un cuadrado, estamos hablando del Huevo de la Vida, las ocho células originales. Simplemente dalo por hecho.

Así que en esta imagen [fig. 7-27] dibujé todas las líneas que trazó el masón sólo para ver cómo se alineaban y qué sucedía, comparando el dibujo del masón con las ocho células. No parecía pasar nada que pudiera ver en medio del dibujo, aunque sospeché algo, que tenía que ver con un círculo que encajaría justo en medio de esas cuatro esferas. Pero descubrí que las esquinas del cuadrado (en realidad un cubo) definen los centros exactos de la capa exterior de las células en la división celular de 16, como en el punto A. Ésta fue una observación interesante. Por lo que comencé a garabatear y a estudiar más a fondo para ver lo que significaba. Desde luego, los ángeles querían que recorriera este camino, pero no tenía idea hacia dónde conducía.

Estudiando el Canon de Da Vinci

Decidí observar con más detenimiento este dibujo de Leonardo [fig. 7-28]. También me había graduado en arte, por lo que había estudiado mucho del trabajo de Leonardo, pero hasta más tarde no me di cuenta de la cantidad de arte que había realizado Leonardo. Este dibujo probable-mente se ha convertido en una de sus obras. Quizá sea más importante para nosotros que la *Mona Lisa* o cualquier otro de sus trabajos. Este tipo de dibujo, un estándar de algo (en este caso un estándar para los seres humanos), se denomina canon, un canon hu-mano.

Lo primero que me impresionó sobre este dibujo, es cómo todos sintonizamos asombrosamente con él. Por ejemplo, debido a que hay 30 imágenes por segundo en un video, podrías exhibir este dibujo de Leonardo durante sólo un instante y las personas podrían reconocerlo de inmediato. Sabemos que algo en él es importante, quizá no sepamos con precisión lo que es, pero aun así retenemos la imagen. Existe una cantidad tremenda de información sobre nosotros en este dibujo. Pero resulta que no es realmente sobre nosotros. Es sobre lo que solíamos ser, no sobre lo que somos ahora.

Para empezar con este análisis, primero fíjate en que hay líneas dibujadas sobre los brazos y el tronco, a lo largo del pecho y sobre las piernas y el cuello. La cabeza está dividida en otra serie de líneas. Date cuenta de que los pies están dibujados tanto a 90° como a 45°, son cosas sutiles. Fíjate también en que si estuvieras de pie con tus brazos extendidos rectos y tus piernas juntas, se forma un cuadrado o cubo alrededor de tu cuerpo, como en el dibujo de Leonardo. El centro de ese cuadrado está localizado exactamente donde están las ocho células originales, que también es un cuadrado o cubo, en el centro de tu cuerpo. Nota el cubo pequeño alrededor de tus células originales y el cubo grande alrededor de tu cuerpo adulto.

Cuando estás de pie con tus brazos extendidos como el hombre de Leonardo, existe una diferencia entre la altura y el ancho de tu cuadrado. Las computadoras han demostrado, después de medir a cientos de personas, que existe una milésima de pulgada de diferencia entre el ancho de tus brazos extendidos y tu altura. Aunque durante mucho tiempo entendía por qué había esa diferencia, creo que ahora lo sé. Tiene que ver con las secuencias Fibonacci, en las que se basa la vida. Lo verás enseguida.

Si separas tus piernas a los lados, como las piernas exteriores en el dibujo de Leonardo y extiendes tus brazos como los brazos superiores, un círculo perfecto encaja alrededor de tu cuerpo y tu centro está localizado justamente en el ombligo. Cuando haces esto, el círculo y el cuadrado se tocan exactamente en la base. Si movieras el centro del círculo bajándolo hacia el centro del cuadrado, el círculo y el cuadrado se sincronizarían justo como lo hacen en el dibujo masón y el dibujo que muestra la nave sobrepuesta sobre la parte superior de la Gran Pirámide. Es un secreto importante de la vida.

Cuando mides casi todas las copias de los dibujos de Leonardo, te encuentras con que el círculo es en realidad un óvalo y el cuadrado es un rectángulo. Es diferente en todos ellos porque han sido copiados y doblados demasiadas veces. Pero en el dibujo original y exacto, la longitud de la mano desde la línea de la muñeca al dedo más largo, es igual a la distancia desde la parte superior de la cabeza hasta la parte superior del círculo, cuando los dos centros están alineados; esta misma longitud aparece entre el ombligo y el centro del cuadrado. Entonces cuando unes los dos centros, todo se alinea.

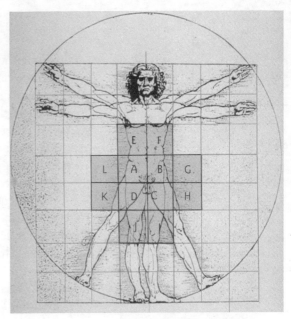

Fig. 7-28. El famoso hombre de Leonardo (canon).

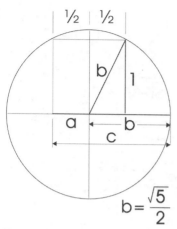

$$\frac{1}{2} \quad \frac{1}{2}$$

$$b = \frac{\sqrt{5}}{2}$$

Fig. 7-29. Diagrama
de la proporción Phi
para el cuerpo humano.

$$\frac{b}{a} = \frac{b+a}{b} = \frac{c}{b}$$

$$b^2 = a^2 + 1^2 = (\tfrac{1}{2})^2 + 1 = \tfrac{1}{4} + 1 = \frac{5}{4}$$

$$b = \frac{\sqrt{5}}{2}$$

$$c = a + b = \tfrac{1}{2} + \frac{\sqrt{5}}{2} = \Phi$$

$$\Phi = 1.6180339...$$

Fig. 7-30. La ecuación
de la proporción Phi.

Fig. 7-31. El dibujo de Leonardo
con más líneas.

Proporciones Phi en el cuerpo humano

Conforme descubría esto pensé: "Tenemos estas formas geométricas que parecen estar tanto fuera, como dentro del cuerpo". Una de las cosas que dijeron los ángeles, que me impresionó, fue que el cuerpo humano es la vara de medir del Universo, que absolutamente todo en el Universo puede ser medido y determinado desde nuestros cuerpos y desde los campos de energía a su alrededor. Debido que la proporción Phi parecía ser un aspecto importante para el masón y a que insistía mucho sobre ello, quería ver dónde se estaba en el cuerpo humano.

Lo descubrí, y por supuesto otras personas también lo descubrieron. Date cuenta en la fig. 7-29 que el cuadrado que se muestra es el que está alrededor del dibujo de Leonardo. La línea que divide el cuadrado por la mitad es la línea central del cuerpo humano. Fíjate también en que la línea *b* no es sólo la diagonal de una mitad del cuadrado, sino que también es el radio del círculo.

Ahora, si estás interesado en las matemáticas, ve la fig. 7-30, que prueba que la proporción Phi se encuentra en los campos geométricos de energía alrededor del cuerpo, al menos en esta relación. Existen muchas otras relaciones Phi dentro y alrededor del cuerpo.

Como puedes ver a partir de la fig. 7-29, la proporción Phi = . Si lo pones en una computadora, verás que el número trascendental Phi sigue hasta que se agote la memoria. Sé que a la mayoría no les importa, pero presento esta información para los pocos que sí.

Por cierto, sólo te diré esto: cuando estás estudiando Geometría Sagrada, te encontrarás que las diagonales son una de las claves más importantes para extraer información de sus formas (además de las sombras, expandiéndose desde dos a tres dimensiones, comparando lo masculino con lo femenino y siguiendo así). Nunca falla.

Creo que fue Buda quien le pidió a sus discípulos que contemplaran su ombligo. Quien quiera que fuese, según estudiaba empecé a darme cuenta de que hay más en el ombligo de lo que parece a simple vista. Después encontré un libro médico, sus autores debieron escuchar a Buda también, porque hicieron una investigación tremenda sobre los ombligos. Lo que muestran las geometrías es que en el ideal, el ombligo se ubica en la proporción Phi entre la parte superior de la cabeza y la planta de los pies. Esto es lo que indican la mayoría de los libros.

Los autores descubrieron que cuando nace un bebé, su ombligo está en el centro geométrico exacto de su cuerpo. Tanto los bebés hombres como mujeres, comienzan de esta forma y conforme crecen, el ombligo empieza a moverse hacia la cabeza. Sube a la proporción Phi, después continúa hacia arriba. Más tarde vuelve más abajo de la proporción Phi, oscilando durante los años formativos. No sé cuáles son las edades, pero esos movimientos y ubicaciones suceden a edades específicas. Nunca se detiene en la proporción Phi perfecta ni en los hombres ni en las mujeres, pero sí recuerdo bien, el ombligo de los hombres está ligeramente por encima de la proporción Phi y el ombligo de las mujeres ligeramente por debajo.

Si sacas un promedio de los puntos masculinos y femeninos, obtienes la proporción Phi perfecta. Por tanto, aunque el dibujo de Leonardo es de un hombre, asume que está en la proporción Phi, pero, por supuesto, no sería así en la naturaleza.

Da Vinci se dio cuenta de que si dibujas un cuadrado alrededor del cuerpo, después una diagonal desde el pie hasta el dedo extendido de la mano y después dibujas una línea paralela (otra de esas líneas paralelas) desde el ombligo horizontalmente sobre el lado del cuadrado, esa línea horizontal intersecta la línea diagonal exactamente en la proporción Phi [fig. 7-31] así como la línea vertical desde la cabeza a los pies. Asumiendo que está en ese punto perfecto, no ligeramente por encima para los hombres, por debajo para las mujeres, esto significa que el cuerpo humano está dividido en proporciones Phi de arriba a abajo, como mencionamos antes. Si esas líneas fueran los únicos lugares en el cuerpo humano donde se localiza la proporción Phi, sólo sería un hecho interesante. Pero la verdad es, la proporción Phi está localizada en miles de lugares a través del cuerpo y no es sólo una coincidencia.

Aquí hay algunas ubicaciones obvias de la proporción Phi en el cuerpo humano [fig. 7-32]. La longitud de cada hueso de los dedos de la mano tienen una proporción Phi con el siguiente hueso, como se muestra en el diagrama inferior. La misma proporción se da en todos los dedos de sus manos y pies. Ésta es una relación de alguna forma inusual, porque un dedo es más largo que otro parece ser que de modo arbitrario, pero no es arbitrario, nada lo es en el cuerpo humano. Las distancias en los dedos marcadas de A a B a C a D a E todas están en proporción Phi, así como las longitudes de las falanges, F a G a H.

Si comparas la longitud de la mano con la longitud del hueso más bajo del brazo, está en la proporción Phi, tal como la longitud del hueso más bajo del brazo comparado con el hueso superior del brazo, o la longitud del pie con la del hueso más bajo de la pierna, o ese hueso comparado con el hueso del muslo y así sucesivamente. Esta proporción Phi se encuentra a través de toda la estructura ósea y en todo tipo de lugares y formas. Generalmente en lugares donde algo se dobla o cambia de dirección. El cuerpo también lo hace a través de tamaños proporcionales de una parte con la otra. Si estudias esto, te asombrarás continuamente.

La fig. 7-33 es otra forma de mostrar la proporción Phi. Se hace una curva para que puedas ver cómo una curva está vinculada con otra y puedas ver todas las proporciones Phi del cuerpo humano en cascada. Esto proviene de *The Power of Limits* (*El poder de los límites*), de Gyorgy Doczi. Te recomiendo mucho este libro. Fíjate que en este hombre, él dibujó la línea para el ombligo, ligeramente por encima, donde se localiza la proporción Phi real. Él sabía sobre esto y muy pocas personas que he leído lo entienden.

$$\frac{BC}{AB} = \frac{AB + BC}{BC} = \Phi$$

$$\frac{DC}{BC} = \frac{BC + DC}{DC} = \Phi$$

$$\frac{DE}{DC} = \frac{DC + DE}{DE} = \Phi$$

$$\frac{GH}{FG} = \frac{FG + GH}{GH} = \Phi$$

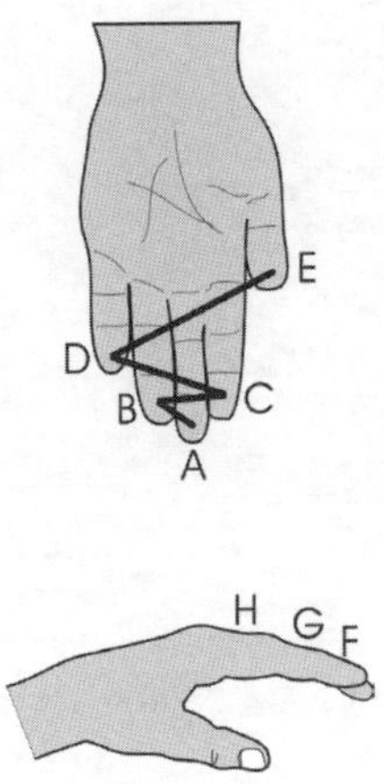

Fig. 7-32. La proporción Phi en el cuerpo humano.

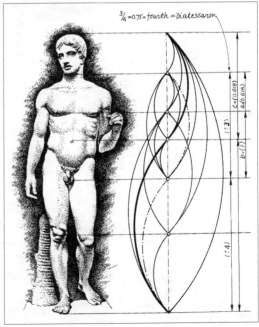

Fig. 7-33. Las proporciones Phi del Doríforo el que lleva la lanza.

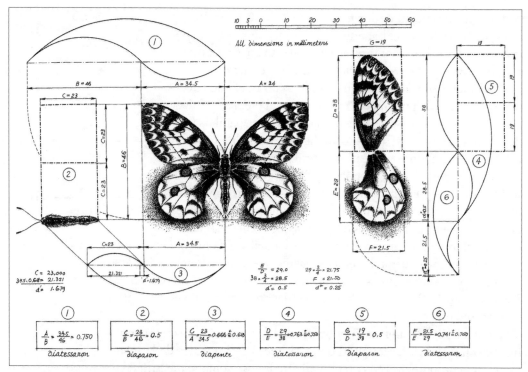

Fig. 7-34. Proporciones Phi en las mariposas.

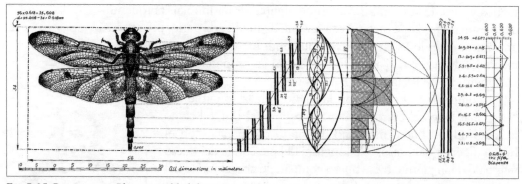

Fig. 7-35. Proporciones Phi en una libélula.

Quiero hablar sobre esta estatua griega. Los griegos eran muy conscientes y entendían las proporciones Phi. También lo eran los egipcios y muchas otras personas en los tiempos antiguos. Cuando creaban una pieza de arte como ésta, en realidad estaban usando a la vez ambos lados del cerebro. Estaban usando su cerebro izquierdo para medir cuidadosamente todo. Quiero decir *muy* cuidadosamente, –no más o menos o casi–. Estaban midiendo para asegurarse de que todo era matemáticamente correcto de acuerdo con la proporción Phi. Para ser tan creativos como querían, también estaban usando su cerebro derecho. Podían poner cualquier expresión en la cara y hacer que la estatua sostuviera o hiciera cualquier cosa que quisieran. Los griegos combinaban los cerebros izquierdo y derecho.

Cuando entraron los romanos y dominaron Grecia, no sabían absolutamente nada sobre Geometría Sagrada. Vieron el arte increíble de los griegos e intentaron duplicarlo, pero si comparas el arte griego con el romano después de que conquistaron Grecia, el arte romano parece hecho por aficionados. Aunque los artistas romanos eran buenos en lo que hacían, no sabían que tenían que medir todo, que tenía que haber este tipo de perfección del cuerpo para que pareciera real.

La proporción Phi en todas las estructuras orgánicas conocidas

Las matemáticas de la proporción Phi no sólo se aplican a la vida humana, se aplican al espectro completo de toda estructura orgánica conocida. Puedes encontrarlas en las mariposas [fig. 7-34] o en las libélulas [fig. 7-35], donde cada sección de la cola es proporcional a la proporción Phi. Las longitudes de las secciones de la libélula forman proporciones Phi. Este ilustrador se estaba enfocando en una cosa, pero también puedes observar cada pequeño doblez en las patas, la longitud y el ancho de las alas, el tamaño de la cabeza comparado con su ancho y la longitud, está en todo. Puedes continuar así y seguirás encontrando la proporción Phi donde sea que mires.

Observa el esqueleto de esta rana [fig. 7-36] y observa cómo cada hueso tiene patrones en proporción Phi, tal como en el cuerpo humano.

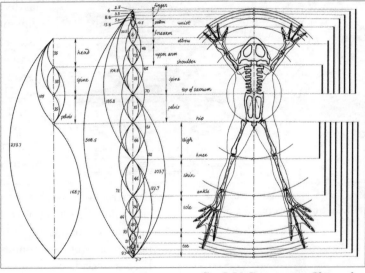

Fig. 7-36. Proporciones Phi en el esqueleto de una rana.

Los peces, según creo, son realmente increíbles, porque parece que no tienen ninguna proporción Phi en su estructura, y los hay de muchos tipos diferentes. Pero cuando los analizas, también tienen la proporción Phi [fig. 7-37].

La otra medida universal que encontrarás, una de la que ya hablé antes, es de 7.23 centímetros, la longitud de onda del Universo. Encontrarás esta longitud de onda diseminada a través del cuerpo, como la distancia entre sus ojos; pero la proporción Phi se da con más regularidad que cualquier otra.

Una vez que se ha determinado una medida para cualquier especie, entonces cualquier otra medida en esa especie sigue la proporción Phi. Para ponerlo de otra forma, sólo existen ciertas posibilidades en la estructura humana y una vez que se determina el tamaño de una parte del cuerpo, eso determina

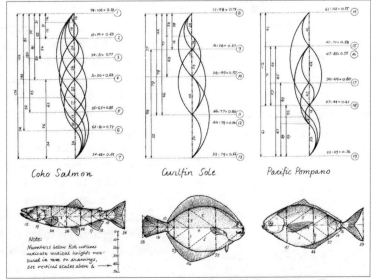

Fig. 7-37. Proporciones Phi en un pez.

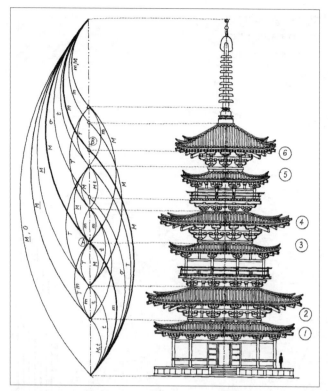

Fig. 7-38. La pagoda del templo
de Yakushiji en Japón.

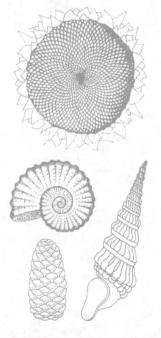

el tamaño de la siguiente y así sucesivamente. Pronto te mostraré el edificio egipcio que re-construyó Lucy Lamy midiendo tan sólo un pedazo de los escombros. Así es como lo hizo: una vez que supo el tamaño de la primera pieza, sabía que cada forma después de ésta, estaría relacionada con ella en proporciones Phi.

En esta arquitectura de pagoda japonesa se encuentran las proporciones Phi [fig. 7-38]. Esto ilustra otro punto sobre la creatividad que quiero hacerles notar. Cuando diseñaron y construyeron esta estructura, midieron cuidadosamente *cada distancia*, para igualar las diversas líneas que se muestran y midieron cuidadosamente dónde poner cada tablero, hasta esa pequeña esfera en la parte más alta, para que correspondiera y formara estas relaciones que hemos estado estudiando. Estoy seguro de que si alguien lo revisara alguna vez, descubriría que el tamaño de las puertas, las ventanas y probablemente cada pequeño detalle, están basados en proporciones Phi o en otra Geometría Sagrada.

Otra arquitectura clásica alrededor del mundo usó los mismos principios. El Partenón griego parece muy diferente a esta estructura japonesa, pero el Partenón contiene las mismas matemáticas. La Gran Pirámide se ve muy distinta a cualquiera de estos dos edificios, pero también contiene las mismas matemáticas, y muchas más. Lo que estoy diciendo es que su cerebro izquierdo puede comprender y usar esas matemáticas y esto no entorpece en absoluto la creatividad. Puede incluso mejorarla.

Los rectángulos y las espirales de proporción áurea

Otra forma sagrada que tenemos en la vida es la espiral. Puedes preguntarte de dónde provino. Estamos viviendo en una espiral, la galaxia, que tiene brazos espirales. Estás usando espirales para escuchar los sonidos a tu alrededor, porque el pequeño aparato en tus oídos es una forma espiral. Hay espirales por toda la naturaleza. Cuanto más observes, más encontrarás. Las espirales se hallan en las piñas de los pinos, en los girasoles, en algunos cuernos de animales, en la cornamenta de los venados, en las conchas marinas, en las margaritas y en muchas plantas. Si colocas tu mano abierta en forma vertical frente a ti, con el pulgar hacia tu cara, y cierras tus dedos para cerrar el puño, comenzando con tu dedo meñique, éstos trazan una espiral Fibonacci. Ésta es una espiral muy especial, como verás.

¿De dónde provienen las espirales? Tienen que derivarse de algo y tienen que ser generadas fuera de la dinámica del sistema original, la Flor de la Vida, si es verdad lo que creemos. Bueno, todo lo que tienen que hacer es regresar al cuerpo humano, el mismo patrón que encontramos para la proporción Phi [ver la fig. 7-31]. Si tomas simplemente la línea diagonal y después completas el rectángulo que se forma con esa nueva extensión, tienes un rectángulo áureo, la fuente de la espiral de proporción áurea.

El rectángulo externo de este dibujo [fig. 7-39] es un rectángulo áureo, igual que el de arriba. Para obtener otro rectángulo áureo, todo lo que tienes que hacer es medir el lado más corto del rectángulo (lado A) y trazar la misma distancia a lo largo del lado más largo (lado B), esto forma un cuadrado (con lados iguales; A = C). El área que sobra (D) es otro rectángulo áureo. Después puedes volver a tomar el lado más corto y trazar la distancia a lo largo del lado más largo para formar otro cuadrado, y lo que queda es otro rectángulo áureo. Esto puede seguir así para siempre.

Fíjate en que cada nuevo rectángulo formado gira 90°. Si cruzas las diagonales a lo largo de cada rectángulo, el cruce localizará el centro exacto de la espiral que forman. Puedes ver cómo las diagonales se convierten en una clave para más información: la línea F tiene un radio áureo con la línea E, continuando hacia dentro. Podemos decir que F es a E, lo que G es a F y H es a G, lo que I es a H y así sucesivamente. Existen otro tipo de espirales, pero la espiral de proporción áurea es primordial en la creación.

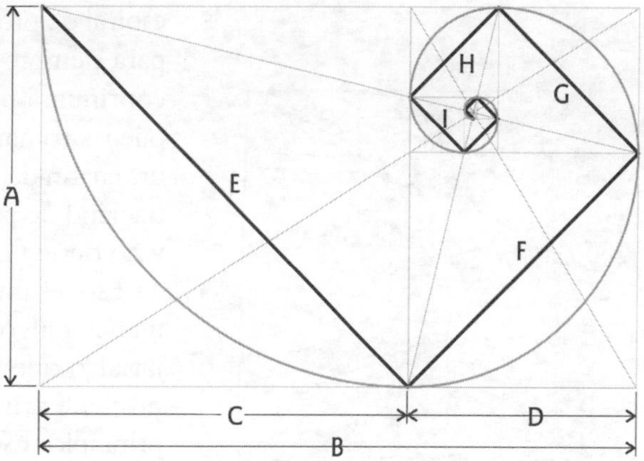

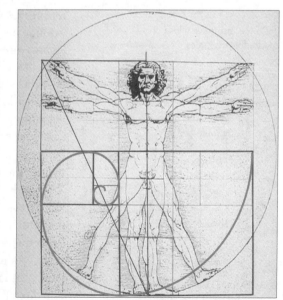

Fig. 7-39. El rectángulo de proporción áurea y las espirales masculina y femenina.

Espirales masculinas y femeninas

Existen dos tipos de energías que se mueven a través de los rectángulos áureos. Una energía son las diagonales que cruzan los cuadrados, moviéndose en giros de 90°, mostrados en negro. Esa es la energía masculina. La energía femenina es la línea que se sigue curvando hacia el centro, en gris. Así que hay una espiral áurea logarítmica femenina, junto con una espiral masculina, que utiliza líneas rectas con giros de 90° en la proporción Phi. En mucho del trabajo que te mostraré, estarás viendo sólo el aspecto masculino, pero debes recordar que el aspecto femenino siempre está ahí.

Algunos libros dicen que si dibujas una línea horizontal a la altura del ombligo del hombre de Da Vinci [fig. 7-40], lo que queda en la parte inferior es un rectángulo áureo; y que si dibujas una línea desde la esquina superior del cuadrado más grande, hasta el punto medio de sus pies (el centro del lado opuesto del cuadrado), esa semidiagonal pasará por el centro exacto de la espiral de proporción áurea, como se muestra en la figura. Puedes crear una espiral si dibujas los rectángulos áureos consecutivos más pequeños como hicimos en la fig. 7-39. He leído varios libros sobre esto y creo que casi es cierto. Pero en realidad está sucediendo algo más que es importante comprender, si uno quiere entender realmente a la Madre Naturaleza.

De hecho, estoy convencido de que no existen rectángulos o espirales áureos, a menos que se hagan sintéticamente. La naturaleza no usa rectángulos o espirales áureos, no sabe cómo hacerlo. La razón por la que la naturaleza no sabe cómo, es debido a que la

Fig. 7-40. El canon de Leonardo y la espiral.

Fig. 7-41. Líneas diagonales formadas al conectar cada esquina con el centro del lado opuesto del cuadrado.

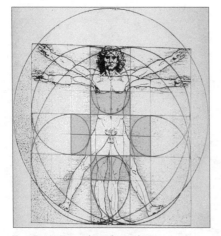

Fig. 7-42. Espirales y los ocho cuadrados originales.

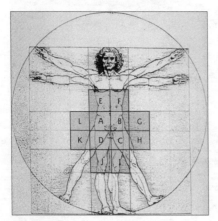

Fig. 7-43. La red circundante de Leonardo.

espiral de proporción áurea continuará yendo hacia dentro, literalmente, para siempre –puede que con un lápiz y un papel no, pero técnicamente continuará por siempre–. También irá hacia fuera para siempre, porque puedes tomar la línea más larga de cualquier rectángulo áureo y formar un cuadrado para obtener un rectángulo áureo más grande y continuar haciéndolo para siempre. Por tanto un rectángulo áureo no tiene principio y no tiene fin. Continuará hacia dentro y hacia fuera para siempre.

Éste es un problema para la Madre Naturaleza. La vida no sabe cómo manejar algo que no tiene principio ni fin. Podemos más o menos manejar algo que no tiene fin, pero si lo piensas, es difícil imaginar algo que no tiene principio, sólo trata de hacerlo en tu mente, algo que no tiene principio. Esto es difícil para nosotros porque somos seres geométricos y la geometría tiene centros, principios.

Debido a que la vida no sabe cómo manejarlo, ha encontrado la manera de hacer trampa. Ha encontrado otra espiral con la cual crear. La vida descubrió un sistema de matemáticas que se aproxima tanto a esto, que muy difícilmente puedes notar la diferencia. Los libros dicen que esta espiral en el dibujo de Leonardo en la fig. 7-40 es una espiral áurea, pero yo digo que no puede ser cierto. Además, no sólo hay una pequeña espiral aquí; hay ocho espirales girando alrededor del cuerpo, una por cada rectángulo áureo, conectado con las ocho semidiagonales posibles alrededor del cuerpo humano [fig. 7-41]. Este dibujo muestra las ocho que intersectan el cuerpo humano.

La fig. 7-42 muestra las ocho espirales con sus ocho centros localizados alrededor del centro del cuerpo, en el mismo patrón y con el mismo centro que las ocho células originales dentro del cuerpo, ¿correcto?

Leonardo dibujó estas pequeñas líneas para formar una red sobre y alrededor del cuerpo [fig. 7-43]: hay cuatro cuadrados en el centro (A, B, C y D) y ocho cuadrados rodeándolos (de E hasta L). Esos ocho cuadrados exteriores resultan estar donde las ocho semidiagonales intersectan al cuerpo y donde empiezan las ocho espirales de la fig. 7-42. Así que tenemos ocho lugares alrededor del cuerpo y un patrón central de cuatro cuadrados en el medio, centrados exactamente alrededor de las ocho células originales. La vida es asombrosa, ¿no crees?

Cuando observé esto en el dibujo de Leonardo, supuse que debía haber algo importante sobre esta relación. Pero cuando me di cuenta de que no existe tal cosa en la naturaleza como un rectángulo o una espiral áureos, comencé a sospechar que esas espirales probablemente eran algo ligeramente diferente. Eso es lo que resultó ser: ligeramente diferente.

Sucede que esas espirales son de naturaleza Fibonacci, lo que exploraremos en el siguiente capítulo. Comprender la diferencia entre las espirales de proporción áurea y las Fibonacci, puede parecer simple y sin importancia, hasta que se despliega la imagen más grande para revelar algo asombroso sobre esta relación. Nadie puede comprender por qué los 83,000 sitios sagrados en la Tierra fueron construidos o cuál era su propósito sin conocer esta diferencia.

OCHO

Reconciliando las polaridades Binaria-Fibonacci

La secuencia Fibonacci y la espiral

Para comprender por qué no son espirales de proporción áurea esas ocho espirales alrededor del Canon de Da Vinci y descubrir lo que son, tenemos que recurrir a otra persona, no a Leonardo Da Vinci, sino a Leonardo Fibonacci. Fibonacci precedió a Da Vinci en más de 250 años. De lo que he leído sobre él, era una persona monástica generalmente en estado meditativo. Le encantaba caminar por el bosque y meditaba mientras paseaba. Pero evidentemente, su cerebro izquierdo estaba activo simultáneamente, porque empezó a darse cuenta de que las plantas y las flores tenían asociaciones numéricas [fig. 8-1].

Los pétalos de las flores, las hojas y los patrones de las semillas, correspondían a números específicos y las flores en esta lista son las que creo que observó, si mi información es correcta. Notó que las azucenas y los lirios tienen tres pétalos y que los botones de oro, las espuelas y las aguileñas [la flor en la parte superior derecha en la fig. 8-1] tienen cinco. Algunas espuelas de caballero tienen ocho pétalos, algunas caléndulas tienen 13 y algunos áster tienen 21. Las margaritas casi siempre tienen 34, 55 u 89 pétalos. Comenzó a ver estos mismos números una y otra vez en la naturaleza.

Esta pequeña planta [fig. 8-2] no existe realmente, fue creada con gráficos de computadora, mezclándola como un mazo de cartas. La planta original en la que se basa esta ilustración se llama milenrama, sólo hicimos que los gráficos de la computadora encajaran en esta planta.

Fibonacci se dio cuenta de que cuando la milenrama salía de la tierra, sólo le crecía una hoja, sólo una pequeña hoja. Según iba creciendo, en su tallo le salía otra hoja más; después le crecían dos hojas, después tres, luego cinco, más tarde ocho, después tenía 13 flores. Probablemente se dijo: "Oye, esos son los mismos números que veo continuamente en los pétalos de otras flores: 3, 5, 8, 13".

Finalmente esta secuencia de 1, 1, 2, 3, 5, 8, 13, 21, 34, 55, 89 y en adelante, se conoció como la *secuencia Fibonacci*. Si tiene tres números consecutivos cualquiera de esta secuencia, puedes reconocer el patrón: simplemente sumas dos números consecutivos para obtener el siguiente. ¿Ves cómo funciona? Ésta es una secuencia muy especial. Es crucial en la vida. ¿Por qué es importante? Puede que esto sea mi interpretación de por qué, pero lo haré lo mejor que pueda para enseñártelo.

Ésta es una flor de obelisco con cinco pétalos [fig. 8-3]. El estambre

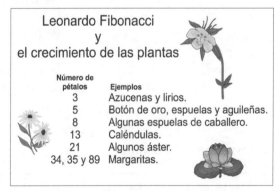

Leonardo Fibonacci y el crecimiento de las plantas

Número de pétalos	Ejemplos
3	Azucenas y lirios.
5	Botón de oro, espuelas y aguileñas.
8	Algunas espuelas de caballero.
13	Caléndulas.
21	Algunos áster.
34, 35 y 89	Margaritas.

Fig. 8-1. Secuencia Fibonacci en el crecimiento de las plantas.

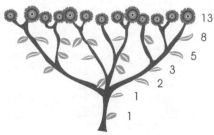

Fig. 8-2. La milenrama computarizada.

Fig. 8-3. Flor de obelisco.

dentro tienen cinco brotes y la dirección de esas dos formas geo-métricas están invertidas entre sí, un grupo apunta hacia arriba y uno apunta hacia abajo. Cuando la mayoría de la gente mira esta flor no piensa: "Veamos, tiene cinco pétalos". Simplemente la observan, se percatan de su belleza, la huelen y la experimentan desde su cerebro derecho. No estás pensando sobre la geometría o las matemáticas que están ocurriendo en el otro lado del cerebro.

La solución de la vida a la espiral de proporción áurea infinita

¿Recuerdas que te dije que la espiral de proporción áurea no tiene principio ni fin y que a la vida se le hace difícil manejarla? Puedes arreglártelas con que no tenga fin, pero te resulta muy difícil asumir algo que no tiene principio. A mí me cuesta trabajo hacerlo y creo que todos luchamos con esa situación.

Lo que la naturaleza hizo fue crear la secuencia Fibonacci para eludir el problema. Es como si Dios dijera: "Está bien, vayan y creen con la espiral de proporción áurea". Nosotros dijimos: "No sabemos cómo". Entonces hicimos algo que no es la espiral de proporción áurea, pero que se aproxima tan rápido que es muy difícil notar la diferencia [fig. 8-4].

Por ejemplo, la proporción Phi asociada con la proporción áurea es aproximadamente 1.6180339. Observa lo que pasa cuando divides cada número de la secuencia Fibonacci entre el número anterior. Aquí está la secuencia en la columna izquierda: 1, 2, 3, 5, 8, 13, 21, 34, 55, 89. En la segunda columna cambié la secuencia desplazándola un término, para poder dividir el número de la primera columna, entre el número de la segunda columna [ve la columna 3]. Fíjate en lo que sucede cuando divides un número de la columna uno entre un número de la columna dos. Cuando dividimos 1 entre 1, obtenemos 1.0. Ahora, 1.0 es mucho menor que la proporción Phi. Pero cuando vamos a la siguiente línea y dividimos 2 entre 1, obtenemos 2, que es más grande que Phi, pero está más cerca que 1. Cuando dividimos 3 entre 2, obtenemos 1.5 que está mucho más cerca de Phi que cualquiera de las respuestas anteriores, pero es menor. Cinco entre 3 es 1.6666, que es mayor, pero se acerca más; 8 entre 5 es 1.60 y es menor; 13 entre 8 es 1.625, que es mayor; 21 entre 13 es 1.615, menor; 34 entre 21 es 1.619, mayor; 55 entre 34 es 1.617 menor; 89 entre 55, 1.6181, mayor. El siguiente es menor, después mayor, acercándose cada vez más y más a la proporción Phi real. Esto es alcanzar un límite asintóticamente. Nunca vas

$\Phi = 1.6180339...$
(Secuencia Fibonacci)

Término corriente	Término previo	División	Radio
1	1	1 / 1	1.0
2	1	2 / 1	2.0
3	2	3 / 2	1.5
5	3	5 / 3	1.6666
8	5	8 / 5	1.600
13	8	13 / 8	1.625
21	13	21 / 13	1.615384
34	21	34 / 21	1.619048
55	34	55 / 34	1.617647
89	55	89 / 55	1.618182
144	89	144 / 89	1.617978
233	144	233 / 144	1.618056

Fig. 8-4. La secuencia Fibonacci.

a alcanzar el número real, pero hablando en términos prácticos, no serías capaz de notar la diferencia después de unas cuantas divisiones. Puedes ver esto gráficamente en la fig. 8-5.

Los cuadrados gris claro, son los cuatro cuadrados centrales del cuerpo humano donde están localizadas las ocho células originales. Los ocho cuadrados gris oscuro alrededor de esos cuadrados centrales, es donde empiezan las espirales.

En lugar de hacer que giren en espiral por siempre y para siempre, vamos a hacer algo diferente, porque esto es lo que hace la vida, según creo. Voy a usar uno de los cuadrados externos como mi punto de partida y esto será verdad para los ocho. Estoy eligiendo uno como ejemplo.

Vamos a usar una diagonal que cruce uno de los pequeños cuadrados del fondo como nuestra medida; llamaremos a esta línea diagonal una unidad. Después nos moveremos de acuerdo con los números Fibonacci: 1, 1, 2, 3, 5, 8, 13, 21, 34, 89, con un giro de 90° después de cada número. En nuestro primer paso recorremos una medida, después giramos 90° y recorremos otra vez una medida. Después giramos 90° y avanzamos dos medidas, giramos otros 90° y avanzamos tres medidas. Entre paso y paso giramos 90°. El siguiente son cinco unidades, después ocho. Así que tenemos 1, 1, 2, 3, 5, 8, 13.

Luego cruzamos diagonalmente 21 cuadrados, luego 34 [fig. 8-6]. Luego 55, después 89 [fig. 8-7]. Conforme hacemos esto, se despliega la espiral y se acerca cada vez más a Phi, la espiral de proporción áurea se aproxima muy rápido, hasta que no hay forma de notar la diferencia en la vida, al menos visualmente.

Comparar las dos espirales tuvo que ser una característica muy importante de quien estudiara la vida, porque los antiguos egipcios manifestaron en la Gran Pirámide ambas espirales, la Fibonacci y la áurea. Aunque las espirales tienen dos orígenes distintos, para el momento en que llegan a los pasos 55 y 89, las dos líneas son prácticamente idénticas. Cuando la gente que estudiaba Egipto vio las tres pirámides alineadas sobre la espiral, pensó que era de proporción áurea, no la espiral Fibonacci. Después regresaron y encontraron uno de los agujeros [ver pág. 118]. Varios años más tarde se dieron cuenta que sólo un poco más lejos, quizá a 90 metros más o menos, había otra marca. No se habían dado cuenta de que existían dos espirales. No sé si la gente que está trabajando en ello comprende aún su significado.

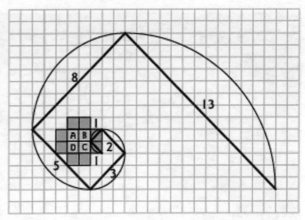

Fig. 8-5. Espirales Fibonacci femeninas (curvadas) y masculinas (angulares) sobre una red expandida.

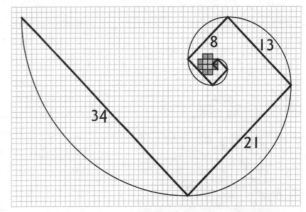

Fig. 8-6. Una vista de la espiral Fibonacci, tanto masculina (línea recta) como femenina (curvada).

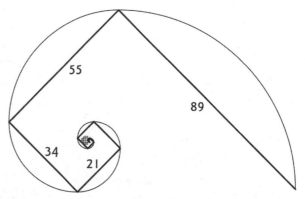

Fig. 8-7. Una vista más distante.

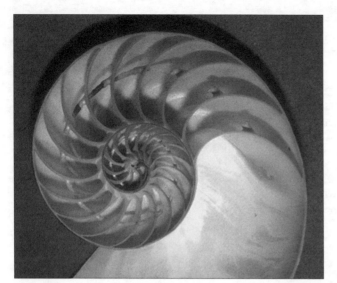

Fig. 8-8. Mitad de un caparazón de nautilus.

Fig. 8-9. Cono de pino.

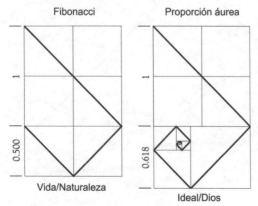

Fig. 8-10. Comparando las espirales Fibonacci y de proporción áurea.

Espirales en la naturaleza

Aquí está la Geometría Sagrada en la naturaleza [fig. 8-8], lo real. Es un caparazón de nau-tilus cortado por la mitad. Es una regla no escrita que todo buen libro de Geometría Sagrada debe tener un caparazón de nautilus. Muchos libros dicen que ésta es una espiral de proporción áurea, pero no lo es, es una espiral Fibonacci.

Puedes ver la perfección de los brazos de la espiral, pero si observas el centro o el inicio, no parece tan perfecto. Realmente no puedes ver este detalle aquí. Te sugiero que observes uno real. Este extremo más interno toca el otro lado y se dobla, porque su valor es 1.0, que está muy lejos de Phi. El segundo y el tercero también se doblan, pero no tanto porque se están acercando a Phi. Luego empiezas a encajar cada vez mejor hasta que ves esta forma perfecta y elegante desarrollándose. Podrías pensar que el pequeño nautilus cometió un error al principio; parece que no sabía lo que estaba haciendo. Pero lo está haciendo perfectamente, no es un error. Simplemente está siguiendo las matemáticas de la secuencia Fibonacci.

En esta piña de pino [fig. 8-9] puedes ver una doble espiral, una va hacia un lado y la otra hacia el otro. Si contaras el número de espirales que giran en una dirección y las que van hacia la otra, descubrirías que siempre son dos números Fibonacci consecutivos. Quizá haya ocho yendo hacia un lado y 13 hacia el otro, o 13 hacia un lado y 21 hacia el otro. Todos los otros patrones de doble espiral que se encuentran en la naturaleza, corresponden a esto en todos los casos que conozco. Por ejemplo, las espirales de los girasoles siempre están relacionadas con la secuencia Fibonacci.

La fig. 8-10 muestra la diferencia entre las dos. La espiral de proporción áurea es el ideal. Es como Dios, la Fuente. Como puedes ver, los cuatro cuadrados superiores en ambos dibujos tienen el mismo tamaño. La diferencia está en las áreas donde se originan (las secciones inferiores de los dos diagramas). La parte inferior de la espiral Fibonacci tiene un área de la mitad del tamaño (0.5) del área de arriba; la espiral de proporción áurea tiene un área de 0.618 del tamaño del área de arriba. La espiral Fibonacci que se muestra al lado está construida usando seis cuadrados iguales, mientras que la espiral de proporción áurea empieza mucho más dentro (realmente, nunca comienza, ha estado siguiendo desde siempre como Dios). Aunque el punto de origen es diferente, se aproximan muy rápidamente entre sí.

Otro ejemplo: muchos libros afirman que la Cámara del Rey es un rectángulo áureo, pero no lo es. También está ligado a Fibonacci.

Dentro de la fig. 8-10:

Fibonacci — 1 — 0.500 — Vida/Naturaleza

Proporción áurea — 1 — 0.618 — Ideal/Dios

Espirales Fibonacci
alrededor de los humanos

Cuando dibujamos una cuadrícula de 64 cuadrados e incorporamos este patrón espiral, obtenemos la fig. 8-11. Si sobreponemos el Canon de Da Vinci sobre esta red de 8 por 8 [fig. 8-12] los ocho cuadrados (sombreados) parecen tener un atributo único. Existen cuatro formas posibles para sacar una espiral Fibonacci de uno de los cuatro cuadrados dobles. Volviendo a la fig. 8-11, utiliza los cuadrados dobles superiores como un ejemplo. Una forma de empezar es desde la esquina superior derecha, como lo muestra la línea más oscura. Ésta cruza un cuadrado (1), gira a la derecha para cruzar un cuadrado más (1), gira nuevamente hacia la derecha para cruzar dos cuadrados (2), –interesante: en este punto alcanza la parte superior de la cuadrícula–. Continúa girando hacia la derecha, cruza 3 (el siguiente número en la secuencia), y miren, ¡ahora ha alcanzado el lado derecho de la cuadrícula! El siguiente número es 5, que hace que la línea pase por tres cuadrados antes de salir de la cuadrícula. El siguiente número 8, lleva a la línea a través de tres cuadrados antes de dejar la red. Existe una perfecta cualidad reflexiva conforme esta espiral sale desde el cuadrado de inicio.

Otra forma de empezar en este cuadrado doble, es desde la esquina inferior derecha, como muestra la línea más clara (esto forma una pequeña pirámide en los dos cuadrados superiores). En este caso sus giros de 90° serán hacia la izquierda. Entonces cruzan un cuadrado (1), después uno otra vez (1), luego dos, esta vez pasando a través de los cuatro cuadrados centrales de la cuadrícula (donde residen las ocho células originales). Después se gira otra vez a la izquierda para cruzar tres cuadrados, la línea toca el lado derecho de la cuadrícula. El siguiente número 5, dejará la cuadrícula después de cruzar dos cuadrados. Es una sincronía perfecta de movimiento. Donde sea que veas este tipo de perfección, sabrás que casi con seguridad estás llegando a geometrías realmente básicas.

Todo esto es vital para comprender, si te interesa saberlo, cómo lograron la resurrección los egipcios. Podría decirse que lo estaban haciendo científicamente. Estaban usando la ciencia para crear un estado sintético de conciencia que los llevara a la inmortalidad. No vamos a conseguir conciencia de manera sintética; vamos a hacerlo de manera natural, pero pueden encontrar útil comprender cómo una civilización antigua estaba intentando conseguir esto.

La cuadrícula humana
y la tecnología del punto cero

La ciencia está empezando a comprender la Geometría Sagrada básica de la cuadrícula de 64 alrededor del cuerpo humano. De hecho, alrededor de esto está apareciendo una ciencia completamente nueva, aunque han tenido problemas

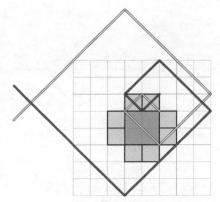

Fig. 8-11. Cuadrícula sin el canon, mostrando dos espirales Fibonacci especulares, masculina (línea oscura) y femenina (línea clara).

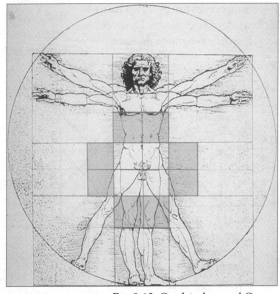

Fig. 8-12. Cuadrícula con el Canon de Da Vinci.

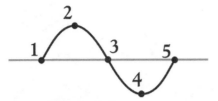

Fig. 8-13. Forma de onda mostrando cinco puntos cero.

Desde la época de Tesla, los gobiernos no han permitido que salga a la luz el conocimiento del punto cero. ¿Por qué? Tesla quería darle al mundo energía gratis e ilimitada, que sabía que provenía de la tecnología de punto cero. Pero J. P. Morgan, que era dueño de muchas de las minas de cobre, no quiso que la electricidad fuera gratuita. En su lugar, quería que la electricidad pasara a través de cables de cobre, para poder medirla, cobrarla al público y hacer dinero. Consiguieron parar a Tesla y el mundo ha sido controlado desde entonces. Desde aquel momento, en los cuarenta, cualquier persona que investigara la tecnología del punto cero y que hablara al público sobre ello, era asesinado o desaparecía, hasta hace poco. En 1997 una compañía de video llamada Lightworks (Trabajos de Luz) reunió secretamente a algunos de estos

para sacarla a la luz debido a la política. Esta nueva ciencia es la tecnología de punto cero. Esta cuadrícula es, según creo, la geometría de la tecnología de punto cero, aunque la mayoría de los científicos lo ven de distinto modo.

La mayoría de las personas involucradas en la tecnología de punto cero, piensan en ella en términos de formas de onda de energía. Hablan sobre los cinco puntos en una onda, como se muestra aquí [fig. 8-13]. Piensan en el punto cero como en la cantidad de energía que tiene la materia cuando alcanza (si lo hace) los $0°$ Kelvin, o el cero absoluto. Para mí, ambos caminos son válidos, pero el camino basado en la Geometría Sagrada se convertirá al final en la piedra angular de esta nueva ciencia, porque es una cosa fundamental.

Estos puntos asociados con la onda, también están relacionados con la respiración. En estos puntos es donde accedemos al punto cero. Son como portales hacia otro mundo. Se habla mucho del pranayama-yoga en términos de dos o tres lugares (dependiendo dónde se considere el inicio del ciclo siguiente), que están en medio de la inhalación y la exhalación. Eso también es tecnología de punto cero si se enfocan en la respiración humana.

Esta nueva comprensión del punto cero tiene una geometría detrás y esa geometría está alrededor del cuerpo humano. El cuerpo humano siempre es la vara de medición de la creación.

Espirales de origen masculino y femenino

Para empezar, debemos comprender que hay dos tipos de espirales, dependiendo del tipo de línea, si son líneas rectas (masculinas) o líneas curvas (femeninas). Ya lo dijimos antes. Sin embargo, ahora vamos a introducir un nuevo concepto. El *punto de origen* de una espiral en este patrón geométrico, determinará más adelante si es masculina o femenina, aunque de forma distinta. En un cuadrado doble existen cuatro esquinas donde se puede originar una espiral: superior izquierda, superior derecha, inferior izquierda e inferior derecha [ver fig. 8-14]. Las dos posiciones superiores producen espirales masculinas, las dos posiciones inferiores, espirales femeninas. Las líneas espirales masculinas nunca pasan a través del centro de los cuatro cuadrados; las líneas femeninas siempre lo hacen.

La fig. 8-15 muestra los dos tipos de espirales masculina y femenina y cómo se mueven a través de este patrón geométrico.

Para aclararlo, pondré un ejemplo. Si la espiral comienza en el punto superior derecho, será una espiral masculina en relación a su patrón geométrico. Además, el aspecto curvo de esta espiral masculina será femenino, y el aspecto de las líneas rectas será masculino. Toda polaridad siempre contiene otra polaridad y dentro de la nueva polaridad, siempre hay todavía otra po-

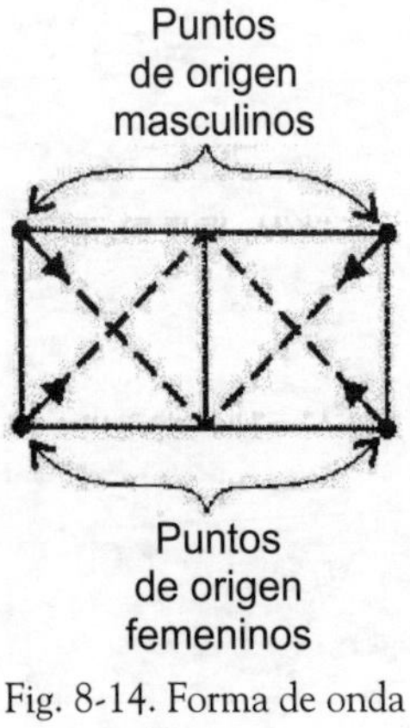

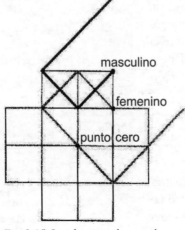

Fig. 8-14. Forma de onda mostrando cinco puntos cero.

Fig. 8-15. Los dos tipos de espirales.

laridad. El proceso de división teóricamente continuará para siempre.

La fig. 8-16 es un ejemplo de las espirales de origen masculino que se inician en la parte superior (lo que quiere decir la distancia más grande desde el centro), pero mostrando sólo su aspecto femenino (curvo). Este dibujo muestra todas las ocho espirales de origen masculino posibles que existen alrededor del cuerpo, desde una perspectiva Fibonacci, en su forma femenina (curvada). Llevan a la secuencia Fibonacci sólo hasta 5 (1-1-2-3-5). En este arreglo limitado es interesante notar cómo las espirales curvas hacen un cierto lazo doble. La energía podría realmente mezclarse entre sí y recircular. Este movimiento Fibonacci es lo que creo que realmente sucede alrededor del cuerpo humano, no la proporción áurea que afirman la mayoría de los libros.

En la fig. 8-17 vemos espirales de origen masculino alrededor del cuerpo humano. Aquí mostramos el aspecto masculino (línea recta) pero sólo dos con líneas curvas femeninas.

En la fig. 8-18 vemos las espirales femeninas alrededor del cuerpo humano, que se originan en la parte inferior, o en el punto más cercano al centro. Aquí mostramos principalmente el aspecto masculino (línea recta) de estas espirales femeninas. Sólo se muestra el aspecto femenino (curvo) de dos espirales femeninas (no de las ocho), que forman un corazón. Observa el patrón que crean. Un corazón está orientado hacia un lado y después de ser extendido 180°, un corazón más grande mira hacia el otro lado. Cada una de estas líneas femeninas curvas pasa a través del punto cero en el centro exacto del cuerpo humano. Este punto cero es el punto de creación, o lo que llamamos el útero. Por esta razón las mujeres tienen el útero en sus cuerpos y los hombres no. Los hombres nunca pasan por el punto cero. Más tarde verás estas relaciones en forma de corazón, ligadas con muchos otros fenómenos naturales como la luz, los ojos y las emociones, por mencionar pocos, así que tenlo en mente.

Ahora, con esa comprensión, vamos a observar otra secuencia. Existen miles de secuencias matemáticas; supón que a un nivel podrías incluso decir que hay un número infinito. Pero en términos útiles existen muchas. Una secuencia puede ser simplemente 1, 2, 3, 4, 5, 6, 7, 8. En cada una de las miles y miles de secuencias conocidas por el hombre, se requieren tres números para identificar el patrón, la secuencia completa, con la excepción de la secuencia logarítmica de proporción áurea, en cuyo caso sólo necesitas dos. Esto implica que probablemente ésta es la fuente de todas las otras secuencias.

Según mis guías, para la naturaleza y la vida, además de la proporción áurea, hay dos secuencias más de la mayor importancia. Éstas son la secuencia Fibonacci, que acabamos de ver, y la secuencia binaria que trataremos enseguida. Aquí veremos la Fibonacci como femenina y la binaria como masculina. Realmente son más que sólo femenino y masculino; actúan más como madre y padre. Ambas son primarias, surgiendo directamente de la proporción áurea, tal como los dos colores primarios que provienen de la luz blanca, son el rojo y el azul.

científicos y filmó sus trabajos. Contaron la historia de lo que ha sucedido desde los cuarenta y mostraron modelos claros de los inventos en funcionamiento. Mostraron máquinas que, una vez trabajando, brindaban más electricidad que la que requerían para funcionar. Mostraron baterías que nunca necesitan cargarse. Enseñaron cómo se puede convertir un motor ordinario de gasolina, para funcionar con agua corriente con más poder que la gasolina. Mostraron paneles que producen agua en continua ebullición, con la condición de que la temperatura exterior esté por encima de 1o C. Mostraron muchos otros inventos científicos considerados imposibles para los estándares de hoy en día. Cuando terminó Lightworks, en un solo día se hizo público el video y la información se puso en la red "Free Energy: The Race to Zero Point" (Energía Libre: la Carrera hacia el Punto Cero) un video de 105 minutos por Lightworks (800) 795-8273 $40.45 ppd; [www.lightworks.com]. Esto ha forzado al mundo a cambiar de dirección. Dos semanas más tarde tanto Japón como Inglaterra anunciaban que estaban muy cerca de resolver el problema de la fusión fría. El mundo comenzó a cambiar. El 13 de febrero de 1998, Alemania patentó una máquina de energía libre basada en carbono, una hoja delgada de material que puede producir 400 watts de electricidad para siempre. Esto significa que todos los pequeños aparatos como las computadoras, los secadores de pelo, las batidoras, linternas, etcétera, no necesitarán ser conectados a la red eléctrica. Es el fin de la vieja forma y el nacimiento de la energía libre ilimitada.

Fig. 8-16. Las espirales de origen masculino con líneas femeninas curvas.

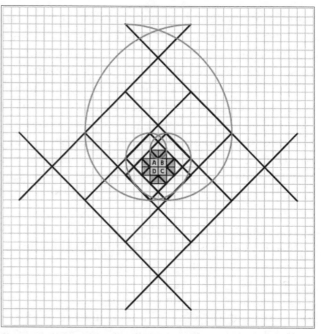

Fig. 8-17. Las espirales de origen masculino con líneas rectas masculinas.

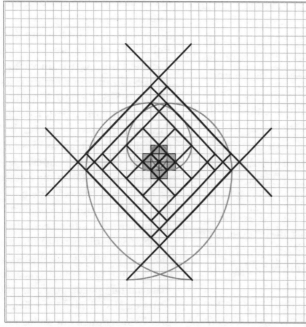

Fig. 8-18. Las espirales de origen femenino con líneas rectas masculinas.

SECUENCIA BINARIA

1, 2, 4, 8, 16, 32, 64, 128, 256, 512... (primeras 10 divisiones celulares mitóticas).

1. Existen 10^{14} (100,000,000,000,000) células de promedio en el cuerpo humano.

2. Cuando está completo el cuerpo humano (adulto), debe remplazar 2.5 millones de glóbulos rojos cada segundo de su vida.

Fig. 8-19. La secuencia binaria en la división celular mitótica.

Secuencia binaria en la división celular y las computadoras

La secuencia binaria [fig. 8-19] es una mitosis que simplemente se duplica cada vez, como de 1 a 2 a 4 a 8 a 16 a 32. En lugar de sumarle el último número como hacemos en la secuencia Fibonacci, lo multiplicamos por 2.

Observemos por un momento la secuencia binaria. Ésta es 1, 2, 4, 8, 16, 32, duplicándose en cada salto. Para determinar la característica de la secuencia, todo lo que tienes que hacer es tomar tres números consecutivos cualquiera en la secuencia, como 2, 4 y 8. Si duplicas el 2 obtienes 4 y duplicas el 4 para obtener 8. Se necesitan tres números consecutivos para identificar positivamente el proceso de duplicado.

En términos de la división celular mitótica del pronúcleo, cuando las primeras células forman la apariencia de manzana, ha habido nueve divisiones celulares, dando un total de 512 células. Con eso en mente, observa estos dos hechos:

Hecho uno [se muestra en la fig. 8-19)]: existen 10^{14} células de promedio en el cuerpo humano. Eso es 100 billones de células en la persona promedio. Son muchos ceros. Hecho dos [en la misma figura]: un cuerpo humano adulto tiene que reemplazar 2.5 millones de glóbulos rojos cada segundo de vida. Eso definitivamente es muchísimo. Les tomaría cerca de 2.5 meses sólo contar los 2.5 millones, si lo hicieran noche y día, siete días a la semana. Pero, si vamos a permanecer vivos, nuestros cuerpos tienen que crear millones de nuevos glóbulos rojos cada segundo para reemplazar a los muertos. La única forma de conseguirlo es mediante la división mitótica celular.

Si observas esto puedes decir: "Bueno, se convirtieron en 512 en sólo nueve divisiones, así que hay que esforzarse mucho para llegar a 100 billones". Pero sucede algo casi mágico. Cualquiera que haya estudiado matemáticas lo sabe, pero si no las has estudiado antes, parece casi magia. Esto es lo que sucede [fig. 8-20]: después de las siguientes 10 divisiones, las células se han multiplicado por encima de medio millón. Cuando se divide 10 veces más, hay 536 millones.

Dicen Anna C. Pai y Helen Marcus Roberts en su libro *Genetics, Its Concepts and Implications* (*Genética, sus conceptos e implicaciones*), que lleva exactamente 46 divisiones celulares mitóticas alcanzar las 10^{14} células del cuerpo humano. *¡Sólo se necesitan 46 divisiones!* Es mágico para mí que este número, 46, resulte ser el número de cromosomas que tenemos en la célula promedio. ¿Azar o coincidencia?

Estos números son asombrosos. No lo es tanto si los has estudiado, porque entonces generalmente te vuelve inmune a ellos. Pero todavía me asombran.

10 divisiones celulares mitóticas siguientes	10 divisiones celulares mitóticas siguientes
1,024	1,048,576
2,048	2,097,152
4,096	4,194,304
8,192	8,388,608
16,384	16,777,216
32,768	33,554,432
65,536	67,108,864
131,072	134,217,728
262,144	268,435,456
524,288	536,870,912
(De 512 células en las diez primeras divisiones mitóticas pasa a más de medio millón en las siguientes diez divisiones).	(De medio millón de células hasta más de 500 millones de células al final de 30 divisiones mitóticas).

Fig. 8-20. Las siguientes 20 divisiones celulares.

Me gustaría hablar sobre cómo funcionan las computadoras. Empecé a hablar acerca de cómo el carbono y el silicio estaban enlazándose, interactuando uno con otro. ¿Quién está haciendo las computadoras de silicio? *Nosotros,* los seres basados en el carbono. De entre todas las posibilidades matemáticas, elegimos la secuencia binaria como la base para el funcionamiento de las computadoras. Ésta es la base de todo el sistema completo de computadoras y también es una de las bases principales de la vida misma. Estoy seguro de que no fue un accidente que eligiéramos la secuencia binaria, porque nosotros somos vida y muy dentro de nosotros conocemos la importancia de esta secuencia.

Sé que la mayoría probablemente lo sabe, pero quiero mostrarte cómo funciona una computadora. Imagina pequeños interruptores de luz llamados chips y cuando enciendes una de esas luces, ves el número designado para ese chip. Si enciendes el chip 1, verás 1. Si tienes cinco chips en tu computadora, están designados como 1, 2, 4, 8 y 16. Puedes encender o apagar estos cinco chips para obtener cualquier número entre 1 y 31. Si sólo enciendes el chip 1, verás el número 1. Si enciendes el segundo chip, designado como 2, verás el número 2. Lo mismo para el chip 4, el 8 y el 16.

Al encender *cada combinación* de esos cinco chips y sumarlos, puedes obtener cualquier número entre 1 y 31. En otras palabras, si enciendes el primer chip, obtienes 1. Enciendes el segundo y obtienes 2. Si enciendes los dos primeros al mismo tiempo, obtienes 3. El siguiente que enciendes es 4; 4 y 1 son 5; 4 y 2 es 6; 4 y 2 y 1 son 7. Luego para 8 sólo enciendes el chip 8; 8 y 1 son 9; 8 y 2 son 10; 8 y 2 y 1 son 11; 8 y 4 son 12; 8 y 4 y 1 son 13; 8 y 4 y 2 es 14; y 8 y 4 y 2 y 1 son 15. Entonces para el 16 enciendes sólo el chip 16. Sumando el quinto chip te dan todos los números hasta el 31, se combinan de todos los modos posibles.

Si agregas sólo un chip más y lo llamas 32, ahora puedes conseguir cualquier número entre 1 y 63. Si agregas otro chip y lo llamas 64, puedes obtener cualquier número entre 1 y 127 y así sucesivamente. Si tienes una computadora que tiene 46 chips, *puedes obtener cualquier número entre uno y 100 billones,* ¡sólo encendiendo y apagando 46 pequeños chips! Esto es lo que ha permitido el desarrollo del conocimiento que está teniendo lugar tan rápidamente en el planeta. ¡Tu cuerpo ha estado usando esta tecnología durante miles de años!

Buscando la forma detrás de la polaridad

Estudié las secuencias Fibonacci y binaria con la guía de los ángeles, que constantemente me dirigían a través de esto. Cuanto más las estudiaba, más creía que debía existir una geometría detrás de ellas, una forma secreta que creaba esas secuencias numéricas. Ya que los ángeles dijeron que el cuerpo humano y los campos geométricos son la vara de medir el Universo, supuse que si estas dos secuencias eran como dos componentes madre-padre, masculino-femenino, entonces debía de haber una sola forma geométrica escondida detrás de ellas, una forma que las generaba a ambas. Busqué una manera de casarlas.

Busqué este secreto durante años. Durante mucho tiempo me lo tomé muy en serio, después me rendí porque no pude resolver lo que era. Pero siempre mantuve un ojo abierto por si surgía una respuesta, siempre buscando alguna pequeña pista que pudiera revelarlo. Un día lo conseguí.

La solución de la gráfica polar

Un libro de matemáticas de sexto grado

Estaba cuidando a un niño de sexto grado que quería saber sobre un problema de matemáticas particular. Era un problema relativamente simple, pero no recordaba cómo resolverlo. Revisé su libro para recordar cómo se hacía y poder explicárselo. Mientras revisaba su libro, vi la geometría que necesitaba, ¡en un libro de matemáticas de sexto grado! El autor del libro no comprendía lo que yo estaba viendo, porque su línea de pensamiento era totalmente distinta. Pero vi en las matemáticas algo que había estado buscando y allí estaba la clave que unía esas dos secuencias primarias.

Siento no recordar el nombre del libro o al autor (fue hace mucho tiempo) pero mostraba una gráfica polar y su relación con la espiral de proporción áurea. La fig. 8-21 es un mapa del polo sur en una gráfica polar. Observa la cruz en el centro, una línea siguiendo el eje x y la otra el eje y. Cada círculo tiene, de hecho, estas líneas que lo cruzan. Demostramos esto tomando un disco plano de alrededor de 1.30 centímetros de ancho, esparcimos algo de arena al azar. Lo sostuvimos con un asa por debajo y lo golpeamos con un mazo de madera. La arena se volvía a reacomodar en una perfecta cruz cuadrada como lo ves en esta ilustración. Si hubiéramos usado un generador de sonido sobre el disco, la arena habría formado otros patrones geométricos. Pero el primer patrón que emerge al golpear un disco redondo a un índice bajo será una perfecta cruz cuadrada.

Cuando tienes un círculo con una cruz cuadrada encima, tomas los radios del círculo como tu vara de me-dición y lo llamas 1 (eso hace los cálculos muy fáciles). Al dibujar círculos concéntricos a la misma distancia hacia fuera desde ese primer radio, obtienes una gráfica polar.

Las espirales en una gráfica polar

Así es como se ve normalmente una gráfica polar [fig. 8-22], con 36 líneas radiales incluyendo las líneas verticales y horizontales. Estas líneas indican 360° en incrementos de 10°. Entonces se dibujan círculos concéntricos, cada uno a la misma distancia que el anterior,

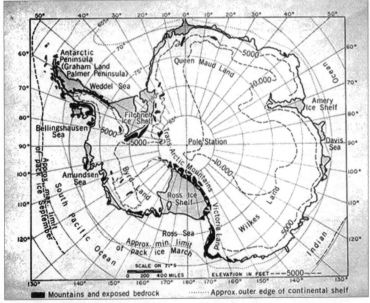

Fig. 8-21. Gráfica polar y mapa (*Atlas mundial de características geomórficas*, de Rodman E. Snead).

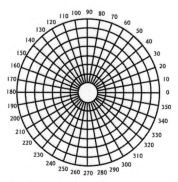

Fig. 8-22. Gráfica polar.

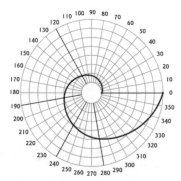

Fig. 8-23. Espiral de proporción áurea trazada sobre una gráfica polar.

creando ocho demarcaciones iguales alrededor de cada radio, contando el círculo interno como el círculo uno. Existe mucho razonamiento detrás de una gráfica polar. Piensa primero sobre lo que representa. Es un dibujo bidimensional que intenta mostrar una esfera tridimensional, una de las formas sagradas, proyectándola sobre una superficie plana. Es la forma de la sombra. Proyectar sombras es una de las formas sagradas para obtener información. También, una gráfica polar tiene tanto líneas rectas (masculinas) como líneas circulares (femeninas) unas sobrepuestas sobre las otras, ambas energías masculina y femenina al mismo tiempo.

Piensa en el pequeño círculo central como un planeta en el espacio. Desde la superficie del planeta, el autor del libro de matemáticas trazó una espiral de proporción áurea, no Fibonacci, sino proporción áurea. Ésta comienza en el radio cero en la circunferencia del pequeño "planeta" en el centro y está hecha en un trazo, desde cero hasta 360° o de vuelta al cero [fig. 8-23].

Ahora para saber el valor de cualquier punto, usarás el círculo de en medio como el valor de uno (ya que representa la distancia desde el centro hacia el primer círculo, que estamos llamando el "planeta"), luego se cuenta hacia afuera hasta donde la espiral se cruce un radio. Por lo tanto en el radio de 260° (entre el cuarto y el quinto anillo) habrás contado aproximadamente 4.5 (por supuesto en una computadora puede ser más exacto). En la línea radial en 210°, la espiral habrá alcanzado como 3.3. ¿Lo entiendes?

Ahora, observa lo que pasa con la información real desde 0° hasta 360°. En 0° la espiral está exactamente a un círculo de distancia desde el centro (incremento radial), porque está en la superficie de esa pequeña esfera o planeta. Luego se mueve alrededor a través de diferentes cambios hasta que llega a 120°, donde la espiral cruza el segundo círculo. La espiral continúa saliendo hacia el cuarto círculo, exactamen-te donde se encuentra el radial 240°. Alcanza el octavo círculo (el externo) precisamente en el radio de los 360° (también 0°). Los incrementos radiales se han duplicado (una secuencia binaria de 1, 2, 4, 8) exactamente en 0°, 120°, 240° y 360°.

Observa la fig. 8-24, que muestra los puntos de cruce de la espiral. Las estrellas blancas de la izquierda, de la columna del incremento radial, muestran el lugar donde la secuencia binaria cruza un radio. Las estrellas negras muestran cómo avanza la espiral en una secuencia Fibonacci (1, 2, 3, 5, 8), cruzando los radiales en 120°, 190°, 280° y 360°. *Ambas secuencias alcanzan el círculo completo (360°) simultáneamente, aunque en distintos incrementos*, siguiendo esta espiral de proporción áurea. Esta espiral, que se muestra en la gráfica polar, ¡ha integrado las secuencias binaria y Fibonacci!

Estaba muy emocionado, estuve dando volteretas varios días. Sabía que

Ángulo	Incremento radial desde el centro	Ángulo	Incremento radial desde el centro	Ángulo	Incremento radial desde el centro	Ángulo	Incremento radial desde el centro
0° ☆	1.0 ✸						
10°	1.1	100°	1.8	190°	3.0 ✸	280°	5.0 ✸
20°	1.1	110°	1.9	200°	3.2	290°	5.3
30°	1.2	120° ☆	2.0 ✸	210°	3.4	300°	5.6
40°	1.3	130°	2.1	220°	3.6	310°	6.0
50°	1.3	140°	2.2	230°	3.8	320°	6.3
60°	1.4	150°	2.4	240° ☆	4.0	330°	6.7
70°	1.5	160°	2.5	250°	4.2	340°	7.1
80°	1.6	170°	2.7	260°	4.5	350°	7.5
90°	1.7	180°	2.8	270°	4.7	360° ☆	8.0 ✸

Ángulo	0°	120°	240°	360°	
Distancia desde el polo	1.0	2.0	4.0	8.0	¡una secuencia binaria!

Ángulo	0°	120°	190°	280°	360°	
Distancia desde el polo	1.0	2.0	3.0	5.0	8.0	¡una secuencia Fibonacci!

Fig. 8-24. Tabla mostrando la distancia de la espiral desde el polo, medida en incrementos radiales.

había encontrado algo extraordinario, aunque no sabía bien lo que era (ésta es otra de mis debilidades, tengo que admitirlo. Una vez que lo vi, supe que si decodificaba uno de los patrones, sería verdadero para el otro, pero nunca he vuelto siquiera a mirar el otro patrón, aunque probablemente es igual de interesante).

Pero sí analicé lo que hace una secuencia binaria. La espiral cruza en 0°, 120°, 240° y 360°. Como puedes ver, esto forma un triángulo equilátero [fig. 8-25]. Si esta espiral binaria siguiera saliendo, cruzaría los radios en incrementos mayores de 16, 32, 64 y así sucesivamente, pero siempre tocaría esas tres líneas radiales de 120°, 240° y 360°, ya que estas también se extenderían.

No sólo tienes un triángulo, sino que realmente estás viendo un tetraedro tridimensional, porque los radios de 120°, 240° y 360° se extienden hacia el centro formando la vista superior de un tetraedro así como una vista la-teral.

Los triángulos de Keith Critchlow y su significado musical

Otra imagen en este dibujo es un triángulo equilátero con la línea horizontal que discurre recta por la mitad desde los 0° hasta los 180°. Ésta es la vista lateral de un tetraedro. Ahora, puedes pensar que eso no es importante y probablemente no lo hubiera retomado nunca, pero otra persona lo hizo, fue Keith Critchlow. No sabemos qué estaba pensando o cómo llegó a esto. Él no sabía lo que tú sabes ahora cuando lo hizo (puede ser que lo sepa ahora después de haber visto este trabajo, pero no lo sabía cuando escribió su libro).

La fig. 8-26 es el trabajo de Critchlow. Dibujó un triángulo equilátero con una línea en el medio; después midió el centro de la línea central (ver el punto negro) y dibujó una línea hasta una esquina y hacia arriba al borde superior y después verticalmente hacia abajo a la línea central, como se muestra. Quién sabe por qué. Donde esa primera línea diagonal cruza la línea central, dibujó después una línea vertical hacia el borde superior y después hacia abajo a la misma esquina inferior. Usando el punto donde cruzó la línea central, repitió lo que había hecho antes, después lo hizo una vez más hacia la izquierda. Podrías continuar en ambas direcciones desde tu primera línea. Al dibujar esta graciosa formita, descubrió algo de gran importancia.

Él dice: "Continuando de esta forma –en ese patrón de construcción–, cada proporción sucesiva será la armónica promedio entre la proporción previa y la longitud total y todas esas proporciones serán significativas musicalmente, 1/2 sería la octava, 2/3 sería la quinta, 4/5 sería el tercio mayor, 8/9 sería el tono mayor (escala) y 16/17 sería el medio tono (media escala)". En otras palabras, está comparando las medidas de esas líneas con tonos musicales.

Entonces intentó medirlo de forma diferente, comenzando en un punto distinto [fig. 8-27] de la línea central, a tres cuartos [ver el pun-

Otras personas han decodificado el otro patrón, y es Fibonacci, como yo sospechaba. Lo que esto realmente significa para la conciencia, no lo he investigado.

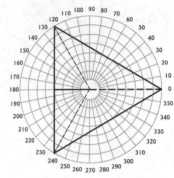

Fig. 8-25. Espiral binaria formando un tetraedro en una gráfica polar.

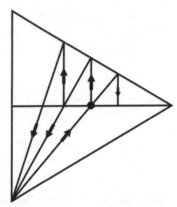

Fig. 8-26. Los triángulos de Keith Critchlow.

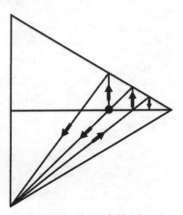

Fig. 8-27. El trabajo de Keith.

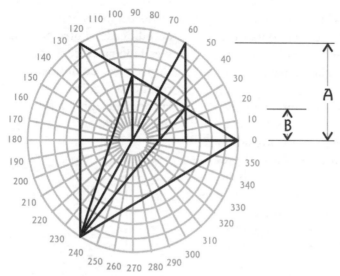

Fig. 8-28. Los triángulos
de Critchlow en la gráfica polar.

to negro], y se encontró con que las medidas eran 1/7, 1/4, 2/5, 4/7, 8/11 y 16/19, y todos estos números son musicalmente significativos.

Esto es muy interesante. Significa que las armonías de la música están relacionadas de alguna forma con las proporciones de esta línea central, moviéndose a través del tetraedro. Pero tuvo que medir antes de comenzar y si tienes que usar una vara de medición, no estás en el centro de la Geometría Sagrada, algo está faltando. Si estás en lo correcto en la Geometría Sagrada, *nunca* tienes que usar nada para medir. El aparato de medida está incorporado, para que puedas calcular cualquier cosa sin ningún tipo de regla u otra cosa. Siempre está incorporado en el sistema.

Experimenté con sus dibujos y descubrí que si pongo la gráfica polar detrás de su patrón, podía reproducir su primer patrón, que mostraba la octava, —la marca a mitad del camino—, sin ninguna medida [fig. 8-28].

Todo lo que tenía que hacer era dibujar sobre una línea que ya estaba allí desde el vértice inferior del triángulo, por el centro de la esfera hasta el lado opuesto del triángulo; cuando tracé la línea recta hacia abajo, ésta dividió la línea central exactamente a la mitad, que era el punto de la octava que había encontrado Critchlow. Después se podían trazar las otras tres líneas automáticamente.

Luego descubrí que el círculo más externo de la gráfica polar, que circunscribe al triángulo equilátero, también era armónico con la línea central: la línea vertical a 60° (línea A) recubre exactamente a la línea B. Existe una correspondencia entre los componentes masculino (líneas rectas) y femenino (líneas curvas) dentro y fuera del triángulo y esas proporciones eran todas musicalmente significativas. *¡No tuve que medir nada!*

Ahora hemos llevado estos años luz más lejos que lo anterior. Un equipo de investigación ha encontrado que puedes dibujar esas líneas no sólo desde el centro, sino desde cualquiera de los puntos nodulares dentro de la mitad superior del triángulo y esto dará como resultado todas las armonías existentes. En otras palabras, si dibujas una línea desde cualquiera de los puntos donde las líneas rectas y las curvas se cruzan desde 0° hasta 120° y después hacia abajo a la esquina del triángulo primario y comienzas a formar sus patrones, obtendrás todos los sistemas de armonías, no sólo el teclado occidental, sino también los sistemas

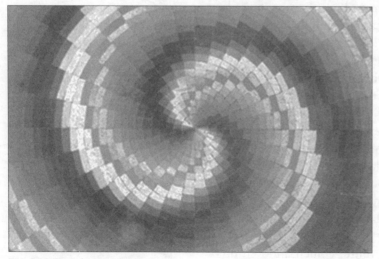

Fig. 8-29. Postal con espiral.

orientales, de hecho, todos los sistemas de armonías conocidos y muchos desconocidos que nunca han sido usados.

Las personas que han hecho esta investigación, creen que todas las leyes de la física pueden derivarse de las armonías musicales, ahora que se ha revelado el sistema completo de las armonías. Creo personalmente que las armonías de la música y las leyes de la física están interrelacionadas y ahora se cree que esto ya se ha probado matemática y geométricamente, aunque no lo mostremos todo aquí.

Estaba muy emocionado cuando estaba reuniendo esta información, porque las implicaciones son increíbles. Esto significa que las armonías de la música están localizadas dentro del tetraedro y que esas armonías son determinables ahora. Desde entonces hemos descubierto otro patrón geométrico, detrás del que se muestra en esta ilustración, que revela todas las claves y ha abierto todos los significados internos acerca de lo que se estudiaba en Egipto.

Los egipcios redujeron su filosofía completa a las raíces cuadradas de 2, 3 y 5 y al triángulo de 3, 4, 5. Muchas personas le han dado explicación a esto, pero existe otra explicación escondida detrás de la geometría del tetraedro. Esa idea probablemente pasó por la cabeza de casi todos, incluyendo la mía, de alguna forma. Pero está allí y estamos trabajando en eso ahora.

Espirales de luz blanca y negra

Mientras estaba tra-bajando en las armonías de la música, recibí una postal en mi correo. La postal era de una gráfica polar con superficies reflexivas [fig. 8-29]. Tenía pequeños reflectores en cada componente. Quiero que veas cómo se refleja la luz en una gráfica polar. Se refleja en lo que parece ser una espiral de proporción áurea o una Fibonacci.

Existen dos brazos de la espiral, uno opuesto al otro, contrapuestos exactamente en 180°. Observa que entre los brazos que reflejan, la luz se hace muy oscura. Las espirales de luz negra están rotando a 180° una de otra, y a 90° de las de luz blanca (lo hemos visto antes en la galaxia espiral). Si miras justo en el centro, puedes ver que los dos brazos opuestos están a 180° exactamente uno de otro.

Así es como lo hemos visto antes [fig. 8-30]. Aquí una espiral de luz blanca sale en una dirección y a 180°, de ésta sale otra espiral de luz blanca en la dirección opuesta. Los brazos oscuros, los femeninos, salen entre los brazos luminosos. Eso explica por qué la luz negra entre los brazos de luz de la espiral, es diferente a la negrura en el resto del espacio [ver fig. 2-35] como han descubierto los científicos, porque la luz negra

Fig. 8-30. Galaxia en espiral.

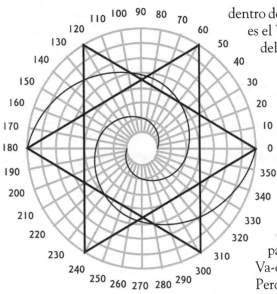

Fig. 8-31. Dos espirales formando
una estrella tetraédrica
en una gráfica polar.

dentro de una espiral es la energía femenina y la oscuridad en el espacio es el Vacío. No es lo mismo. Los científicos no podían comprender del todo por qué era diferente.

Mapas para el cerebro izquierdo y su componente emocional

Hay otra pequeña enseñanza que me gustaría poner aquí. Si dibujamos un tetraedro sobre una gráfica polar, representa las armonías de la música geométricamente. Ese dibujo y la información que te he dado sobre este tema llegan a tu entendimiento a través de tu cerebro izquierdo. ¡Pero recuerdas cómo pasamos a través de esas visualizaciones, donde te estaba diciendo que cada línea en una página, no es una línea en una página, sino un mapa de los movimientos del espíritu a través del Va-cío? Entonces esos dibujos son mapas para el cerebro izquierdo.

Pero existe otro componente que es igual de importante que comprendan: además de ser un mapa de cómo se mueve el Espíritu en el Vacío, las líneas en cualquier dibujo de Geometría Sagrada también representan algo más. *Para cada línea en Geometría Sagrada, existe siempre un aspecto emocional y experiencial asociado.* No sólo existe un componente mental, sino un componente emocional que también puede ser experimentado. Un dibujo de Geometría Sagrada puede entrar a la conciencia humana a través del cerebro izquierdo, pero hay un modo mediante el cual también puede entrar experimentalmente a través del cerebro derecho. Algunas veces este componente emocional-experiencial no es obvio.

¿Qué significa esto? Usemos la música como ejemplo. La música puede entrar a la experiencia humana como sonido y ser escuchada y sentida dentro de nosotros, o puede ser comprendida por el cerebro izquierdo como una proporción y como matemáticas. Mientras estudies Geometría Sagrada, recuerda que ambos lados del cerebro usan la misma información de distinto modo (aquí Drunvalo tocó una flauta sioux lakota para darles una experiencia directa a los alumnos. Les pidió que cerraran sus ojos y experimentaran la música en lugar de estudiarla mentalmente o pensar en ella).

La forma y la Geometría Sagrada asociada con ella son la fuente, pero la manera de esta información de entrar a la experiencia humana, es diferente. Generalmente es mucho más fácil absorber información experimentalmente a través del cerebro derecho, que a través del cerebro izquierdo lógico, pero son equivalentes. Es difícil ver que son equivalentes, pero lo son. A través de toda esta geometría, conforme observan estos triángulos y cuadrados alrededor del cuerpo y las esferas y formas relacionadas, está asociada algún tipo de experiencia con cada geometría. Tal vez no sepas cuál es la experiencia particular. Puede llevar toda una vida descubrir con qué se relaciona, pero mi opinión es que siempre existe un aspecto experiencial asociado a cada forma de Geometría Sagrada.

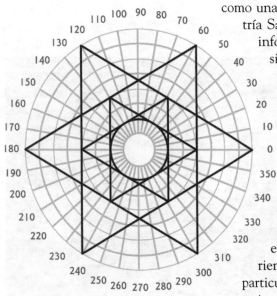

Fig. 8-32. Una estrella dentro
de una estrella.

Volviendo al Fruto de la Vida
a través del segundo sistema informacional

Ahora voy a dar una especie de resumen de todo esto. Recuerda que trazamos este triángulo y sus vértices tocaban los 0°, 120° y 240°, después agregamos esas líneas [ver fig. 8-28 en la pág. 342]. Pero en la naturaleza, como en la galaxia, no sólo existe una espiral, sino dos, saliendo desde el centro en direcciones opuestas [ver las figs. 8-29 y 8-30]. Por tanto, si copias a la naturaleza, tendrías que trazar dos espirales, lo que dará lugar a dos triángulos opuestos en la gráfica polar [fig. 8-31]. Si observas con atención, lo que pasa en realidad es que da lugar a dos tetraedros, —más específicamente, es una estrella tetraédrica inscrita dentro de la esfera—.

Si has visto el trabajo de Richard Hoagland, ¿recuerdas cuál era el mensaje de Marte en Cydonia? Era una estrella tetraédrica dentro de una esfera. Si no has visto el trabajo de Richard Hoagland, te sugiero que observes lo que le mostró a las Naciones Unidas. Aunque la ciencia está empezando a entender de qué se trata esto, lo que mostró Hoagland tendrá mucho sentido para ti ahora.

Dentro de la estrella tetraédrica en la esfera, hay otra estrella tetraédrica [fig. 8-32]. Dentro de la estrella más pequeña encaja perfectamente una esfera. Si tomas la esfera de ese tamaño y la centras en cada uno de los puntos de los tetraedros, terminas con el Fruto de la Vida. Si giro este dibujo 30° y me deshago de algunas líneas, puedes ver el resultado más claramente [fig. 8-33].

Lo que acabas de ver, sólo que en una imagen invertida, era el segundo sistema informacional del Fruto de la Vida. Toda la información anterior con la estrella tetraédrica, las espirales de proporción áurea, la luz, el sonido y las armónicas de la música, provienen de este segundo sistema de información.

Podría haber comenzado con el Fruto de la Vida y haber regresado por el otro lado, pero no fue así como me sucedió. Quise mostrarles que al segundo sistema informacional se accede conectando los círculos concéntricos del Fruto de la Vida, con líneas *radiales* que salen *desde el centro*, en lugar de conectar todos los centros como lo hicimos para encontrar los sólidos platónicos y la información sobre los cristales. Es simplemente una forma distinta de sobreponer líneas masculinas sobre las líneas femeninas del Fruto de la Vida.

En el primer sistema de información, el Cubo de Metatrón, obtuvimos los patrones estructurales del Universo basados en los cinco sólidos platónicos. Esto aparece en las estructuras de los metales y los cristales y en muchos otros patrones en la naturaleza de los que no hablamos. Las diatomeas que forman la tierra diatomácea, fueron de las primeras formas de vida en el mundo, pero las diatomeas no son más que pequeños patrones geométricos, o funciones de estos patrones. Lo que te acabo de enseñar es cómo la luz, el sonido y las armonías de la música están interrelacionados por medio de un campo en forma de estrella tetraédrica, inscrito dentro de una esfera que surgió directamente del Fruto de la Vida, el tercer patrón rotatorio del *Génesis* [fig. 8-34].

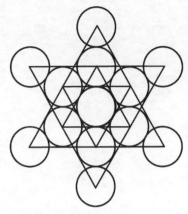

Fig. 8-33. El Fruto sobre las estrellas y la esfera.

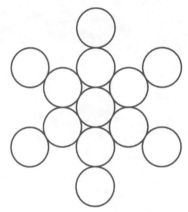

Fig. 8-34. El Fruto de la Vida.

PALABRAS FINALES

Ahora está quedando claro que la geometría, y por tanto la proporción, es la ley oculta de la naturaleza. Es incluso más fundamental que las matemáticas, ya que todas las leyes de la naturaleza se pueden derivar directamente de la Geometría Sagrada.

En la segunda parte de esta obra, te mostraremos más de los secretos de la naturaleza. Creemos que esto comenzará a cambiar su forma de ver el mundo en que viven. Resultará obvio que tu cuerpo es la vara de medición o la imagen holográfica del Universo y que tú y el espíritu, juegan un papel más importante en la vida que el que nos ha enseñado la sociedad.

Finalmente (y esto será primordial en este trabajo), comenzarás a ver cómo están localizadas las geometrías en los campos electromagnéticos alrededor de tu cuerpo, que tienen alrededor de 17 metros de diámetro. Recordar estos campos es el inicio del despertar humano, como un ave recién nacida entrando en la luz, fuera de la oscuridad del cascarón. El sagrado cuerpo de luz humano, llamado Mer-Ka-Ba por los antiguos, se convierte en una realidad. Este Mer-Ka-Ba es "las ruedas dentro de las ruedas" de Ezequiel en la Biblia. Conforme emerge el plano de la creación, se vuelve evidente el sendero a casa a través de las estrellas.

Estamos íntimamente conectados con la Fuente de toda la vida. Al recordar esta información, surgirá un despertar que disipará el mito de la separación y te llevará hasta la misma presencia de Dios. Rezo por ello.

Hasta que nos encontremos nuevamente en el volumen II, en amor y servicio, Drunvalo.

NOTA PARA EL LECTOR

El Taller La Flor de la Vida fue presentado por Drunvalo, a nivel internacional, de 1985 a 1994. Este libro está basado en una transcripción de la tercera versión oficial, grabada en video, del Taller La Flor de la Vida que fue presentado en Fairfield, Iowa, en octubre de 1993. Los capítulos de este libro corresponden más o menos al mismo número de videos de ese taller. Sin embargo, hemos modificado este formato escrito, cuando ha sido necesario, para que el significado sea lo más claro posible. Por lo tanto, hemos cambiado párrafos y oraciones e incluso en ocasiones secciones completas, a sus ubicaciones ideales, para que tú, lector, puedas moverte por este libro con la mayor facilidad.

Por favor, toma nota de que hemos agregado **actualizaciones** a lo largo del libro, que están en **negrita**. Estas actualizaciones, generalmente, comenzarán en un párrafo nuevo, justo al lado de la vieja información. Debido a que se presentó mucha información en el taller, hemos dividido los temas en dos partes, cada una con su propio índice de contenido. El volumen II vendrá después.

En los últimos años Drunvalo decidió sacar a la luz y a la venta la serie de esos videos del Taller La Flor de la Vida. Un largo trabajo de edición, traducción al español y subtitulación fue hecho, y ahora están disponibles para ti en **www.teohua.org**

Un último video (el número 21) es una **actualización** con los temas más significativos en el 2008.

REFERENCIAS

Capítulo uno

Cayce, Edgar: se han escrito muchos libros sobre él; la Association for Research and Enlightment en Virginia Beach, VA, es una fuente de gran cantidad de material. Quizás el libro más conocido es *The Sleeping Prophet* por Jess Stearn.

Liberman, Jacob: *Light, the Medicine of the Future*, Bear & Co., Santa Fe, NM, 1992.

Satinover, Jeffrey, M. D.: *Cracking the Bible Code*, William Morrow, New York, 1997.

Temple, Robert K. G.: *The Sirius Mystery*, Destiny Books, Rochester, VT (www.gotoit.com).

West, John Anthony: *Serpent in the Sky*, Julian Press, New York, 1979, 1987.

Capítulo dos

Braden, Greg: *Awakening to Zero Point: The Collective Initiation*, Sacred Spaces/Ancient Wisdom Pub., Questa, NM; también en video (Lee Productions, Bellevue, WA).

Hapgood, Charles: *Earth's Shifting Crust* y *The Path of the Pole* (agotado).

Hoagland, Richard C.: ver www.enterprisemission.com .

Lawlor, Robert: *Sacred Geometry: Philosophy and Practice*, Thames & Hudson, London, 1982.

White, John: *Pole Shift*, 3ª ed., ARE Press, Virginia Beach, VA, 1988.

Capítulo tres

Begich, Nick y Manning, Jeanne: *Angels Don't Play This HAARP*, Earthpulse Press, Anchorage, AK, 1995.

Hamaker, John y Weaver, Donald A.: *The Survival of Civilization*, Hamaker-Weaver Pub., 1982.

Sitchin, Zecharia: *The 12th Planet* (1978), *The Lost Realms* (1996), *Genesis Revisited* (1990), Avon Books.

Capítulo cuatro

Doreal, traductor: *The Emerald Tablets of Thot the Atlantean*, Brother-hood of the White Temple, P. O. Box 966, Castle Rock, CO 80104, 1939, Publicaciones Light Technology.

Keyes, Ken, Jr.: *The Hundredth Monkey* (agotado).

Strecker, Robert, M. D.: "The Strecker Memorandum" (video), The Strecker Group, 1501 Colorado Blvd., Eagle Rock, CA 90041, (203) 344-8039.

Watson, Lyall: *Lifetide*, Simon and Schuster, New York, 1979.

Capítulo seis

Adair, David: ver www.flyingsaucers.com/adairl.htm

Anderson, Richard Feather: "Laberintos": ver www.grace-com.org/veriditas/

Juguete Vector Flexor: disponible en Source Books (ver abajo).

Langham, Derald: *Circle Gardening: Producing Food by Genesa Principles*, Devin-Adair Pub., 1978.

Penrose, Roger: ver http://galaxy.cau.edu/tsmith/KW/goldenpenrose.html
http://turing.mathcs.carleton.edu/penroseindex.html
www.nr.infi.net/~drmatrix/progchal.html

Sorrell, Charles A.: *Rocks and Minerals: A Guide to Field Identification*, Golden Press, 1973.

Winter, Dan: *Heartmath*; ver www.danwinter.com.

Capítulo siete

Charkovsky, Igor: ver www.earthportals.com ; www.vol.ít/ ; www.well.com .

Doczi, György: *The Power of Limits: Proportional Harmonies in Nature, Art and Architecture*, Shambhala, Boston, MA, 1981, 1994.

Capítulo ocho

Critchlow, Keith: *Order in Space: A Design Source Book*, Viking Press, 1965, 1969 y otros títulos agotados; ver www.wwnorton.com/thames/ aut.ttl/at03940.htm .

"Free Energy: The Race to Zero Point" (video): disponible en Lightworks, (800) 795-8273, $40.45 ppd., www.lightworks.com .

Pai, Anna C. y Marcus Roberts, Helen: *Genetics, Its Concepts and Implications*, Prentice Hall, 1981.

La mayoría de los libros y las herramientas de Geometría Sagrada, así como pósteres, juegos, videos, cintas y discos compactos recomendados en este taller, están disponibles en Source Books, P. O. Box 292231, Nashville, TN 37229-2231, (800) 6375222 (en EUA) o (615) 773-7652. Catálogo disponible.

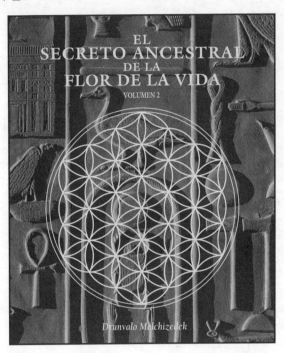

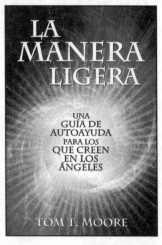

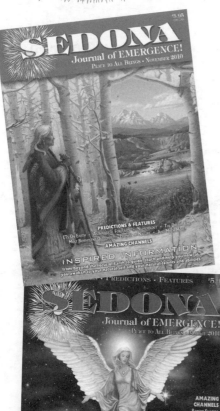